Eugen Drewermann
Wenn der Himmel die Erde berührt

topos taschenbücher, Band 803
Eine Produktion des Matthias Grünewald Verlags

Eugen Drewermann
Wenn der Himmel die Erde berührt

*Meditationen
zu den Gleichnissen Jesu*

topos taschenbücher

Verlagsgemeinschaft topos plus
Butzon & Bercker, Kevelaer
Don Bosco, München
Echter, Würzburg
Lahn-Verlag, Kevelaer
Matthias-Grünewald-Verlag, Ostfildern
Paulusverlag, Freiburg (Schweiz)
Friedrich Pustet, Regensburg
Tyrolia, Innsbruck

Eine Initiative der Verlagsgruppe engagement

Bibliografische Information der Deutschen Nationalbibliothek
Die Deutsche Nationalbibliothek verzeichnet diese Publikation in der
Deutschen Nationalbibliografie; detaillierte bibliografische Daten
sind im Internet über http: // dnb.d-nb.de abrufbar.

2012 Verlagsgemeinschaft **topos** plus, Kevelaer
Das © und die inhaltliche Verantwortung liegen beim
Matthias Grünewald Verlag, Ostfildern
(Patmos)

Einband- und Reihengestaltung | Finken & Bumiller, Stuttgart
Umschlagabbildung | www.photocase.de / Gerti G.
Herstellung | Pustet, Regensburg
Printed in Germany

Topos ISBN: 978-3-8367-0803-6
www.toposplus.de

Inhalt

Vorwort 9

Vom Pharisäer und vom Zöllner 11
Der Prozess um uns selbst 11
Bereit sein zu vergeben 17

Vom verlorenen Sohn 23
Was uns hindert, gütig zu sein 24

Von den ungleichen Söhnen 31
Der Weg zu Gott 31

Vom barmherzigen Samariter 36
Gott ist in der Menschlichkeit des Menschen 36

Vom Unkraut unter dem Weizen 46
Gottes geschaffene Wirklichkeit aus Hell
und Dunkel 46
Des Menschen Leben in Gottes Hände 52

Vom Schatz und von der Perle 59
Einzutauchen in den Überfluss der Glückseligkeit ... 59
Zu reifen in der Liebe und im Vertrauen 63

Von den Arbeitern im Weinberg 71
Von der grenzenlosen Güte 71

Von den bösen Winzern 77
Warum es so schwer ist, miteinander zu leben 78
Was es heißt, christlich zu sein 84

Vom Sämann 98
Aus dem Nichts gerufen sind wir 99
Jedes Leben ist etwas Besonderes 106

Vom verlorenen Schaf und von der Drachme 115
Über die Güte des Guten 115
Das Reich Gottes ist grenzenlos 120

Vom königlichen Hochzeitsmahl 125
Dessen Herz weit ist, hat Zutritt zu Gott 125

Von den zehn Jungfrauen 132
Wie man vor Gott steht 132
Hoffen auf Erfüllung 137

Von den Talenten 146
Vom Maßstab, den Gott an uns legt 147
Wer sein Leben rettet, wird es verlieren 150
Nicht Leistung zählt, sondern Leben 155

Vom reichen Mann 165
Unser Herz reift nur in der Güte 165

Vom reichen Prasser und dem armen Lazarus 171
Das Glück ist nicht käuflich 171

Vom Reichtum und von der Rückkehr des Hausherrn 177
Gott haut uns in Stücke 178

Von der engen und von der verschlossenen Tür ... 182
Das Leben selbst in die Hand nehmen 182

Von der Wahl der Plätze 190
Eingeladene sind wir............................. 190
Sein, nicht sein wollen........................... 195
Platz zu nehmen an der Tafel des Herrn 198

**Vom klugen Verwalter und vom rechten
Gebrauch des Reichtums**......................... 204
Ausgehen von dem, was wir nötig haben 205
Leben im Vertrauen auf Gott 208

Vom Maulbeerbaum............................. 216
Worte einer großen Freiheit 216

Vorwort

»... denn er redete wie einer, der Macht hat, nicht wie die Schriftgelehrten.« Mk 1,22

Jeder weiß, dass Jesus es liebte, in Gleichnissen zu reden. Doch hat man ihm je gesagt, welch eine revolutionäre Kraft allein in dieser Tatsache liegt?

Man lasse die offiziellen Vertreter einer bestimmten Religion an die Texte ihrer heiligen Überlieferungen heran: die Priester, die Thorajuristen, die Rabbinen, und sogleich wird man sehen, wie unter ihren Händen sich auch die Bibel in ein Kriegsbuch der Rechthaberei und der Durchsetzung religionspolitischer Interessen verwandeln wird. Ihr ganzes Bestreben geht dahin, Gott immer genauer zu erklären und dadurch Herrschaftswissen über die Menschen zu gewinnen. Wann darf eine Ehe geschieden werden? Wann ist die Liebe erlaubt? Wer gehört dem Kreise der Gottwohlgefälligen an und wer nicht? Auf all diese selbstgestellten Probleme haben die Kirchentheologen ihre fertigen, unfehlbaren Antworten. Doch dann lese man einen Dichter wie Leo Tolstoi – *Anna Karenina* zum Beispiel, und man beginnt zu begreifen, was Dichtung vermag: statt die vorgegebenen Demarkationslinien der bestehenden Moral, der tradierten Religion und der bürgerlichen Etikette weiter zu befestigen, lädt sie ein, die Zerbrochenheit von Menschen zu verstehen, und plötzlich fängt die ganze Welt an, sich zu drehen: Wer, fragt man sich, trägt da eigentlich die Schuld – die Ehebrecherin und Selbstmörderin Anna oder der ewig richtige, gefühlskalte Herr Karenin? Oder ist die ganze Schuldenjägerei schon verkehrt? Geht es nicht weit eher darum, sich in die Lage von Menschen einzufühlen, die erst einmal sind, wie sie sind, um dann zu sehen, wie sie sein könnten? Oder was ist es mit Gustave Flauberts *Madame Bovary* oder mit Theodor Fontanes *Effi Briest*? Ist es am Ende sogar ganz egal, wo und wann sich eine solche Geschichte erzählt – ob im zaristischen Russland, ob im französischen Kaiserreich unter Napoleon III. oder in Preußen unter Kaiser Wilhelm II.? Menschen sind überall Menschen, und allerorten und zu allen Zeiten stellen sich vergleichbare Fragen. Dichtung entgrenzt, sie grenzt niemals aus, wofern sie nicht zu bloßer Propaganda herabsinkt.

Eben deswegen ist es so wichtig, dass Jesus sich weigert, von Gott in der Sprache der Theologen seiner Zeit zu reden. Nirgends legt er die Schriften aus nach Schriftgelehrtenmanier. Er erzählt Geschichten in völliger Freiheit. Er wirft sein Herz über alle Zäune. Er öffnet den Himmel, dass er den Menschen so weit wird wie für die Vögel und die Wolken.

Gleichnisse, man begreift, bilden für Jesus die einzig angemessene Sprachform, um zu sagen, was von Gott her zu sagen ist, so dass es einlädt, statt auslädt, dass es aufrichtet, statt abrichtet, dass es dem Verstehen dient, statt dem Verurteilen. Mitten im Leben gilt es, Gott zu entdecken, in der nie so gesehenen Würde einfacher Menschen, in dem sehnsüchtigen Verlangen restlos Gescheiterter, in dem ebenso abgründigen wie grundgütigen Wissen von der absoluten Notwendigkeit eines nie endenden vergebungsbereiten Erbarmens mit der Armut und der Armseligkeit unseres Daseins. Gleichnisse schenken die Freiheit, nicht länger das Vorgeredete weiterzureden, sondern selber die ganze Welt zu betrachten als ein aufgeschlagenes Bilderbuch Gottes. Gleichnisse auszulegen, – das kann daher nichts anderes heißen, als Menschen mit ihren eigenen Einsichten und Erfahrungen als vor Gott mündig zu schildern. Es heißt, ihnen das Vertrauen entgegenzubringen und zu vermitteln, dass, was immer geschieht, sie mit ihrem Leben in Gottes Hand geschrieben sind.

Vom Pharisäer und vom Zöllner

Er sprach aber auch zu gewissen Leuten, die auf sich selbst vertrauen, dass sie »Gerechte« seien, und die übrigen für nichts achten, dieses Gleichnis: Zwei Männer stiegen zum Heiligtum hinauf, um zu beten: der eine ein Pharisäer, der andere ein Zöllner. Der Pharisäer stellte sich auf und also betete er für sich: Gott du, ich sage dir Dank, dass ich nicht bin wie die übrigen Menschen – Räuber, Unrechttäter, Ehebrecher, oder auch wie dieser Zöllner. Ich faste zweimal in der Woche; ich verzehnte alles, was ich erwerbe. Der Zöllner aber stand weit weg und mochte nicht einmal die Augen zum Himmel erheben. Er klopfte vielmehr an seine Brust und sagte: Gott du, versöhne dich mit mir, dem Sünder. Ich sage euch: Dieser stieg gerechtgesprochen zu seinem Haus hinunter, jener nicht. Denn: Jeder, der sich erhöht, wird niedrig gemacht; wer aber sich selbst niedrig macht, wird erhöht werden. Lk 18,9–14

Der Prozess um uns selbst

Was waren das vormals für schöne, friedfertige Tage, in denen wir das Evangelium vor Wochen auslegen konnten, in dem Jesus von den zwei Söhnen und ihrem gemeinsamen gütigen Vater erzählt. Es war ein Gleichnis, das uns Jesus zeigt, wie er dem Bild der christlichen Legende entspricht, ein friedfertiger Christus, ein Mittler zwischen den Parteien, gesprächsbereit und versöhnlich nach allen Richtungen, ein Brückenbauer zwischen tödlichen Konflikten. Schluss damit. Das Evangelium von heute ist ein Fehdehandschuh, der hingeworfen wird, um Streit zu entfachen, der nicht mehr enden soll. Ab jetzt wird es heißen: Ich bin nicht gekommen, Frieden auf die Welt zu bringen, sondern das Schwert. Und ein Gleichnis wie dieses verwandelt jede Kirche bis zum Ende der Tage in den Gerichtssaal eines Prozesses, der um uns selbst geführt wird und nie mehr aufhört. Das harte Holz der Kirchenbänke, auf denen Sie sitzen, wird augenblicklich zum Gestühl eines Tribunals, und Sie selber sind nicht länger mehr die Zuhörer, sondern alles in eins, Schöffen, Richter und Zeugen, und müssen am Ende dieses Textes herausfinden, wie Ihr Urteil ist. Auf dem Spiel steht das Leben des Jesus von Nazaret und insgleichen die Art, wie Sie leben und leben möchten oder leben können. Mein Part wird es sein, den Standpunkt der Anklage, den Standpunkt der Verteidigung zu referieren.

Das Gericht hat Platz genommen, die Schöffen sind geladen, der Ankläger hat das Wort. Und er beginnt:

»Hohes Gericht! Vor uns steht ein Mann, auf dem seit langem die Augen des Gesetzes ruhen, das nicht schläfrig sein kann in Fragen des Glaubens und der Nation. Sie sehen vor sich einen Menschen, der nach außen kein Wässerchen trüben zu können scheint. Aber der Anblick täuscht. Er macht Eindruck auf die Menge, weil er Menschen geheilt hat, so wird berichtet. Ich stelle fest, er verfügt über keinerlei ärztliche Approbation, er hat keine Universität besucht in den Städten unseres Landes. Er heilt, ohne dass man weiß, mit welcher Legitimation. Gut, gut, das möchte noch hingehen. Aber er tritt auf und predigt von Gott. Niemand hat ihn dazu bestellt, man weiß nicht, welche Universität er besucht hat, um Theologie zu studieren. Er ist kein ordinierter Rabbi. Er hat niemals die Laufbahn durchmessen, die ihn befähigen könnte, kompetent und sachgerecht von Gott zu sprechen, und alles, was von ihm überliefert wird, zeigt, dass er niemals die Worte Gottes ordentlich auslegt, wie es Pflicht und Sitte ist im Gottesdienst und draußen auf den Straßen. Statt dessen spricht er von Gott, wie es ihm kommt, und er suggeriert der Menge, dass sie unmittelbar aus sich heraus imstande sei, Gott zu begreifen. Ja, er wagt es, dieser friedfertige Mann, wie es scheint, als ein Wolf im Schafspelz erwiesenermaßen zu hetzen und zu agitieren gegen die ordinierte Priesterschaft und die Lehrer des Volkes. Er sagt: Sie lieben es, mit langen Gewändern und breiten Quasten über die Straßen zu gehen, und er verabschieut schon in seiner Kleidung, ordentlich aufzutreten, wie man muss, wenn man Gott im Rahmen der Ordnung und des Gesetzes verkündigen will. Sie mögen sagen, es handele sich hier um Äußerlichkeiten, darüber möge man hinwegsehen. Ich sage, in diesen Äußerlichkeiten zeigt sich sein Wesen, das drückt aus, wie er gesonnen ist. Und ich trete den Beweis an. Ich lege dem Gericht vor das Beweisstück F, ein bestimmtes Gleichnis, in dem er sich vermessen hat, einen Pharisäer und einen Zöllner einander gegenüberzustellen. Ich frage Sie, hohes Gericht: Ist es denkbar, dass ein Zöllner den Tempel betritt, ein Mann, von dem wir wissen, dass er sein Handwerk ungerecht ausübt, dass er mit jener Macht, deren Namen zu nennen ich mich sträube, kollaboriert, dass er Geld eintreibt auf Kosten der Armen an den Vergewaltigungsgrenzstätten jener Obrigkeit? Ist es nur denkbar, dass ein solcher Mann überhaupt in den Tempel kommen darf? Nicht genug damit. Es gibt in unserem Volk eine Gruppe von zehntausend Getreuen, den Peruschim. Es ist nicht nötig, dass Sie zu ihnen gehören oder zu ihren Bruderschaften sich zählen. Es genügt einzig, dass Sie wissen, dass diese Leute es ernst meinen. Sie beten, wie wir alle, den ersten Psalm aus Überzeugung: ›Selig der Mann, der im Rate der Rechtsamen wohnt und seine Füße nicht abirren lässt und über die Worte des Gesetzes nachsinnt bei Tag und bei Nacht. Er ist wie ein Baum, gepflanzt an Wasserquellen. Nicht so die Frevler. Ihr Weg verliert sich.‹ Gibt es, frage ich Sie, hohes Gericht, unter Ihnen einen, der bezweifeln wollte, dass diese Pharisäer es ernst meinen mit ihren Gebeten und Fastenopfern und Almosen und dass sie vorbildlich und treu sind? Ich will nicht unterstellen, dass wir alle so wie sie leben könnten oder sollten. Aber geht es hin und ist es tolerabel, in aller Öffentlichkeit zu erklären, dass jener, der seinen Platz an der Spitze der Frommen hält und im Tempel auftritt, indem er sich demütig beugt vor den Augen seines Gottes durch das Gebet des Dankes, ungerechtfertigt nach Hause gehe und ein von Gott Verfluchter sei? Jener andere aber, der Zöllner, von dem wir nicht hören, dass er seinen Lebenswandel geändert habe, soll vor Gott Erbarmen gefunden haben? Hohes Gericht, ich frage: Was für ein Erbarmen denn? Hier wird, sage ich, die Gnade Gottes billig gemacht und inflationiert. So darf man nicht sprechen von Gott, das zieht ihn herab, den Allmächtigen, den Allgerechten, den Herrn über Lebende und Tote. Hier wird jeder Ernst aus der Religion entfernt und so getan, als sei es völlig gleich, ob wir im Laster stehen oder in der Tugend, gute oder schlechte Menschen, auf der Seite des Satans oder des Ewigen. Wer ist Jesus von Nazaret, dass er sich vermessen kann, die Ordnung des Volkes und der Religion auf diese Weise auf den Kopf zu kehren? Nichts anderes tut er. Ja, wir haben Dokumente vorliegen, die berichten, dass er sogar noch anders sprechen kann. Er wagt es, den Frommen, den Pharisäern, den Priestern und den Rabbinen, ins Angesicht zu sagen: Die Huren und die Zöllner – hohes Gericht, Sie hören richtig – die Huren und die Zöllner kommen in das Himmelreich, ihr nicht! Ich frage, kann man einen solchen Mann noch länger offen herumlaufen und reden lassen mit seiner demagogischen Verführung der Massen? Auf nichts anderes läuft es hinaus. Jemand, der zwischen dem auserwählten Volk der Juden und den Heiden und den Sündern keinen klaren Standpunkt einnimmt, der die Grenzen verwischt, ist untragbar. Er leugnet, dass Gott selber es sei, der seinem Volk Gnade, Ehre und Wert unter den Völkern beigemessen hat. Aus seinem Munde hören wir nicht, dass wir, die Kinder Abrahams, erwählt seien bis zum Ende der Tage und der Berg Sion, die Feste der Völker, der Endpunkt der Völkerwallfahrt aller Nationen sei. Er sagt: Gott kann aus diesen Steinen Kinder Abrahams erwecken, und er hat für seine Ungeheuerlichkeiten nur ein einziges Argument: ein merkwürdiges Verständnis und Gefühl von Mitleid. Das ist die Verführungskraft, die in ihm wohnt. Seine wirkliche Macht, der wahre Aufstand, die Anarchie beginnt bei ihm im Namen des Mitleids. Denn was wollen wir? Er sagt: Gott ist jemand, der als erstes sich herabbeugt zu den Armen, den Leidenden, den Weinenden. Das sei der Maßstab. Aber ich frage: Wenn Gott sich messen lassen muss am Mitleid mit den Menschen, dann wird man bald schon sagen: Der Mensch selber ist das Maß Gottes. Und noch ein Stück weiter wird man sagen: Der Mensch selber ist das Ziel der Religion und der Geschichte, und man wird einen Gott gar nicht mehr brauchen! Heute noch spricht er von einem Zöllner, der hinten in der Ecke des Tempels steht und sich tief beugt, gedemütigt und gebrochen. Ich aber sage: Dahinter steht der geheime Stolz eines Menschen, der nichts sein will, als sich selbst zum Maß aller Dinge zu erheben. Schon blickt er auf zu dem Bild seiner selbst, seinem wahren Gott, und er verlangt, dass der Allmächtige sich diesem Bilde beuge, seiner Menschlichkeit. Das ist die wahre Anarchie des Jesus von Nazaret. Und nun trete ich in die Forderung und in den Antrag: Jener Mann ist auszustoßen aus der Synagoge und im Fall der Widersetzlichkeit und des fortgesetzten Treibens zu überliefern der Behörde, die in unserem Land bedauerlicherweise als einzige das Recht über die Blutjustiz besitzt.«

Gesprochen die Worte der Anklage. Das Gericht vertagt sich, es tritt neu zusammen, es wird das Plädoyer des Verteidigers zu Gehör gegeben. Ich referiere so gut es mir erinnerlich ist:

»Hohes Gericht! Der Staatsanwalt hat zu Recht hervorgehoben, dass mein Mandant ein Mensch des Friedens zu sein vorgibt. Und ich sage: Er *ist* ein Mann des Friedens, aber wir leben in Zeiten, in welchen der Friede zum Aufruhr werden kann.«

»Hört, hört!« Tumult im Gerichtssaal. Der Verteidiger fährt fort nach dem Läuten der Glocke des Vorsitzenden.

»Ich sage, dass der Friede in unseren Tagen Aufruhr schaffen kann, und ich begründe es aus den heiligen Texten Israels. Vor sechshundert Jahren trat ein Mann auf in Anatot mit Namen Jeremia. Er lehrte ganz ähnlich wie der Angeklagte. Ihm schien, dass die Priester und Propheten seiner Zeit Lüge redeten und Gott verstellten mit Formelkram und liturgischen Leerläufen. Er wagte zu sagen, mitten im Tempel, es müsse das Gemäuer der heiligen Stadt unter den wuchtigen Stößen der Rammböcke der Babylonier zerspellt werden, ehe Gott noch einmal ganz von vorn beginnen könne, seine Worte zu schreiben in das Herz der Menschen statt auf steinerne Tafeln. Ich behaupte: Nichts anderes will mein Mandant. Und ich frage Sie: Verträgt Israel ein zweites Mal einen Jeremia? Seinerzeit warf man den Propheten in eine schmutzige Grube und ließ ihn bei lebendigem Leibe Tage und Nächte verfaulen, bis dass ein Heide, ein Kuschiter, Ebed-Melech, ihn an Seilen aus dem Brunnen holte. Mein Plädoyer ist ein Versuch, ein schwacher Versuch, Jeremia ein zweites Mal aus dem Brunnen zu holen. Denn dies stimmt in den Worten der Anklage: Mein Mandant hat nie etwas anderes gewollt, als dass es sich über die Menschen herabsenke wie ein ewiges Erbarmen. Er hat gesehen, wie verzweifelt Menschen sind und dass sie oft nicht aus noch ein wissen. Es liegt nicht daran, dass sie nicht gut sein möchten, sie verfügen nicht über die Kraft, es zu können. Und selbst wenn sie sie besäßen, wüssten sie nicht zwischen links und rechts wirklich zu unterscheiden, so verworren gestaltet sich ihr Leben. Darum hat er gesagt und meinte es im Namen Gottes tun zu dürfen: Barmherzigkeit will ich und nicht Opfer. Nicht Opfer, meine Damen und Herren, Barmherzigkeit. Ist dies eine Sünde in unseren Tagen, im Namen des Allmächtigen Barmherzigkeit zu fordern? Mein Mandant wollte leben und lehren, die Welt zu betrachten aus den Augen des Menschen, der am meisten weint, und er glaubte, dass in diesen Augen Gott selber uns betrachtete. War das nicht die Botschaft des Jeremia im verbrannten Jerusalem und eine Hoffnung auf Neuanfang? Ich plädiere auf Freispruch, nicht, meine Damen und Herren, im Rahmen der geschriebenen Gesetze; nach ihrem Maßstab ist Jesus von Nazaret schuldig; ich plädiere auf Freispruch im Namen Gottes, der die Liebe ist und nicht das Gericht.«

Neuerlicher Tumult im Saal, Unruhe und Durcheinander, keine normale Prozessordnung, die Sitzung wurde abgebrochen. Sie findet statt in dieser Stunde, wo wir es hören: »Jener ging gerechtfertigt nach Hause, der andere nicht.« Es ist Ihr Urteil, wie Sie entscheiden.

(Predigt nach dem Entzug der Lehrbefugnis an der Theologischen Fakultät Paderborn)

*

Bereit sein zu vergeben

Das Thema lässt uns im Neuen Testament nicht los, so wie es Jesus begleitet hat bis hin zum Ende nach Jerusalem und Golgata. Er gibt sich ab und lässt sich ein auf Zöllner und Sünder und richtet sich nicht nach dem Rechtsspruch des geschriebenen Rechtes. Es muss Jesus in vielen Gleichnissen versucht haben förmlich einzuladen zu Verständnis und Mitleid und zur Überprüfung des eigenen Standortes. Nie hat Jesus im Neuen Testament die Sprache zur Verfügung, die man braucht, um mit den Männern des Rechts ernsthaft zu diskutieren. Er argumentiert niemals im Sinn einer doch auch möglichen oder denkbaren Gesetzesreform, disputiert nicht nach Paragraphen, wie wenn er sie nicht kennte oder wie wenn er sie nicht für würdig hielte, kennenzulernen. Jedenfalls muss er gewusst haben, dass, wer Gesetze ändern will, erst einmal Macht erobern muss und also *im Prinzip* verraten wird, woran ihm liegt: an der Menschlichkeit und an der Zusammengehörigkeit gerade mit den Ohnmächtigen. Jesus argumentiert manchmal mit Beispielen und Anklängen des Alten Testaments, aber niemals argumentiert er nach der Art der Theologen, scharfsinnig, begriffskundig, haarspalterisch. Offensichtlich sagt er sich, dass man so von Gott nicht sprechen kann, weil diese Art zu reden nur verschlimmert, was man antrifft: die Entfremdung des Begriffs von der Wirklichkeit, die Trennung der Lehre vom Leben und die Verwandlung Gottes in einen Gott der Toten. Jesus hat gemeint offensichtlich, dass es nur eine einzige Form gibt, von Gott richtig zu reden, indem man über Menschen so spricht, dass es irgendwo menschlich evident wird und das Herz ändert. Es sind so hilflose Worte, dass Jesus an entscheidender Stelle sogar einmal Gott in seiner Väterlichkeit dafür pries, sein wahres Geheimnis nur den einfachen Leuten verständlich zu machen, den Gelehrten überhaupt nicht, weil sie jede Menschlichkeit in Rabulistik und Rechthaberei verwandeln.

Bei den Worten dieses Evangeliums scheint Jesus noch einen Schritt weiter geraten zu sein. Die Gleichnisse, die er sonst erzählt, wollen noch und sollen Brücken der Versöhnung schlagen zwischen seinem Standpunkt und dem seiner Gegner. Dies hier ist kein Gleichnis mehr. Es ist ein Beispiel, das gerade so sich zu irgendeiner Tageszeit im Tempel ereignet haben kann. Dabei schildert Jesus zunächst ohne jeden bösen Beigeschmack, was für einen wirklich Frommen im alten Israel wie vorbildlich gelten muss. Man ahnt nicht, dass hier eine Falle aufgestellt wird, ein Spiegel, in dem das eigene Porträt verbrennt, wenn man beginnt, sich darin zu erkennen. Es wird nur gemalt, wozu der Rechtgläubige eigentlich bloß nicken kann, ja wie zu sein er sich gerade wünschen müsste. Die Pharisäer gelten in der Tat nur als das Beispiel für eine bestimmte Haltung in Sachen Religion. Sie selber bezeichnen sich mit diesem Wort, das übersetzt heißt: die Ausgesonderten, die in sich selbst Besonderen. Denn das sind sie. Sie meinen es besonders richtig, sie handeln ausgeprägt korrekt. Von ihnen freilich auch geht der meiste Widerstand gegen das aus, was Jesus will und verkörpert. Alles, was er hier aufzählt, passt zum Selbstbild jedes wirklich Frommen. Er tut niemals etwas Böses, und wenn es in seinem Leben etwas gibt, wofür er dankbar sein könnte, dann, dass er von dem Schmutz und dem Unrat der Welt nie wirklich berührt wurde. Ja er schreibt dies nicht einmal allein seinem Verdienst zu, er hält dies für eine Gnade Gottes, der gegenüber man dankbar sein muss. Und trotzdem erklärt Jesus mit einem einzigen beißenden Halbsatz schließlich: Dieser Mann ging nicht gerechtfertigt nach Hause, will sagen, er war mit seinem Leben, wesentlich betrachtet, unter den Augen Gottes, nicht nur nicht im Recht, sondern vollständig auf der falschen Bahn, als ein Abgesonderter vollkommen im Abseits, nicht nur sozial isoliert, sondern von seinem eigenen Leben vollkommen entfremdet. Wie ist das möglich? Es wird aus dem Text nicht eigentlich begründet, bis auf den einen Punkt, dass die gesamte Frömmigkeit dieses Mannes der Grund seiner eigenen Selbstachtung ist und, noch ein Stück weiter, dass die einzige Art, sich selber zu achten, die Verachtung aller anderen, Ärmeren, weniger Guten, Minderwertigen, Unfrommeren ist. Gezeichnet wird, ohne dass Jesus dies näher begründet, in den wenigen Strichen die Gestalt eines Menschen, von dem man in der Tat sagen muss, annehmen muss, dass alles, was er selber an Wertgefühl für sich aufbringen kann, sich einzig aus dem Bemühen um Korrektheit und Anpassung an die Norm des Gesetzes ergibt.

Man müsste, um eindringlich genug die Gestalt, die Haltung dieses Typs von Mensch zu verstehen, daran denken, dass für gewöhnlich wir alle so sehr im Misstrauen gegenüber den eigenen Kräften in unserer Seele erzogen worden sind, dass wir den schlimmsten Irritationen in Sachen Gut und Böse ausgesetzt sind. Die Neigung, uns selber zu hassen, gilt fast für allgemein, ja für das rechte Instrument geradezu, einen Menschen in die Kultur, auch in die Frömmigkeit und in die Religion hineinzuführen. Fast scheint es, als müsste man Menschen erst soweit demoralisiert haben, dass sie gefügig, ordentlich, brav genug werden, um ohne Widerspruch zu tun, was befohlen wird. Niemals geht dies ab ohne enorme innere Reibung, ohne Kämpfe der Unterdrückung gegen sich selber, ohne das ständige Härterwerden des eigenen Charakters. Viele mögen bei dieser Art des Erziehungssystems unter die Räder kommen, aber eine bestimmte Elite wird es immer wieder schaffen, und sie wird an der Spitze stehen und später die Gesetze weitergeben. Sie sind dann die Ausgesonderten, die Privilegierten, Pharisäer.

In den Augen Jesu sind sie keine Menschen und haben längst schon aufgehört, Menschlichkeit gelernt zu haben. Hört man sie sprechen, begreift man, warum. In allem, was sie sagen, tauchen sie als Personen selber nicht auf. Es ist eine Sprache, die es nicht erlaubt, zwischen Ich und Du sich auszutauschen. Stets wo man meint, den anderen als Person zu erreichen oder zu berühren, verwandelt er sich in ein Bündel von normierten Sätzen. Was man *muss*, schreibt die Bahn seiner Gedanken vor; was man nicht tun darf, gilt ihm als ehernes Verbot; seine eigenen Gefühle auszumerzen, hat er gelernt; allenfalls die Gefühle des Ressentiments, der Schadenfreude und der gallenbitteren Empörung sind ihm noch eigen; die Haltung der moralischen Entrüstung ist sein Grundgefühl, wenn's noch eines gibt. Aber Freude, Güte, Weitherzigkeit – solche Dinge machen ihm Angst, das heißt, sie würden ihm Angst machen, wenn er sie zuließe. So weit wird es niemals kommen. Mit Berufung auf das, was sein *muss*, wird er das Leben abschnüren, und er wird nie begreifen, warum andere mit ihm nicht zurechtkommen, wo er alles so gut meint und alles so richtig tut. Man kann mit diesen Leuten diskutieren und diskutieren. Wie will man Menschen von Gott erzählen, für die menschliches Leid keinen Argumentationswert hat, für die Mitleid keine Evidenz besitzt, sondern die selbst dann, wenn Menschen leiden, noch erklären werden, dass dies nach Maßgabe des Gesetzes überhaupt nicht anders sein kann und dass, weil das Gesetz von Gott ist, Gott auch gar nicht anders wünschen kann, als dass dies so bleibt. Es ist das Ende dessen, was Jesus zu sagen hat, ein letzter schwacher Aufruf noch. Es steht hinten im Tempel ein anderer. Er gehört nicht in den Tempel. Keine Angst, sobald ihn die Tempelpolizei erwischt, wird er hinausgeführt. Er ist stadtbekannt, darf man annehmen, und er weiß das selber. Gewiss, dass es Sünder gibt, werden auch die guten Leute alle wissen, und sie sollen auch Zugang haben zum Tempel und zur Gemeinschaft mit Gott, aber sie müssen vorher Buße tun, sie müssen sagen, wie sie sich ändern, gute Vorsätze müssen sie fassen und ausführen, damit man ihnen die Reue und den Vorsatz glauben kann, sonst wird auch Gott nicht vergeben, das Gesetz ist das Gesetz. Und es geht zu wie bei Kafka: Wer in das Gesetz will, muss zuerst durch die Türe des Gesetzes, dort steht der Türhüter.

Dieser Mann, von dem Jesus hier spricht, Repräsentant all derer, mit denen Jesus sich abgibt, all der hundertsten Schafe, die in seinen Augen viel zahlreicher sind als die sogenannten Guten, dieser Mann weiß sehr genau, dass er überhaupt keine Chance hat. Er kann sein Leben nicht ändern, und er wüsste überhaupt nicht, wie. Würde er aufhören, Zöllner zu sein, was er dem Gesetz nach unbedingt müsste – wovon sollte er leben außer vom Betteln? Und er käme auch dann nicht zurecht. Man würde ihm seine Vergangenheit ewig wie einen Strick um den Hals drehen. Er kann nur so weitermachen. Er sitzt insofern völlig im Getriebe, als er jetzt auch der Römer bedarf, um wenigstens geschützt zu sein vor seinen eigenen Volksgenossen. Und dennoch möchte er in irgendeiner Form doch leben dürfen, und wenn's ihm kein Mensch erlaubt, irgendwo verstohlen genug hoffen dürfen, dass Gott ihn versteht. – Sie können diesen Mann in der Ecke des Tempels, in unserer Kirche einsetzen für viele, viele Tausende, die in die Kirche lange nicht mehr kommen, weil sie nicht glauben können, dass die Türen offen wären. Aber bitteschön, die Kirche begann, unsere Kirche, sich von der Synagoge zu lösen, weil sie glaubte, dass es gegen das Gesetz eine Universalität der Vergebung und des Mitleids gäbe. Dieses Evangelium ist ihre Urkunde, ihr Testament, das einzige, wonach sie leben darf und muss und sollte, wenn sie sich beruft auf Jesus.

Krasser, vernichtender, aber auch aufbauender kann man überhaupt nicht reden, als wenn Jesus von diesem hoffnungslosen Fall behauptet in eindeutiger Wertung: Er geht nach Hause gerechtfertigt. Und man muss so denken: Schon weil er weiß, dass er der Vergebung bedarf, wird er mitten in seiner Schuld, die ihm unentrinnbar ist, darauf setzen, auch anderen, soviel als es geht, zu vergeben. Es gibt Dinge, die wir offenbar nur durch Not und Leid lernen, und dieser Mann hat viel gelernt. Er ist unglaublich viel menschlicher als diese Herren des Gesetzes. Schon weil er die Vergebung braucht, ohne daran wirlich glauben zu können, wird Gott sie ihm geben. Aber je mehr er dieses Unwahrscheinliche für möglich hält, wird er's selber tun. Denn wenn er berechtigt ist zu leben, sind es alle anderen auch.

Das war es, was Jesus meinte, wenn er sagte: So sollt ihr beten zu Gott: Vergib uns unsere Schuld, damit wir vergeben können und weil wir bereit sind zu vergeben allen anderen. Es ist das Ende jeder Form, Menschen einzuordnen, zu verwalten, zu normieren, zu fesseln, zu dirigieren. Wenn diese Worte stimmen, muss man anerkennen, dass Jesus im Grunde keine neue Religion hat gründen wollen, wohl aber eine, die die Bande jeder erstarrten Form von Religiösität, von etablierter Kirchenverfestigung in alle Zeiten aufbricht. Es gilt nur eine Art, vor Gott hinzutreten, die in dem Psalm beschriebene: Denen, die zerbrochenen Herzens sind, werde ich nahe sein.

Vom verlorenen Sohn

Er aber sprach: Ein Mann hatte zwei Söhne. Und zum Vater sprach der jüngere von ihnen: Vater! Gib mir den mir zukommenden Teil des Vermögens. Und er machte ihnen auseinander, was er zum Leben hatte. Wenige Tage danach, als er alles beisammen hatte, reiste der jüngere Sohn in ein fernes Land. Und dort verschleuderte er sein Vermögen in heillosem Lebenswandel. Nachdem er aber alles vergeudet hatte, kam eine schwere Hungersnot über jenes Land, und er begann zu darben. Und er ging und hängte sich an einen der Mitbürger jenes Landes. Und der schickte ihn auf seine Felder zum Schweinehüten. Und er gierte danach, sich den Bauch mit den Schoten zu stopfen, welche die Schweine fraßen – aber keiner gab sie ihm. Zu sich selbst gekommen sprach er: Wie viele Taglöhner meines Vaters haben Brot in Hülle und Fülle – ich aber gehe hier vor Hunger zugrunde. Aufstehen will ich, zu meinem Vater gehen und ihm sagen: Vater! Ich habe gesündigt gegen den Himmel und vor dir. Ich bin nicht mehr wert, dein Sohn zu heißen. Stell mich einem deiner Taglöhner gleich. Und er stand auf und ging zu seinem Vater. Als er noch weit entfernt war, sah ihn sein Vater. Und es ward ihm weh ums Herz. Und er lief und fiel ihm um den Hals und liebkoste ihn. Der Sohn sprach zu ihm: Vater! Ich habe gesündigt gegen den Himmel und vor dir. Ich bin nicht mehr wert, dein Sohn zu heißen. Der Vater aber sprach zu seinen Knechten: Schnell! Holt einen Talar heraus, den vornehmsten, den zieht ihm an. Steckt ihm einen Ring an die Hand und Schuhe an die Füße. Und bringt das Mastkalb; schlachtet es. Dann wollen wir essen und fröhlich sein. Denn dieser mein Sohn war tot und ist wieder aufgelebt; er war verloren und ist wieder gefunden. Und so begannen sie fröhlich zu sein.

Sein älterer Sohn aber war überfeld. Und als er kam, dem Haus sich nahte, hörte er Musik und Reigenlieder. Und er rief einen von den Burschen herbei und erkundigte sich, was das bedeute. Der sprach zu ihm: Dein Bruder ist da! Und dein Vater hat das Mastkalb geschlachtet, weil er ihn gesund zurückbekommen hat. Und er wurde zornig und wollte nicht hineinkommen. Sein Vater aber kam heraus und ermutigte ihn. Er antwortete dem Vater und sprach: Da! So viele Jahre mache ich dir den Knecht, und niemals habe ich eine Weisung von dir übertreten. Und du hast mir nie auch nur ein Böcklein geschenkt, damit ich mit meinen Freunden hätte fröhlich sein können. Als aber der da kam – dein Sohn, der, was du zum Leben hattest, mit Huren aufgefressen hat –, hast du ihm das Mastkalb geschlachtet. Er aber sprach zu ihm: Kind, du bist allezeit bei mir, und all das Meine ist dein. Doch es gilt fröhlich zu sein und sich zu freuen, weil dieser, dein Bruder, tot war und wieder aufgelebt ist, verloren war und gefunden ist. Lk 15,11–32

Was uns hindert, gütig zu sein

Wenn die Einleitung historisch zutrifft, die Lukas diesem Gleichnis Jesu gegeben hat, handelt es sich um den vielleicht letzten, jedenfalls großartigsten Versuch Jesu, noch einmal die verfeindeten Gruppen zusammenzubringen und einzuladen zu einem Fest der gemeinsamen Freude. Genauer gesprochen handelt es sich um ein äußerstes Bemühen, sich selber seinen Gegnern gegenüber zu erklären und verständlich zu machen. Was man Jesus entgegenhält, ist eine Anklage auf Leben und Tod, gesprochen aus dem Munde der Theologen und der Frommen, der Schriftgelehrten und der Pharisäer. Der Vorwurf lautet, dass Jesus den Bogen endgültig überspannt hat, indem er sich gemein macht mit den Gemeinen und zum Hausgenossen der Gesetzesbrüchigen, der Sünder wird, derer, die sich nicht nach der Ordnung Gottes richten und nicht so leben wie all die Anständigen, Wohlmeinenden und Korrekten in Israel. Es bringt die Fundamente des Zusammenlebens durcheinander, wenn jemand von Gott so spricht, dass das Gefüge von Lohn und Strafe außer Kurs gerät, wenn er sich vermisst, die Gnade Gottes billig zu machen, die doch vielleicht einem Bußfertigen winken mag, nicht aber einem Leichtsinnigen, einem Zerknirschten, nicht aber einem Feucht-Fröhlichen.

Es ist offenbar, dass Jesus von den einfachen Leuten im Volk verstanden und zu ihnen immer mehr hin-, nein: herabgezogen wurde. Wenn er von der Barmherzigkeit Gottes sprach, verstanden sie ihn aufs Wort, denn sie wussten, dass sie anders gar nicht leben konnten. All die Rechtschaffenen aber konnten sehr wohl ohne die Bedingungslosigkeit des Erbarmens leben. Sie hatten *verdient*, dass Gott auf ihrer Seite stand! Was soll eine Tugend, die sich nicht auszahlt? Was soll eine Sittlichkeit, die nicht die Anwartschaft auf den Lohn in sich trägt? Mit diesen Gruppen der Gesetzesausleger, der theologisch Kundigen und der einwandfrei Guten, der Abgesonderten, der Peruschim, ist Jesus Schritt für Schritt in einen tieferen Konflikt geraten, und nun ist die Frage, ob es ihm noch einmal gelingen wird, verstehbar zu machen, worum es eigentlich geht.

Wenn wir von Sünde hören, haben wir Assoziationen nach Maßgabe unserer Beichtmoral im Kopf. Da ist hier und da ein Gebot übertreten worden, und das regulieren wir. Was Jesus vor Augen hat, sind jedoch nicht diese Banalitäten der bürgerlichen Versagenszustände; worum es ihm geht, ist ein Leben, das sich verloren hat, und so sollten wir vielleicht, um den Ernst der Auseinandersetzung Jesu wiederzugewinnen, von Sünde einmal ein paar hundert Jahre lang gar nicht mehr reden, wohl aber von Ausweglosigkeit, Hilflosigkeit, Verzweiflung und Scheitern. Wenn wir einen Menschen vor uns haben, der nicht mehr ein noch aus weiß, dann sehen wir, was Jesus sah. Wenn wir Menschen begegnen, die an so etwas wie Güte oder Gnade gar nicht mehr glauben können und die sich in sich geschlossen haben wie Herbstblumen vor dem ersten Frost, dann sind wir dicht an den Problemen, für die Jesus sein Leben investiert hat.

So erzählt er die Geschichte eines Mannes, der auf seine Weise zu einem Verlorenen und Verlaufenen wurde. Es mag viele Motive geben, die uns bestimmen, in die Irre zu gehen. Eines davon wählt Jesus aus. Es ist ein sehr starkes Motiv: der Drang nach Freiheit. Vielleicht dass Jesus dieses Motiv im Vis-à-vis zu seinen Gegnern einfällt. Ein junger Mann hat von seinem Elternhaus die Nase voll und will nur noch eines: weg. Man kann das verstehen, wenn ein Junge in einer Umgebung geregelter Tugenden, sorgsam ihm anvertrauter Pflichten heranwächst. Sein Elternhaus ist so wohlbestellt, so makellos verwaltet, so unerträglich langweilig, es schnürt die Luft ab, und dieser Junge will nur raus, in das »wirkliche Leben«. Er ist dabei nicht gerade zimperlich, denn wie wenn sein Vater schon zu Lebzeiten tot wäre, bedingt er sich das Erbteil aus und hat die Stirn, auch noch hinzuzufügen, »das mir zusteht«. Sang- und klanglos holt der Vater das Erbe hervor, und der junge Mann packt sein Bündel und wandert aus, bis zum Ende der Welt, dort wo das Glück blüht, in ein fernes Land, das nicht weit genug weg sein kann. Er wird das Glück mit beiden Händen greifen, er wird das Leben leersaugen und viel zu spät merken, wie leer er selber dabei wird, in diesem Trubel zum Fenster hinaus. Er, der nichts will als die Freiheit, wird am Ende aus Not sich als Lohnsklave einem der Männer jenes Landes aufdrängen. Und es kommt schlimm, für einen rechtschaffenen Juden unvorstellbar schlimm. Er wird sein Geld verdienen von der Hand in den Mund mit Schweinehüten; noch ärger, er wird froh sein, wenn er wenigstens leben könnte wie die Schweine, indem er ihre Nahrung fräße. Er sinkt unter das Niveau der Schweine hinab, er ist am Ende, in einem Zusammenbruch all seiner Vorsätze inmitten seiner zerronnenen Illusionen. Gerade die starken Charaktere werden, solange es irgend geht, sich weigern, zu früh umzukehren. Sie werden versuchen, sich durch dick und dünn nach vorn zu kämpfen, gerade darum sind sie in dieser Situation am meisten gefährdet. Schließlich erinnert sich dieser junge Mann, wie es im Hause seines Vaters war, und es wird ihm die Vergangenheit zur Zukunft und das Gedächtnis zum Ziel. »In meines Vaters Hause leben die Tagelöhner besser als hier.« Und es wird schließlich sein eigenes Interesse, zurückzukehren; nur hat er alles verwirkt. Er spricht es sich vor, wie um es sich einzuprägen, damit er es in der Stunde, wenn es drauf ankommt, sagen kann: »Ich habe gesündigt gegen den Himmel und gegen dich.« Und: »Ich bin nicht mehr wert, dein Sohn zu heißen.«

In all dieser Zeit war von dem Vater nicht die Rede. Es lässt sich aus seiner Gestalt nicht ohne weiteres das Bild malen, das uns Jesus von Gott vermitteln möchte. Dennoch aber geht beides ohne Zweifel ineinander. Wir könnten bei der Einleitung dieser Geschichte gedacht haben: »Der Vater gibt seinem jüngsten Sohn das Erbe, indem er es ihm aus Gleichgültigkeit hinlegt. Hat der Sohn von ihm die Nase voll, so geschehe ihm recht, er soll verschwinden, und je schneller er ins Leid kommt, um so besser! Er wird merken, wie Not sich anfühlt, und vielleicht wird er mitten im Elend begreifen, was er an seinem Vater gehabt hat.« Es wäre mehr als verständlich, wenn wir uns den Vater so vorstellten. Statt dessen erfahren wir, dass es sich ganz anders verhielt. Nicht aus Gleichgültigkeit, sondern aus einem unglaublichen Respekt vor der Freiheitssehnsucht seines Sohnes ließ er ihn in die Fremde ziehen. Ihm starb, wie wir jetzt hören, sein Sohn bei dem, was er tat, aber er riskierte es, ihm nichts zu verweigern. – Wenn wir das auf Gott übertragen, beantwortet es uns eine Frage, die wir sehr oft stellen: Wie kann Gott so entsetzlich viel an Durcheinander in unserem und anderer Leute Leben zulassen? Folgt man dieser Geschichte, so kommt es daher, dass Gott unsere Freiheit und das, was wir wollen, aufs äußerste ernst nimmt. Er lässt uns frei, wohin wir wollen, und begleitet uns, gleich wo wir sind.

Kaum dass der Sohn sichtbar wird, läuft dieser hochbetagte Orientale ihm entgegen, umarmt ihn, küsst ihn, und wie der stottert, was er sich vornahm, fällt er ihm in die Rede, hört die vorgesprochenen Worte »Ich bin nicht mehr dein Sohn« gar nicht mehr an; einzig ist ihm darum zu tun, die Würde seines Sohnes wiederherzustellen. Einen Ring an den Finger, ein neues Gewand und Schuhe an die Füße – das ist die Sorge dieses Mannes – und ein Freudenmahl, das

Glück zu feiern, nach Stunden und Tagen des Leids zusammen und versöhnt miteinander zu sein. So, wollte Jesus sagen, ist sein Bemühen um das hundertste Schaf und das am meisten verlorene. Er wollte ihm entgegengehen, dem Menschen, der allein umkommt vor Scham, er wollte nicht die Worte des Gesetzes und der Rechthaberei sprechen, sondern die ungeteilte Freude des Himmels vermitteln. So sagte er: »Es ist über einen einzigen, der umkehrt, mehr Glück im Himmel bei Gott als über neunundneunzig Gerechte.« Lässt sich das nicht verstehen? Ist das so schwer zu begreifen?

Das Gleichnis könnte hier enden, wäre es nicht zu der Gruppe der Gegner, der Frommen und der Theologen, der Gesetzeskundigen und Gesetzebefolgenden gesprochen. Ihr Portrait malt Jesus in der Gestalt des älteren Sohnes. Ein jedes Wort stimmt, wenn dieser Mann sagt: »Nie habe ich eines deiner Gebote übertreten.« Er ist korrekt, fehlerfrei, ordentlich, zuverlässig, pflichtgetreu – das alles stimmt, und Jesus hat es an den Pharisäern und den Theologen nie bezweifelt. Nur, es gibt eine entscheidende Prüfungsfrage: wieviel das alles wert ist, wieviel an aus Freude getragenem Verständnis in dieser Haltung wohnt. Und da sieht es betrüblich aus. Nicht nur den Frommen damals, sondern uns selber heute noch erscheint das Böse oder die Sünde eigentlich wie etwas verlockend Kostbares, wie eine giftige Pflanze, an der man sich berauschen könnte, die aber leider jenseits unseres eigenen Gartenzaunes wächst. Und die Hürde dieses Zaunes wagen wir nicht zu überschreiten, aus Angst. Einzig das Motiv der Angst hindert uns, wirklich loszulegen und das Leben, üppig wie es ist, einzuholen. Also müssen wir uns unterdrücken. Der Preis des Guten ist die Selbstbeherrschung, die Disziplinierung, der Kampf gegen sich selber. Der innere Schweinehund muss an die Kette gelegt werden. So leben wir alle. Und kommt dann jemand und macht es anders, so richten wir auf ihn den gleichen Zorn, der in uns lebt. Jesus ist ein Meister der Erzählkunst, denn jetzt überrascht er uns mit der konkreten Vorstellung der Guten, was denn das Böse sei. Dieser Bruder hat sein Geld mit Dirnen durchgebracht! Davon war die ganze Zeit nicht die Rede. Für diesen älteren Sohn aber gibt es überhaupt keine andere Vorstellung von einem saftig prallen Leben.

Was uns hindert, gütig zu sein, ist die Art, in der wir uns zwingen, gut zu werden. Sie sperrt immer ab, sie sieht ständig Gefahren lauern, und wir wagen die eigene Tugend nicht, weil wir immer auf der Hut sein müssen vor uns selber. Und wir werden denjenigen mit Füßen treten, der nicht so lebt wie wir. Weil es für uns so schmerzhaft ist, muss die Übertretung der Gesetze schmerzhaft sein. Weil wir in uns selber soviel totgemacht haben, müssen wir totmachen, was anders ist als wir.

Damit dies keine Dinge von vor zweitausend Jahren bleiben, wollen wir sie in unsere Wirklichkeit übersetzen: Leute, die sich verloren haben und dennoch versuchen möchten, vor Gott und den Menschen zurechtzukommen – wenn da jetzt nicht abstrakt von »Sünde« die Rede ist, sondern z. B. von jenen, die in ihrer Ehe gescheitert sind, oder von Priestern, die geheiratet haben, oder von Drogenabhängigen oder von fünfundzwanzigjährigen Straffälligen. Sie alle haben keine Chance. Die wirklich Frommen, die Gesetzestreuen, die Gesetzeserklärer und Theologen werden Gründe haben, zu wissen, warum solche Menschen hier am Altar die Hostie zu empfangen nicht würdig sind. Die Bibel, sogar die Worte Jesu, die Ordnungen, nach denen wir uns richten müssen, dienen zur Rechtfertigung des Ausschlusses. Es ist ein ewiger Kampf gegen die Güte, weil wir mit uns selber nicht zurechtkommen. Wenn da jemand wirklich drogensüchtig und dazu noch hilfsbedürftig ist, ist die Caritas für ihn da; denn mitleidig sind wir. Aber wenn sich zeigen sollte, dass hier ein Freudenfest gefeiert wird, dass es dem Betreffenden gutgeht, dass er zurückkehrt und es ihn überhaupt nichts kostet, dann wird die Strafe eingefordert, dann zeigt sich der Sadismus unserer Korrektheit, unseres Ordnungsdenkens, die ganze Grausamkeit, in der wir leben.

Dass jener jüngere Sohn in sein Vaterhaus zurückgefunden hat, hält Jesus für gewiss; ob der ältere Sohn, der all die Zeit bei seinem Vater war, zurückgefunden hat, wissen wir nicht. Es bleibt uns selber zur Entscheidung überlassen.

Von den ungleichen Söhnen

Was meint ihr: Ein Mann hatte zwei Kinder. Er ging zum ersten und sprach: Mein Kind, geh, wirke heute im Weinberg! Der aber hob an und sprach: Ja, Herr – ging aber nicht. Er ging zum zweiten und sprach dasselbe. Der aber hob an und sprach: Ich mag nicht! Hinterher aber gereuig, ging er doch. Wer von den beiden hat den Willen des Vaters getan? Sie sagen: Der letztere. Sagt Jesus zu ihnen: Wahr ists, ich sage euch: Die Zöllner und die Huren kommen vor euch in das Königtum Gottes. Denn: Johannes kam zu euch mit dem Weg der Gerechtigkeit, doch geglaubt habt ihr ihm nicht. Die Zöllner und die Huren aber haben ihm geglaubt. Ihr aber habt es zu sehen bekommen und doch hat es euch nicht einmal hinterher gereut, so dass ihr ihm geglaubt hättet. Mt 21,28–32

Der Weg zu Gott

Wenn jemand anders redet, als er handelt, nennt man ihn für gewöhnlich einen Heuchler. Man unterstellt, dass er im Grunde weiß, wie es richtig ist, sich zu verhalten, aber dass er aus Bequemlichkeit oder mangelndem guten Willen von den richtigen Pfaden der Tugend und der Wahrheit abweicht. Er fürchtet die Kritik der anderen und tut deswegen so, wie wenn er richtig und wahr wäre; seine Reden sind sein Schutz und die Lüge sein Vorteil. Wenn es sich so verhält, liegen die Dinge relativ einfach. Man müsste einem Heuchler Mut machen, seine eigene Wahrheit zu glauben und sie sich zuzutrauen. Oder man müsste ihm Mut machen, dem Druck der öffentlichen Meinung nicht recht zu geben, wenn er sie nicht wirklich selber glaubt. Nur so käme er in Übereinstimmung mit sich selbst.

Was Jesus in diesem Evangelium vor Augen hat, ist ungemein viel verwickelter, komplizierter, tragischer. Ich glaube nicht, dass Jesus den Ältesten und den Hohenpriestern einfach unterstellen will, dass sie mit Bewusstsein und Absicht doppelbödig leben, obwohl es solche Worte Jesu im Matthäusevangelium auch gibt. Näher liegt, zu denken, dass Jesus an dieser Stelle auf eine innere Schwierigkeit hinweist, die gerade die Frommen ereilen und die scheinbar Gestrauchelten retten kann. Es ist möglich, Gott immer wieder im Munde zu führen und ihn gerade dabei zu verraten. Es ist möglich, auf eine Weise von Gott zu sprechen, die schließlich das eigene Herz Gott, wie er wirklich ist, ganz und gar entfremdet. Es ist möglich, dass man in der Unwahrheit ist, ohne bewusst zu lügen.

Wie kann das sein?, muss man sich fragen. In den Augen Jesu ist es auf Schritt und Tritt zu greifen. Wenn für Jesus irgend etwas mit Gott zu tun haben soll, gibt es für ihn nur einen einzigen wirklichen Gradmesser, ein einziges wirkliches Kriterium: inwieweit es den Menschen hilft zu leben, inwieweit es dazu beiträgt, Verständnis und Güte walten zu lassen, inwieweit es das Herz weit, das Leben reicher und froh macht und inwieweit es Vertrauen verbreitet statt Angst. – Da sind nun die Leute, die eigentlich ganz und gar, schon von Berufs wegen, die Sache Gottes vertreten, die Gott ständig im Munde führen und auch eigentlich wissen, wie das Leben sich ordnen muss nach dem Willen Gottes. Sie sind vielleicht sehr bemüht, diese Leute, fleißig und sehr aktiv. Wie aber sprechen sie von Gott, und wie leben sie mit Gott? Das war es, was Jesus oft sehr gequält haben muss, wofür er in immer neuen Wendungen nach einem Ausdruck suchte und was ihm im letzten unbegreifbar blieb. Es gibt Leute, die, wenn sie von Gott sprechen, sogleich die Ordnung, die Moral, die Richtigkeit, die Wahrheit und die Art, wie man es machen muss, im Munde haben. Sie selber richten sich danach, sie sind korrekt, ordentlich, zuverlässig, pünktlich, akkurat. Kein Detail, das man ihnen vorwerfen könnte. Und dennoch stehen dieselben Leute in Gefahr, grausam, dirigistisch, diktatorisch und unmenschlich zu sein. Sie wollen es nicht, aber sie sind es, immer wieder. Man braucht sich nur umzuhören, wie gesprochen wird in

Topos plus

Ja, senden Sie mir regelmäßig Informationen über das Programm von Topos plus zu:

Name, Vorname
_____

Straße
_____

PLZ / Wohnort
_____

Antwort

Verlagsgemeinschaft
Topos plus

Hoogeweg 71

D-47623 Kevelaer

Das Programm von Topos plus
bietet Ihnen:

aktuelle Themen
religiöse Sachbücher
Lebenshilfe
Spiritualität
Biographien

Mitglieder der Verlagsgemeinschaft
Topos plus:

Butzon & Bercker, Kevelaer
Don Bosco Verlag, München
Echter Verlag, Würzburg
Verlag Katholisches Bibelwerk, Stuttgart
Lahn-Verlag, Limburg-Kevelaer
Matthias-Grünewald-Verlag, Ostfildern
Paulusverlag, Freiburg (CH)
Verlag Friedrich Pustet, Regensburg
Verlagsanstalt Tyrolia, Innsbruck-Wien

Diese Karte entnahm ich dem Buch:

Zum Lesen bzw. zum Kauf wurde ich angeregt durch:

☐ Prospekt
☐ Anzeige
☐ Buchbesprechung
☐ Schaufenster
☐ Empfehlung im Buchhandel
☐ Empfehlung von Bekannten
☐ Geschenk

(Zutreffendes bitte ankreuzen)

Meine Meinung zu diesem Buch:

Verlagsgemeinschaft Topos plus

Diskussionen, im privaten Kreis, am Stammtisch, draußen auf der Straße:

»Mein Junge soll mir kommen und nicht fleißig in der Schule sein, dann setzt es was.«

»Wenn meine Tochter kommt und hat geklaut im Laden, soll sie sich bei mir nicht mehr blicken lassen. Oder wenn sie mir ankommt mit irgendeinem Türken, ich schmeiße sie raus.«

Oder: »Wenn meine Frau irgendeine Affäre hat, wird sie was erleben.«

Es sind nur die Weisungen nach Ordnung, Sitte, Anstand und Gesetz, aber sie wirken wie Fallbeile, wie Guillotinen. Sie lassen überhaupt keinen Spielraum. Alles ist in Ordnung, und dennoch ist es tot. Es erstickt, es verurteilt, es trägt kein Gran dazu bei, dass man irgendeine Herzensregung bei sich selber oder beim anderen begreift. Schließlich führt man Gott im Munde nur wie einen Scharfrichter, um die eigene Abtötung und Seelengrausamkeit zu rechtfertigen. Das war es, was Jesus vor Augen hatte, und wofür er plädierte, war, dass man offen genug werden sollte im Herzen und in den Augen für das, was in einem Menschen und womöglich im eigenen Herzen vorgeht. Die erste Frage sollte niemals sein: »Was muss man machen?« Die erste Frage sollte sein: »Wie fühlst du dich? Was bewegt dich? Was geht in dir vor sich? Was möchtest du? Woran glaubst du? Was sind deine Ziele? Wie siehst du dich selber?« – Diese Bewegungen in der Seele des anderen zu begleiten, mitzuvollziehen und zu verstehen ist im Grunde der einzige Weg zum Herzen des anderen, und es ist der einzige Weg zu Gott, wie Christus ihn lehrte und lebte.

Es ist möglich zu sagen: Ich tue den Willen Gottes – und in der Tat: man übertritt kein Gesetz, man ist vollkommen ordentlich, und trotzdem schafft man rings um sich her nichts als Unordnung. Man begeht keinen Fehler, und trotzdem ist am Ende alles falsch, erfroren, kalt, leblos und hart.

Es ist in unserem Jahrhundert schon oft genug vorgekommen, dass Menschen von Gott schließlich gar nichts mehr hören wollten, weil sie damit nur Begriffe der Verurteilung, der Schuldgefühle, der Vorwürfe, des Ausgewiesenseins verbanden, und sie mochten irgendwann daran glauben, dass sie doch ein Recht hätten zu leben, dass sie nicht nur schlechte Menschen wären.

Jesus sagt in diesem Evangelium: Die Zöllner und die Huren kommen in das Himmelreich, ihr nicht. Es ist ein einzigartiges Plädoyer für die Verzweifelten, für die Ausgestoßenen, für die Menschen, die oft überhaupt keinen Weg wissen, wie sie ihr Leben in Ordnung bringen sollen. Aber es ist auch eine schreiende Anklage gegen die ewig Richtigen, die hundertprozentig, mit Berufung auf Gott, die Kirche und das Lehramt Abgesicherten, die sich weigern, Mitleid, Verständnis und Güte zu haben, weil sie's angeblich selber gar nicht brauchen. Was Jesus hier sagt, stürzt alle Ordnung um, so bestürzend ist es. Aber dies *war* Christus. Dafür hat man ihn hingerichtet nach anderthalb Jahren Zuhören und Missverstehen. In diesen Worten lebt die ganze Energie seiner Botschaft, weswegen man neuen Wein nicht in alte Schläuche gießt. Und so radikal stellte er sich auf die Seite der Partei der Entrechteten, der Entmutigten, derer, die schließlich kaum noch glauben konnten und mochten, mit Gott irgend etwas im Sinn zu haben. Ihnen wollte er selber nahe sein, wissend und lehrend, dass Gott den zerbrochenen Herzen, wie er's in dem Psalm betete, nahe ist.

Es gibt nur *eine* Sprache Gottes, das ist die Gnade und die Güte, und was in ihr nicht lebt, stammt in den Augen Jesu nicht von Gott. Und es gibt schlimmere Sünden, als im Sinne der Moral zu sündigen, und man kann mehr verkehrt machen, als bestimmte Gebote nicht zu übertreten. Es ist am Ende wahr, dass uns nur eines zu Gott führt: das Mitleid, das Erbarmen, die grenzenlose Offenheit, verstehen zu wollen, und die endgültige Weigerung, irgend etwas auf Erden zu verurteilen. Denn dies ist ganz sicher: Solange wir glauben, wir könnten etwas verurteilen, haben wir uns bloß noch nicht Mühe genug gegeben, es wirklich zu begreifen. Und solange wir sagen: »Das versteh' ich nicht«, sagen wir im Grunde nur: »Wir kennen uns selber noch nicht genügend.«

Es wäre so einfach, wenn das Matthäusevangelium in der Fortsetzung der Jesusworte recht hätte: Johannes der Täufer kam, er predigte die Buße, die Menschen sind reuig und bußfertig, und sie tun das Gute, weil sie es wollen. – In Wahrheit sind die Menschen hilflos, verängstigt, verzweifelt, ständig auf der Suche nach sich selber und dem Gott, der sie geschaffen hat, und was sie am meisten brauchen, ist ein Mensch an ihrer Seite, der ihnen hilft und ein Stück weit auf dem Wege leuchtet, wenn er im Dunkel liegt. Das wollte Jesus sein, wenn er nach dem hundertsten der Schafe suchte. An dem, wenn es gefunden würde, hätte Gott mehr Freude als an den neunundneunzig anderen – ist dies nun Wahrheit oder Ironie? –, die der Umkehr nicht bedürfen.

Vom barmherzigen Samariter

Und da! Ein Gesetzeslehrer stand auf. Er sagte, um ihn zu versuchen: Lehrer, was habe ich zu tun, um unendliches Leben zu erben? Er sprach zu ihm: Was ist im Gesetz geschrieben? Wie liest du da? Er antwortete und sprach: Liebe den Herrn, deinen Gott; aus deinem ganzen Herzen und mit deinem ganzen Leben und mit deiner ganzen Stärke und mit deinem ganzen Sinnen! Und: Deinen Nächsten wie dich selbst! Er sprach zu ihm: Richtig hast du geantwortet. Tu das! Dann wirst du leben. Der aber wollte sich rechtfertigen und sprach zu Jesus: Und nun – wer ist mein Nächster?

Jesus nahm das auf und sprach: Ein Mensch ging von Jerusalem nach Jericho hinunter und fiel unter eine Räuberbande. Die zogen ihn aus, schlugen ihn wund, machten sich davon und ließen ihn halbtot liegen. Zufällig ging ein Priester auf jenem Weg hinunter, sah ihn an und ging vorüber. Desgleichen auch ein Levit. Der kam an den Ort, auch er sah ihn an und ging vorüber. Ein Samariter, der unterwegs war, kam ebenda hin, sah ihn an, und es ward ihm weh ums Herz. Er trat hinzu, verband seine Wunden und goss Öl und Wein darauf. Dann setzte er ihn auf sein Reittier, brachte ihn zum Wirtshaus und versorgte ihn. Am anderen Morgen zog er zwei Denare heraus, gab sie dem Wirt und sprach: Versorg ihn, und was du etwa dazuhin aufwendest – ich gebe es dir zurück, wenn ich wieder herkomme.

Wer von diesen Dreien scheint dir der Nächste dessen geworden, der unter die Räuberbande gefallen ist? Er sprach: Der das Werk des Erbarmens an ihm getan hat. Und Jesus sprach zu ihm: Geh und tu auch du desgleichen. Lk 10,25–37

Gott ist in der Menschlichkeit des Menschen

Wollte man dem ZDF oder sogar dem Bayerischen Rundfunk empfehlen, diese Geschichte einmal zu verfilmen: die Erzählung vom Barmherzigen Samariter, so würde die zuständige Programmdirektion wohl unwillig abwinken: »Samariter«, würde man sagen, »klingt exotisch, kennt kein Mensch, interessant, aber, barmherzig – das geht nicht. Wenn es wenigstens hieße: Der unbarmherzige Samariter! Oder was auch ›Samariter‹! ›Der Unbarmherzige‹. Das wär's. Hatten wir doch kürzlich noch. Wo steht's gleich. Aha! Sans merci – ein französischer Kriminalfilm. Lief sehr erfolgreich.«

Dabei wäre die Geschichte vom Barmherzigen Samariter spannender als jeder Freitagskrimi. Nehmen Sie nur die Einleitung: »Ein Mann ging von Jerusalem nach Jericho und fiel unter die Räuber. Die plünderten ihn leer und ließen ihn halbtot liegen. Da kam des Wegs ein Priester ...« Alle werden damals an dieser Stelle die Ohren gespitzt haben: ein Priester! Ein solcher ist die Musterausgabe der institutionalisierten Religion; wie er sich verhält, so muss man sich halten. Also: wie wird er sich verhalten?

Man begreift den Affront, der darin liegt, dass Jesus fortfährt: »Der Priester sah den Verletzten am Wege, – und ging vorüber.« Viele werden damals beifällig genickt haben: »So sind sie. Immer wenn man sie braucht, haben sie etwas Wichtigeres im Kopf. Sie sind sich zu fein für die kleinen Leute.« Aber die Freunde werden Jesus vermutlich an demselben Abend noch gewarnt haben: »Rabbi«, werden sie gesagt haben, »Du kannst so nicht weitermachen. Du machst sie Dir alle zu Feinden. Und selbst wenn Dir das egal sein sollte, Du wirst ungerecht. Du pauschalierst. Bei uns im Dorf zum Beispiel wohnt ein ganz ausgezeichneter Priester. Sie sind nicht alle so.«

Jesus aber wird darauf geantwortet haben: »Natürlich weiß ich, dass es in vielen Dörfern viele wunderbare Priester gibt. Sie tun ihr Bestes. Aber sie werden durch ihr eigenes geistliches Amt daran gehindert, zu tun, was zu tun ist. Es geht mir nicht um den einzelnen Priester, der sein Bestes tut, mir geht es um das Priestertum als eine vermeintlich von Gott gesetzte Beamtenschaft. Niemand von uns wird zu einem Priester, er hätte denn mit acht Jahren bereits das

3. Buch Moses (Levitikus) auswendig auf die Schnurre zu bringen gewusst – Kapitel 20, Kapitel 21: Ein Priester hat sein Leben lang kein Recht, den Leichnam eines Menschen zu berühren, und wär's seine gestern verstorbene Mutter; er hat kein Recht, auf dem Weg nach Jerusalem zu seinem heiligen Dienst im Tempel sich die Hände mit Menschenblut zu besudeln. Er hat vor Gott und den Menschen die Pflicht, pünktlich und koscher im Heiligtum anzulangen und dort rein und korrekt seine Riten und Gebete zu verrichten, – die heiligen Schlachtungen, die tradierten Festgottesdienste. Es ist sein Gott, seine Priestervorstellung von Gott, es ist die Pflicht seines Tempelkults, die ihn hindern, hinüberzugehen zu dem Verletzten.«

Sagen wir es in modernen, psychologischen Kategorien: »Du fragst: Wo finde ich Gott? Und gleich kommen sie und erklären Dir, dass dies eine Frage ist, die Du, ein nichtstudierter Mensch, unmöglich beantworten kannst. Es wäre geradewegs Hybris und Vermessenheit, wolltest Du Dich getrauen, eine derart komplexe Frage selber entscheiden zu wollen. Eben deshalb gibt es ja diese, die Gottesexperten, die Männer, die es in vielen Jahren gelernt haben. Du hast doch selber für ihre Ausbildung bezahlt. Rund 600 000 Euro etwa kostet es zum Beispiel in der katholischen Kirche, um einen Priester im Verlauf von sechs Jahren heranzubilden, bis dass er, bei einigem Fleiß, drei tote Sprachen spricht, Hunderte von Kirchengesetzen kennt und viele hundert Dogmen der lauteren, wahren Lehre von Gott prüfungsreif hersagen kann. Ohne die Priester, musst Du wissen, bist Du vor Gott ein Verlorener. Niemals wird Gott Dir mit Gewissheit Deine Sünden vergeben ohne die entsprechenden Bußleistungen und Opfer, die Du unter priesterlicher Kontrolle darbringst. Dieser Priestergott, mit einem Wort, ist ein stets widersprüchlicher Gesell. Er vergibt, doch stets nur bedingungsweise. Es ist das Interesse der Priester, die Angst der Menschen vor Gott rituell zu beruhigen, doch niemals wirklich zu beseitigen. Denn beseitigten sie die Angst vor

Gott, so würden sie selbst überflüssig. Die Priester werden geboren aus Angst, und sie erhalten sich im Amt aus Angst. Und was sie niemals gebrauchen können, ist ein einfaches kindliches Vertrauen in die Güte Gottes als eines liebenden Vaters (oder einer liebenden Mutter). In gewissem Sinne kann deshalb die Angst vor Gott für die Priester niemals groß genug sein, denn je größer die Kluft zwischen Gott und Mensch, desto größer der beamtete Instanzenzug zwischen Himmel und Erde, desto unentbehrlicher sind sie selbst, die Priester, die heiligen Väter, die Gottesväter. Du musst also Opfer darbringen. Du musst die Priester mit eigens eingerichteten Steuern bezahlen: Du musst die Tiere bezahlen, die sie für Dich schlachten, Du musst die Schlachtung der Tiere bezahlen, Du musst ihre angemessenen, tradierten, rituell festgelegten Gebetsformeln bezahlen, und nur unter solchen Verzichtleistungen und Opfern wird Gott bereit sein, Dich mit Deinen Sünden wieder anzunehmen. – Der Gott der Priester also ist ein ausgesprochen zwangsneurotischer, blutsaufender Vampir, der sich mästet an der Zerstörung des Glücks, die Du selber Dir zufügst. Ein solcher Gott ist ein Lokalgötze des Tempelpersonals, der Gefangene einer unmenschlichen Ideologie, die, sobald es drauf ankommt, sich unfähig zeigt, wirklich menschlich, großzügig und weitherzig zu sein.«

Vielleicht möchte man einwenden, ein solcher Gedanke sei antijüdische Polemik. Doch das ist mitnichten der Fall. Im Gegenteil. Das Judentum zeigt seit der Zerstörung des Tempels im Jahre 70 durch den römischen General und späteren Kaiser Titus, dass eine Religion auch gänzlich ohne Priester und Opfer auskommen kann, und das Christentum, speziell der Katholizismus, könnte eine Menge davon lernen. Wichtiger indes ist die prophetische Kritik am Tempel und an der Jerusalemer Priesterschaft, die von Jesaja und Jeremia an hinüberreicht bis zu Jesus, in dem viele seiner Zeitgenossen einen wiedererstandenen der alten Propheten erkannten (Mt 16,14). Man lese nur einmal den in prophetischem Geiste geschriebenen 50. Psalm: »Wenn ich Hunger habe«, heißt es da sinngemäß, »brauche ich doch nicht das Fett eurer Farren auf den Weiden, und wenn ich Durst habe, doch nicht das Blut eurer Schlachtopfer, gehört mir doch ohnedies alles, was lebt, auf den Fluren. Doch ein zerknirschtes, zerbrochenes Herz, das werde ich niemals verstoßen.«

So dachte Jesus, wenn er uns in der Bergpredigt zu beten lehrte: »Wenn Ihr betet, so macht nicht viele Worte, wie die Heiden. Sondern so sprecht doch Ihr: Unser Vater, himmlischer Du, alles musst Du uns vergeben, (weil wir sonst nicht leben könnten), und wir versprechen Dir hiermit, fortan allen alles zu vergeben.« Es ist unmöglich, dass Jesus mit der Haltung einer solchen Gottunmittelbarkeit einen priesterlichen Vermittlungsdienst in Ritualmagie und Dogmenzwang für vereinbar gehalten hätte.

Stets, wenn Jesus redete, geschah es offen und klar. Und wie sein Gleichnis vom Barmherzigen Samariter zu verstehen ist, erklärt er im folgenden selber mit aller nur wünschenswerten Deutlichkeit. In den Fußspuren des Priesters kommt ein Levit. Ein solcher besäße an sich einen größeren gesetzlichen Spielraum, doch hält er sich an sein Vorbild, den Priester: Er geht vorbei an dem Schwerverletzten am Wege. Es ist sein Gott, der es offenbar als Frömmigkeit ansieht, Gott um so näher zu kommen, als man sich von hilfsbedürftigen Menschen entfernt.

»Da kommt des Weges ein Samariter.« Samariter kennen wir heute als die Verkörperung christlicher Hilfsbereitschaft. Doch als solche sind sie erst aus diesem Gleichnis erwachsen. In den Tagen Jesu waren die Samariter die bestgehassten Leute für jeden orthodoxen Juden. Der Grund: eben die Tempelfrage! Seit einem halben Jahrtausend ging das schon so. Als um 520 v. Chr. nach Rückkehr aus der babylonischen Gefangenschaft der Jerusalemer Tempel wiedererrichtet wurde, weigerte man den Samaritern die Teilnahme; man grenzte sie aus, weil sie sich dem Diktat der

Priester der »heiligen Stadt« nicht fügen wollten. Vergebens, dass Leute wie Jeremia die Wiedervereinigung zwischen Juden und Samaritern von Gott erfleht und erhofft hatten, dass Ezechiel in glühenden Worten die Vereinigung der beiden zerbrochenen Stäbe vor Augen stellte; ein ordentlicher Jude hatte die Pflicht, einen Samariter religiös zu verachten. Und die wiederum revanchierten sich auf ihre Weise. Wie denn soll Gott ausgerechnet an einem bestimmten Kultort in Judäa wohnen? Wenn er so koscher ist, lässt er sich dann nicht vertreiben, indem man zum Beispiel Leichenteile auf dem Tempelplatz verstreut? Genau das war geschehen, als Jesus noch ein Kind war. Kann Gott nicht wohnen, wo er will, – zum Beispiel auf dem Garizim, in der Nähe der heutigen Palästinenserstadt Nablus? Warum nur in Judäa? Warum nur im Tempel?

Man begreift, was geschieht, wenn Jesus ausgerechnet einen Samariter auf die Bühne seines Gleichnisses holt. Dieser Mann hat mit der ganzen Priesterfrömmigkeit nichts im Sinn, er trägt sie nicht als ein Brett vor dem Kopf mit sich herum, und das gerade macht ihn klarsichtig und frei, sein Herz zu öffnen und seine Hände. Der Samariter geht hinüber zu dem Verletzten und hilft ihm, so gut irgend er kann.

»Du hast«, soll das heißen, »vorhin noch gefragt, wo Gott sich finden lässt. Und ich sage Dir: nicht da, wo es die Priester behaupten. Gott wohnt nicht in einem von Menschen errichteten Gebäude. Gott wohnt nicht in dem Formalismus von Ritualmagie und Opferangst. Gott wohnt einzig dort, wo ein Mensch in Menschlichkeit hinübergeht und hilft einem Hilfsbedürftigen und antwortet mit Mitleid auf das Leid seines Mitmenschen.«

Ab sofort hört da Gott auf, ein nationalegoistischer Fetisch zu sein entsprechend der Popanzphrase: God bless America, oder nach der Papstattitüde eines Pontifex maximus, eines »Vaters aller Väter«, eines »Heiligen Vaters«, eines »Gottes-Stellvertreters« auf Erden. Gott im Sinne Jesu ist so weit wie die Welt, wo Menschen wohnen. Ja, es kann sein, dass Menschen an den Gott Israels nicht so glauben wie das Volk Israel selber es möchte, und doch werden sie zu ihm zählen, wofern irgend sie Menschlichkeit leben.

Ist das wirklich die Meinung Jesu? mag man, erschrocken fast, fragen. Es ist. In seinem letzten Gleichnis, in der Erzählung vom *Großen Weltgericht*, in Mt 25,31–46, wird er genau so sagen: »Wenn Du Dein Leben betrachtest und Dich fragst, was davon Gültigkeit haben soll, was Du sammeln und mitnehmen möchtest vor den Thron Gottes, wie glaubst Du dann, wird Gott Dich fragen? Worauf soll es da wesentlich ankommen? Wie oft Du den Tempel besucht hast? Glaubst Du das wirklich? Wieviel Geld Du den Priestern geschenkt hast? Ist das Dein Ernst? In Deinem Herzen weißt Du genau, was zählt. Es gab an Deiner Seite Menschen, die Hunger hatten oder die krank waren oder die fremd waren oder die inhaftiert waren, und die einzige Frage, die Gott an Dich richten wird, heißt ganz einfach: Was hast Du getan, um den Hunger nach Brot und, mehr noch, nach Liebe zu stillen? Was konntest Du beitragen, den Schmerz des Körpers und, mehr noch, der Seele zu lindern? Wie viel an Großzügigkeit war Dir vergönnt, die Asylanten der staatlichen Gesetzgebung ebenso wie die Heimatlosen des Daseins mit dem Recht auf Bleibe und der Fähigkeit zu bleiben auszustatten? Und inwieweit warst Du fähig, die sichtbaren und, mehr noch, die unsichtbaren Mauern sozialer wie seelischer Gefangenschaft zu überwinden?«

In all dem ist es nicht wichtig, welch einem Bekenntnis jemand zugehört. Die Frage ist nicht, ob er ein Christ, ein Jude, ein Muslim, ein Hindu oder ein Buddhist ist; die Frage lautet: Was bist Du für ein Mensch? Und nichts weiter möchte Gott wissen.

Mitunter muss man die Gleichnisse Jesu sich in modernem Gewande erzählen, um sie wirklich zu verstehen. Um 1930 dachte der kommunistische Filmregisseur Wilhelm Pabst darüber nach, wie man den Aufmarsch des braunen Spuks in den Straßen Deutschlands in den nächsten Weltkrieg verhindern könnte. Der Erste Weltkrieg war vom Zaun gebrochen worden unter anderem der Frage des Anspruchs auf Elsass-Lothringen willen. Hohe katholische Bischöfe, wie der spätere Kardinal Michael Faulhaber, hatten 1914 in ihren Kanzelpredigten zum Krieg gehetzt, da Gott das Recht schützt und der Deutsche Kaiser gar nicht das Recht hat, auf Elsass-Lothringen zu verzichten, mag doch in der Bergpredigt stehen, was will. Pabst nun ersann folgende Geschichte: Auf französischer Seite in Elsass-Lothringen ist ein Streb zu Bruch gegangen; die französischen Kumpels versuchen, sich an die Unglücksstelle heranzuarbeiten, doch sie können es nicht, ihnen fehlt das nötige Gerät. Auf deutscher Seite besäße man die entsprechenden Möglichkeiten eines raschen Streckenvortriebs, aber am Tage hindern Soldaten und Gendarmerie den Grenzverkehr. Da sagen sich die deutschen Bergleute: »Wir wissen genau, was drüben los ist. Es ist der Albtraum jedes Bergmanns: Du bist eingeschlossen in einer Kaverne von ein paar Kubikmetern Atemluft, und jeder Lungenstoß raubt Deinem Kameraden den Sauerstoff, den dieser zum Leben braucht. Alles ist nur eine Frage der Zeit. Und schlimmer noch ist, was am Werkstor sich abspielt. Da stehen jetzt die Frauen und Kinder und fragen: Was macht mein Mann, mein Vater, mein Bruder? Und die Werksleitung wird sagen: Das wissen wir nicht! Und die Werksleitung wird lügen, denn sie müsste sagen: Da unten, auf der vierten Sohle, werden sie alle verrecken. Denn wir haben nicht 1914–1918 Hunderttausende unserer jungen Poilus in das Sperrfeuer, die Bajonette, die Handgranaten, das Giftgas der Boches, der deutschen Schweine, getrieben, damit jetzt französische Bergleute, Angehörige der Grande Nation, so bar jeden Stolzes wären, sich selber zu kujonieren und die Hilfe von Deutschen anzunehmen, nur um zu überleben, statt lieber in Ehren und Würde im Berg zu bleiben. – So verrückt denken sie schon wieder alle, hüben wie drüben. Sie sind schon wieder dabei, zu trainieren, wie man am effizientesten mordet. Für Gott und Vaterland!

Nein, wir holen sie raus. Unterirdisch hängen all die Zechen zusammen. Wir müssen nur die Stahlträger aufschweißen, die man im August 1914 in die Stollen getrieben hat. Wir holen sie raus.«

Am Ende des Films, der den Titel trägt *Kameradschaft*, hält einer der französischen Bergarbeiter eine Dankesrede, und ein deutscher Kumpel antwortet: »Leute, ich weiß nicht, was er gesagt hat, ich kann kein Französisch. Aber was er gemeint hat, kann ich euch sagen: Bergarbeiter lassen sich nicht trennen.«

Man kann sofort einwenden, das sei das typisch Kommunistische: die Einheit der Arbeiterschaft durch die Gleichheit der Interessen am gleichen Arbeitsplatz; das sei die Internationale des Proletariats, das sei die horizontale Verbrüderung zur vertikalen Spaltung der Gesellschaft im Klassenkampf. Man kann aber auch merken, dass diese Geschichte in modernem Gewande nichts weiter erzählt als das Gleichnis Jesu vom Barmherzigen Samariter. Nicht Religion, nicht Region, nicht Konfession, nicht Nation sind im letzten bedeutsam; was zählt, ist allein eine Menschlichkeit jenseits aller Grenzen.

Übrigens hat Wilhelm Pabst seine Geschichte nicht ganz frei erfunden. 1906 waren in Nordfrankreich, in Courrières, durch eine Schlagwetterexplosion mehr als 1800 Kumpels auf vier Schachtanlagen in einen riesigen Grubenbrand geraten; 1235 von ihnen kamen ums Leben. Tagelang, wochenlang kämpften die französischen Bergleute gegen die Flammen und gegen die Zeit an, in den auf 110 km Länge zerstörten Untertage-Anlagen, um die Rettung ihrer Gefährten trotz allem noch zu ermöglichen; doch es fehlten ihnen vor allem genügend Atemgeräte. Damals gingen deutsche Bergleute aus dem Ruhrgebiet, aus Herne und Gelsenkirchen, hinüber nach Courrières und retteten 20 Tage danach noch 13 Menschen das Leben. Ist es möglich zu glauben, dass es acht Jahre später dieselben Menschen waren, die man wie rote und schwarze Ameisen als »Erbfeinde«

gegeneinander hetzen konnte, um sie sich wechselseitig mit allem, was zum Töten taugte, umbringen zu lassen?

Irgendwann muss man sich wohl entscheiden.

Vom Unkraut unter dem Weizen

Ein anderes Gleichnis gab er ihnen, indem er sagte: Mit dem Königtum der Himmel ist es gleich wie mit einem Mann, der guten Samen in seinen Acker säte. Aber während die Menschen schliefen, kam sein Feind und säte Tollkraut mitten ins Korn und machte sich davon. Als aber der Grünhalm geschossen und fruchtträchtig geworden, da erschien auch das Tollkraut. Da kamen die Knechte des Hausherrn herbei und sprachen zu ihm: Herr, hast du nicht guten Samen in deinen Acker gesät? Woher nun hat er das Tollkraut? Er sprach zu ihnen: Ein feindseliger Mensch hat das getan. Die Knechte sagen zu ihm: Willst du nun, dass wir gehen und es zusammenlesen? Er aber sprach: Nein, nicht dass ihr das Tollkraut zusammenlest und zugleich mit ihm das Korn ausjätet. Lasst beides zusammen wachsen bis zur Ernte. Dann, zur Zeit der Ernte, will ich zu den Erntnern sagen: Lest zuerst das Tollkraut zusammen und bindet es in Büschel, um es zu verbrennen. Das Korn aber sammelt in meine Scheune. Mt 13,24–30

Gottes geschaffene Wirklichkeit aus Hell und Dunkel

Eine Legende aus Kindertagen, deren Ursprung ich nicht kenne, geht mir bei der Lektüre dieses Evangeliums vom Unkraut im Weizen nicht aus dem Sinn. Gefragt, was es mit dem Teufel auf sich habe, antwortete mir meine Mutter eines Nachmittags, der Teufel sei eigentlich der beste, reinste, klügste und mächtigste aller Engel Gottes gewesen.

»Aber warum ist er dann so böse?«, fragte ich sie.

Und sie gab mir zur Antwort: »Vielleicht meint er es gar nicht so böse, sondern die Menschen verstehen ihn nur falsch.«

»Aber warum?«

Sie sagte: »Fest steht, dass über viele Hunderttausende von Jahren der Engel Luzifer Gott als treuester Diener ergeben war. Nur, eines Tages hat Gott beschlossen, die Welt zu erschaffen, und da hat er sich aufgelehnt.«

»Wieso?«, fragte ich meine Mutter.

»Nun, das verstehst du nicht«, sagte sie. »Das liegt daran, dass der Engel Luzifer sah, wie unendlich viel Leid unausweichlich in dieser Schöpfung Gottes enthalten sein würde. Dagegen lehnte er sich auf, und er beschloss, alles Böse inmitten der Welt auszureißen, wo er nur könnte. Und seitdem richtet er nichts an als Unheil und Bosheit.«

Ich kann nicht sagen, dass diese Lehre so im Katechismus steht, aber je länger ich darüber nachdenke, desto weiser und vernünftiger kommt sie mir vor. Es mag viele kleine Übel geben in unserem menschlichen Herzen und vieles, das Gedankenlosigkeit, Nachlässigkeit, Saumseligkeit, vielleicht auch böser Wille anrichten. Aber kein Unheil wütet in der menschlichen Geschichte so dämonisch, so furchtbar, so grauenhaft wie der fanatische Wille der Guten, die menschliche Geschichte und nach Möglichkeit die ganze Natur reinzufegen von allem Negativen, von jedem Schatten, von jedem Unheil. Dieser Einstellung der Asketen, der gefallenen Engel, der an der Welt bis zur Unerträglichkeit Leidenden verdanken wir die Revolutionen, die heiligen Kriege, die Razzien, die Ausrottungen, die Zerstörungen, die furchtbare Blutmühle der Ideologie. Im Namen der Reinheit werden die Inquisitionen geführt, die Säuberungsaktionen geleitet, die schlimmsten Unbarmherzigkeiten begangen mit reinem Gewissen. Und nicht nur im Großen verhält sich dies so, schlimmer und schrecklicher im Herzen eines jeden und in der Weise, wie man ihn gelehrt hat, mit sich selber umzugehen. Ist es nicht dies, was wir von klein auf hören: Wir müssten das Böse unterdrücken, uns selber beherrschen, keinen Tag verstreichen lassen, an dem wir nicht mit der guten Meinung beginnen, und alles niederhalten, was störend sein könnte, was aussieht wie Unkraut?

Es ist entsetzlich, dass die Moralisten des Unkraut-Ex so furchtbar rasch ihre Erfolge vorzuweisen wissen. Man braucht einem Kind nur klar genug zu sagen, was verboten ist, was es zu lassen hat, was es unterdrücken muss, wofür es auf die Finger, auf den Hintern geschlagen oder an den Ohren gezogen wird, und schon hat man Ruhe, ein gehorsames, gutes, anständiges, ordentliches Kind. Das Rezept funktioniert sofort, erweist sich unmittelbar als praktisch und erfolgreich und richtet auf lange Zeit seinen furchtbaren Schaden an, grad so, wie wenn man mit Unkrautvertilgungsmittel in den Garten auszieht und erleben wird, dass von einem bestimmten Übermaß an der Boden sich weigert, auch nur irgend etwas noch hervorzubringen. Er wird sauer, er wird lebensfeindlich. Er sammelt so viel Gift, dass nichts in ihm gedeihen mag. Es rührt sich schließlich gar nichts mehr, nichts Gutes und nichts Böses. Dies ist die wahre Dämonie derer, die es unmittelbar und geradlinig, ungeduldig und konsequent nur auf die Reinheit des Guten absehen. Sie zerstören alles. Sie werden nie begreifen, dass es diese reine Welt, die sie erhoffen, nicht gibt. Es gibt nur diese von Gott geschaffene Wirklichkeit aus Hell und Dunkel mit dem ganzen Spektrum des bunten, farbigen Bandes zwischen Schwarz und Weiß, das Schillern der Übergänge, die Zweideutigkeiten des oszillierenden Lichts, das sich dazwischen bricht, und man muss lernen, dass die Einteilungen zwischen Nutzkraut und Unkraut womöglich in sich bereits verkehrt sind.

Wie man die Geduld gewinnt, wachsen zu lassen, ist die eigentliche Frage. Es gibt kaum ein anderes Gleichnis im Neuen Testament, das soviel Vertrauen in das menschliche Herz setzt wie dieses, das so therapeutisch mit unserer Angst, mit unserer Unruhe, mit unserem Willen zur Perfektion, mit unseren moralischen Anstrengungen umgeht wie dieses. Man könnte aus der Psychotherapie manch ein furchtbares Beispiel wiedergeben, um zu zeigen, wie recht Jesus hat, wenn er uns auffordert, in uns selber und rings um uns her unbedingt nur wachsen zu lassen und nicht den Schrecken über das scheinbare Unkraut Macht über uns gewinnen zu lassen.

Ein Student erzählt, dass er an einem Nachmittag bei einem Einkaufsbummel beinahe ohnmächtig geworden sei. Und während er über die Gründe nachdenkt, überkommt ihn ein jähes Entsetzen, ein Grauen vor sich selber. Er erinnert sich nämlich sehr dunkler Antriebe, die ihn an der Kasse des Kaufhauses überkamen. Die Verkäuferin muss, weil es warm war, recht leicht bekleidet gewesen sein, und in dem Moment war der sexuelle Drang in ihm so stark, dass er in sich eine Kraft spürte, das Mädchen zu überfallen oder es anzufassen mit Blicken und Händen. Kaum dass er davon zu sprechen wagte, ja sich die eigenen Triebregungen auch nur eingestand, nannte er sich unmöglich, ein halbes Tier, ein Ungeheuer. Und es brachen in diesem Moment so viele Schuldgefühle, so viele Ängste in ihm auf, dass sein Bewusstsein sich ihm für Sekunden verweigerte. Mit geballten Fäusten sass er da, während er seine Wahrheit stammelte.

Was aber muss dieser Student lernen? Etwa, dass er nach Maßgabe dessen, was man ihm beigebracht hat, noch konsequenter mit Unkrautbekämpfungsmitteln in den Garten seiner Seele einrücken muss, dass er noch viel konsequenter und strenger gegen sich wüten muss? Oder nicht vielmehr, dass er unendlich viel mehr Geduld haben müsste mit sich selber? Wie denn, wenn es einmal gälte, das Schöne schön anzusehen, das Verführerische zu erleben in der Kraft seiner Verführung, seine eigenen Triebimpulse nicht zu verleumden und zu verleugnen, sondern ihnen den nötigen Spielraum zum Leben einzuräumen? Wie denn, wenn viel mehr an Weitherzigkeit notwendig wäre und jene gefürchtete Wüstheit nur das Ergebnis unsäglicher Verdrängungen? Erst der zurückgestaute Trieb gerät in die Gefahr, auszuufern und, aufgestaut, Schaden zu stiften. Und so immer, wenn wir mit uns selber umgehen. Je mehr wir zu unterdrücken versuchen, desto mehr wird sich in uns an Widerständen regen und desto ohnmächtiger werden wir uns selber gegenüber sein.

Das, was wir heute Psychotherapie nennen, besteht in gar nichts anderem, als wachsen zu lassen, was in der Seele ist, mit einem unbedingten Vertrauen, dass das Gute siegen wird. Nur: Woher wir dieses Vertrauen konsequent genug leben, ist die eigentliche Frage. Jesus meint in diesem Gleichnis, wir sollten Gott im ganzen zuversichtlich zutrauen und zumuten, dass er die Welt und uns selber darin nicht verkehrt geschaffen hat. Alles, was in unserem Herzen lebt, verdient, gelebt zu werden. Keine Wunschregung, keine Phantasie, keine Neigung, die nicht an sich berechtigt wäre, und die ganze Lebenskunst ruht darauf, nicht auszurotten, nicht zu bekämpfen, nicht zu widerstehen, sondern wachsen zu lassen. Und gradeso im Umgang miteinander. Ich denke, dass nur weniges in unserer Gesellschaft so verrückt ist wie der Umstand, dass das, was man heute noch Psychotherapie nennt, eine Sonderkunst von ein paar Fachleuten ist, die wir teuer dafür bezahlen, dass sie ein bisschen Menschlichkeit auf dieser Welt verbreiten, statt dass wir alle sehen: anders als so dürfen wir mit uns selbst und miteinander nicht umgehen.

Immer, wenn jemand sich vor einen anderen hinstellt und sagt: »Dies darfst du, dies aber nicht, so ist es richtig, so aber falsch«, schickt er sich an, den Garten Gottes, willens, ihn zu reinigen, nur gründlich zu verwüsten. Gibt es ein einfacheres Grundgesetz menschlichen Umgangs miteinander, als sich zur Faustregel zu machen, dass man hundertmal – ich meine es jetzt ganz wörtlich – hundertmal und mehr einander anerkennt, lobt, bestätigt, zum Wachsen verhilft und unterstützt in allem, was gut ist, was reifen möchte, was lebendig ist und schön im anderen, ehe man auch nur ein einziges Mal »nein« und »nicht« sagt? Denn selbst dieses hundertste Mal wird vermutlich falsch sein oder jedenfalls ganz überflüssig. Was kennen wir denn vom anderen, und was gibt uns das Recht, ihn zu verteufeln und uns selber fuchsteufelswild zu gebärden? Der Acker Gottes und unser menschliches Herz ist so unendlich weit, es verträgt keine Einschränkungen, keine Zäune, keine Absperrungen. Die meisten großen Gleichnisse Jesu beginnen bei den gewöhnlichen Vorstellungen derer, zu denen Christus spricht, und hört man genau hin, besteht die ganze Lehre darin, ebendiese Vorstellungen zu vergessen. Am Ende gibt es womöglich überhaupt nicht Gut und Böse, Unkraut und Zierstrauch. Am Ende gibt es nur ein einziges großes, gottgewolltes Leben, das darauf wartet, die Brücke zu finden zur Unendlichkeit.

Immer noch scheint es so zu sein, als wenn der rechte Gottesdienst darin bestünde, Vorschriften zu machen, Abzirkelungen vorzunehmen, Einteilungen zu häufen und zu tun, was Jesus gerade verbietet: Richter zu sein im Leben anderer. Vielleicht ist es deshalb ganz gut, eine so ernste Sache heiter zu beenden. Immer noch scheinen vor allem die Vertreter Gottes die Pflicht zu haben, alles zu wissen oder, wo schon nicht dies, alles besser zu wissen. So begab sich's in Ostgalizien, dass eines Tages ein Mann zu einem Rabbi kam und ihm klagte, seine Hühner seien ernsthaft krank, eines sterbe nach dem anderen.

»Ja, und womit ernährst du deine Hühner?«, fragte der Rabbi.

»Nun, mit Mais«, antwortete der Mann.

»Und nimmst du«, fragte der Rabbi, »zum Ernähren deiner Hühner rohen oder gekochten Mais?«

»Nun, rohen Mais«, sagte der Mann.

»Dies musst du nicht tun«, sagte der Rabbi, »du musst nehmen gekochten Mais in Zukunft.«

Aber die Hühner starben weiter. Wenig darauf kommt der Mann erneut zum Rabbi, und der fragt ihn: »Nun, was gibst du deinen Hühnern?«

Er sagt: »Wie du gesprochen, gekochten Mais.«

»Und nimmst du ihn gesalzen oder ungesalzen?«

»Nun, bisher ungesalzen.«

»Falsch«, sagt der Rabbi, »du musst nehmen gekochten und gesalzenen Mais.«

Kurz danach kommt der Mann wieder und klagt dem Rabbi: »Rabbi, jetzt hab' ich nur noch fünf Hühner, fast alle sind mir gestorben.«

»Nun«, sprach der Rabbi, »sei getrost, mein Sohn. Solange du noch Hühner hast, so lange habe ich noch gute Ratschläge für dich.«

Ich denke, nützlich wär's, in alle Zukunft sich zu fragen, was den Hühnern fehlt. Wir würden das Ratschlagen beizeiten drangeben.

✳

Des Menschen Leben in Gottes Hände

Für Matthäus ist es die Erfüllung eines alten Prophetenwortes, für Jesus aber der Ausdruck seiner ganzen Art, von Gott zu sprechen, wenn es heißt: Ohne Gleichnisse aber redete er nicht zu ihnen. Ein Gleichnis bedeutet im Umgang mit Gott einen radikalen Verzicht gegenüber der Art, die sonst üblich ist. Üblich in allen Religionen ist, dass es ein standesmäßiges, theologeneigenes Nachdenken über Gott gibt; es geht mit dem Anspruch einher, in sich logisch und klar durchdacht zu sein, und am Ende gießt es und friert es sich ein in klare Lehren und Auskünfte. Die muss man hören, mitdenken, auswendig lernen und nachsprechen, dann ist man im Sinne einer bestimmten Religionsgemeinschaft ein frommer, zugehöriger Mensch. – Sehen wir im Neuen Testament richtig, so hat Jesus diesen ganzen Typ von Gottesrede zuerst abgelehnt, dann bekämpft, weil er mindestens soviel ausschließt wie zusammenschließt.

Wie bewegt man sich durch tief verschneites Gelände? Man kann das machen in der Art des Motorpflugs. Dann wühlt man eine Schneise und glaubt festen Grund zu erreichen, während links und rechts sich meterhoch die Hindernisse um so mehr auftürmen. Man kann aber auch über den Schnee hinweggleiten wie auf Skiern, sich jeder Welle überlassend. Ein Gleichnis ist der Versuch, jeder Bewegung des Herzens eines anderen Menschen nachzugehen und die Frage des anderen so zu berühren, dass sie sich im eigenen Leben verdichtet. Es ist, wie wenn die Problematik und die Infragestellung, die vom anderen ausgeht, eine Resonanzschwingung erzeugt, so dicht, dass sie sich in den traumnahen Zonen des eigenen Fühlens und Erlebens zu Bildern formt, die von sich selber her eine Öffnung zu einer anderen Weltsicht erlauben.

Die Frage, mit welcher die Menschen zu Jesus kamen, nämlich, wie das Gleichnis vom Unkraut im Weizen sich formen konnte, mag man in etwa erahnen. Sie muss so alt sein wie unser Nachdenken über uns und unser Schicksal. Was ist es mit dem offensichtlich so Leidvollen inmitten der Welt, mit dem Gottwidrigen, Bösen, Falschen und Unwahren? Es gibt dessen so viel! In den Tagen Jesu werden die eigenen Jünger ihren Meister bestürmt haben, entsprechend den Hoffnungen, die viele in Israel besaßen. Das Böse in ihren Tagen schien eindeutig auf dem Thron der römischen Herrschaft zu sitzen. Das war der Gegengott, der Satan. Die Bibel selber in ihrem letzten Buch, der Offenbarung des Johannes, wird dieses Weltbild voll und ganz unterstreichen. Ist es da nicht nötig, geradewegs wie die Männer in den Bergen Galiläas das Eisen zu Schwertern zu schmieden und Gottes Werk zu fördern und zu unterstützen? Gott wird mit eisernem Stößel im Mörser seiner Geschichte zermalmen, was sich ihm widersetzt, aber dies, die Tyrannei und Unterdrückung, die Erklärung, dass Menschen auf dem Thron Gott seien, der Götzendienst der Bilder im Heiligtum des Tempels, das alles redet eine klare Sprache, da muss ein Mensch handeln, koste es, was es wolle. Oder die Gruppe der Pharisäer. Auch sie gibt ein Beispiel. Sie sondert sich ab von all dem Schmutz, von all den Entstellungen und Verwerfungen des Sündhaften, Bresthafen. »Aber du, Rabbi«, werden die Jünger gefragt haben, »bist niemals klar; alles, was du tust, ist zweideutig. Du setzt dich zusammen mit Zöllnern, obwohl du genau weißt, dass sie die Schmiermasse sind zwischen Israel und Rom. Ohne sie gäbe es überhaupt das ganze Regime nicht, das sich hier ausbreitet und so schwer und bleiern auf uns liegt. Du machst dich gemein mit Huren und Sündern, setzt dich mit ihnen an einen Tisch. Immer bist du zweideutig, Rabbi. Du wirst dich entscheiden müssen zwischen Gut und Böse. Du kannst nicht leugnen, dass die Dinge klar sind. Warum bestimmst du nicht, was zu uns gehört und was wir herausdrücken müssen, wo das wahre Israel liegt und wo die Grenzen sind zum Heidnischen, zum Unguten, zum Bösen?«

Mag sein, dass in eine solche Situation hinein Jesus das Gleichnis von einem Mann erzählte, der Korn aussät und nicht damit gerechnet hat, dass ein Gegner kommt, mitten in die Saat Unkraut zu streuen. Man wird daraus nicht schließen können, was Matthäus später in seiner eigenen Auslegung aus dem Gleichnis entwickelt: Der Sämann ist der Menschensohn selber, sein Gegner aber der Satan, das Korn sind die Guten, das Unkraut die Bösen und die Erntearbeiter die Engel, und man wird sammeln zum Verbrennen für die Hölle und auf dem Kornplatz für den Himmel. – Im Grunde übernimmt ein Gleichnis die Frage, von der es ausgeht, und stellt keine eigene Theorie auf. Es ist in gewissem Sinne hypothetisch, und so müssten wir die Lehre Jesu in seinem Gleichnis in etwa so wiedergeben: »Nehmen wir an, dass alles, was ihr seht, so einfach zu teilen wäre und dass man wüsste, was von Gott kommt und was nicht dahin gehört; nehmen wir an, die ganze menschliche Geschichte läge klar vor unseren Augen und wir hätten teil am göttlichen Wissen, es ließe sich so einfach sondern, was Nahrung bringt und was Schatten wirft. Was folgt daraus? Es ist möglich, mit der Ungeduld des Herzens in die Saat zu fahren und auszureißen und zu trennen. Man kann nur sagen:

Hört damit auf, denn ihr werdet alles zerstören. Die menschliche Geschichte ist nicht ein kranker Patient, ihr guten Jünger, den ihr nehmen und auf den OP-Tisch legen könntet und könntet herausschneiden, was immer euch passt. Ihr werdet am Ende nicht Leben bewirken, sondern Zerstörung und Tod. Ihr werdet am Ende nicht geholfen, sondern nur sehr weh getan haben. Ihr Jünger müsst euch entscheiden zwischen der Geduld und der Ungeduld, zwischen dem langen Atem des Wartens, eines engagierten Begleitens und eines vertrauensvollen Hoffens und dem Drang, selber zu tun, was man Gott überlassen muss. Die Macht der Trennung, die klare Entscheidung des Richtens darf und kann nicht beim Menschen stehen, sonst verwüstet sich alles.«

Wenden wir's auf unser eigenes Leben an. Wie vieles erscheint uns da, nur weil es aufbricht und unbekannt ist, als gefährlich, als Verrat an dem, was wir gelernt haben. Und wissen wir immer schon, was richtig ist und falsch, gut und böse, heilig und verdorben? Ist die Regel so eindeutig zu erstellen, was da Unkraut ist und was Korn? Wir haben vor zwanzig, dreißig Jahren erlebt, was dabei herauskommt, wenn man beginnt, die Fluren aufzuräumen, und nur das Nützliche wachsen lässt. Es ist scheinbar sehr fruchtbar, sehr ertragreich, nur: am Ende lebt nichts mehr, und der Einsatz der Vernichtungsmittel, des Kunstdüngers, der Tötungschemikalien für das, was Leben heißt, wird immer höher. Man schneidet am Ende aus einem lebenden Organismus nur den Teil heraus, von dem man glaubte, er sei das Eigentliche, aber siehe da, er lebt überhaupt nur in einem Geflecht, von dem isoliert er kein Auskommen finden könnte. Nimmt man ihn nur für sich, errichtet man eine künstliche Welt, die in sich zusammenbrechen muss. Ist es seelisch eigentlich soviel anders? Es gibt Menschen, die ständig an sich herumsortieren, kritisieren, immer möchten sie, dass nichts sie selber verstört, verheert, verwüstet, versucht; aber je klarer sie trennen, desto dürrer, künstlicher, in sich verfestigter formt sich ihr Leben, es wird immer starrer, unlebendiger, es geht kein freier Atem mehr über ein solches Feld. Es muss immer mehr sich selber einengen und reduzieren; in gewissem Sinne scheint es logischer, vollkommener, eindeutiger – das ja, aber im gleichen Sinne auch schon wie ein Vorbote des Todes.

Wenn Sie eine gotische Kathedrale besuchen, finden Sie oft Heiligengestalten in den Kirchenfenstern dargestellt. Da sehen Sie König David sich über Saul erheben, das Gute und Gotterwählte steht gewissermaßen zu Häupten seines eigenen Schattenbildes. Beides gehört offenbar zusammen, und man wird wählen müssen, ob man die Vollkommenheit will oder die Einheit und Ganzheit, ob man die Perfektion oder das Leben will. Es ist vielleicht keine Gefahr größer als die, das reine Gute auf Erden zu wollen. Alle Revolutionen haben dies so versucht; ihnen schien ganz klar, was auf die Seite des Fortschritts zu schlagen ist und was auf die Seite der Reaktion. Sie wussten genau, was der Menschheit von morgen dient und was den Sturm des Erfolges aufhält, und für den Abfall, für den Rückschritt, für den Verrat hatten sie die Guillotine. Sie konnte gar nicht oft genug in Aktion treten, denn so rasch wollte man die Brüderlichkeit, die Menschlichkeit, die Gleichheit und die Freiheit, hehre und heilige Ziele. Geht man sie *rein* an, dann werden sie unbarmherzig und grausam und begründen eine Ideologie des Terrors, denn die Menschen sind nicht so, dass man mit ihnen umgehen könnte wie mit Nutzkraut und Unkraut und Einfall und Abfall. Selbst wenn wir klar zu sehen meinen, irren wir uns groß, falls wir unsere Gedanken geradlinig in die Wirklichkeit übertragen. Wir zerstören dann und heilen selten und richten uns als fühlende Wesen mehr und mehr selbst zugrunde.

Was gibt uns, das ist die Frage Jesu, diesen langen Atem, auszuhalten und *mit* dieser Welt zu gehen? Und macht es denn Gott anders? Auf den Anfangsseiten der Bibel gibt es eine phantastische Erzählung, die Gott zutraut, dass er konsequent ist und gerecht. Gott, erzählt sie, schaute sich die

Welt an und schauderte bei dem, was er ansehen musste. Die Welt gefiel ihm herzlich schlecht, denn sie war vom Menschen zum Ekel gemacht worden. Also ließ er es regnen, um die Welt reinzuwaschen und ihr Antlitz zu säubern von der Missgeburt des Menschen. Die Sündflut brach an. Es ist das einzige Beispiel in der Bibel, wo Gott einmal nur gerecht, ganz eindeutig und wirklich dem Ideal entsprechend handelt, ein Gott, der *nicht* zulässt, dass die Welt zweideutig ist, der *nicht* akzeptiert, dass darin Böses vorkommt, der die Frage:»Herr, wie konntest du das zulassen?« eindeutig beantwortet mit:»Nein, ich will es nicht und lasse es nicht zu.« Die Geschichte geht ein kleines Kapitel lang weiter, dann erzählt die Bibel, dass es Gott reute, was er getan hatte, dass er beschloss, nie wieder eine Sündflut zu schicken über die Erde, und dass er froh war des Mannes Noah, dessen Name heißt: geruhen. Er war der Ort eines Neuanfangs für Gott.

Wissen Sie: dass es uns gibt, Menschen, die unterwegs sind, Suchende, nicht Wissende, Sich-Mühende, nicht Vollkommene, Fühlende, nicht Rein-geistig-Klare, hier auf dieser Erde zwischen Irrtum und Wahrheit ständig Umhertastende, das ist möglich, weil Gott es sich verbietet, eine reine Ordnung, eine klare Welt, eine kristalline Schönheit, die nach ehernem Gesetz immer weiter sich selbst reproduziert, auf dieser Welt zu erschaffen. Gott möchte offenbar diesen lebendigen Austausch von allem. In seinen Augen werden Heilige nicht geformt, indem man mit dem Hobel herangeht, um am Ende jeden lebendigen Baum in eine Sargplanke zu verwandeln; für ihn sind die großen Heiligen viel eher so etwas wie ein Komposthaufen, ein Mistbeet, aus dessen Zersetzung und Faulungsprozessen sein reiches, blühendes Leben sich ermöglicht. Man kann die Spannung des Lebens zwischen Nordpol und Südpol nicht trennen, indem man alles auseinanderreißt und schön nach links und rechts sortiert, sondern grad aus der Spannung, aus den Gegensätzen, aus den Widersprüchen geht das Leben hervor. Es ist nicht weniger zweideutig als die Musik. Jeder Ton, gleich wie Sie ihn auflösen, kann zur Harmonie oder zur Disharmonie führen. Und wann, wenn Sie nur ein kurzes Stück einer Symphonie hören, wissen Sie, was Disharmonie, Kontrast, Kontrapunkt oder Harmonie und Auflösung ist? Gott spricht sich am reinsten aus im Munde der Dichter, der Komponisten, im Gesang der Musik und in den Worten eines Gleichnisses. Es bietet keine Weltanschauung, aber in Anbetracht so vieler notvoller Fragen doch einen Hinweis, eine Aussicht. Es nimmt die Frage nach dem Bösen so ernst, dass wir am Ende hilflos davorstehen, wenn wir fragen: »Was müssen wir tun?« Wenn wir fragen, was wir tun müssen, gibt es moralisch nur eine einzige Auskunft: »eingreifen, dagegenhandeln, ausroden und ausmerzen« – und diese Antwort zerstört. Es gibt eine andere, weisere. Wenn es denn stimmt, dass es kein Gutes ohne ein Böses auf dieser Welt gibt, dass neben dem Kornhalm gleich wächst, was wir für Unkraut halten, dann müssen wir's wachsen lassen und Gott anheimstellen, was daraus wird. Kein wirkliches Menschenproblem löst sich mit Schwarz oder Weiß, Gut oder Böse, Richtig und Falsch, aber alles mag sich ordnen und am Ende wirklich gut werden und reich, wenn wir das Vertrauen einbringen: Es darf wachsen bei Gott. Wenn *er* mit uns geht, warum nicht auch wir Menschen der eine mit dem andern, und was uns meist am schwersten fällt, wir sogar mit unserem eigenen Ich, mit unserer oft so verdrehten Biographie und mit all den Gründen des Selbsthasses und der Zerstörungswut? Wie, wenn wir leben ließen und wachsen ließen und gäben den ganzen Acker, das ganze menschliche Leben Gott in die Hände? Mehr brauchten wir nicht.

Vom Schatz und von der Perle

Mit dem Königtum der Himmel ist es gleich wie mit einem Schatz, der im Acker verborgen lag. Ein Mann fand ihn und verbarg ihn. Und vor lauter Freude geht und verkauft er all seine Habe und kauft jenen Acker.
 Abermals: Mit dem Königtum der Himmel ist es gleich wie mit einem Händler, der schöne Perlen suchte. Als er eine gar kostspielige Perle gefunden, ging er von dannen und verkaufte all seine Habe und kaufte sie. Mt 13,44–46

Einzutauchen in den Überfluss der Glückseligkeit

Es ist die Sprache der Märchen, von verborgenen Schätzen und kostbaren Perlen zu erzählen. Wenn Jesus in seinem Gleichnis die Welt der Märchen zum Klingen bringt, so offensichtlich deshalb, weil er uns einladen möchte, unser Leben einmal anders zu sehen als in der uns so vertrauten Alltagslogik. Für gewöhnlich leben wir in einer Welt, in der zweimal zwei vier ist, ehern und unerschütterlich, in der die Verstandes- und Vernunftsgesetze gelten, in der wir zu wissen haben, was wir wollen, wie wir erfolgreich sind, wie wir zu etwas kommen. Es ist, als ob wir gegen unsere rechte Hirnhälfte einen unauslöschlichen Hass eingeprägt bekommen hätten und nur noch linksseitig lebten, indem wir die Welt nach zweckrationalen Begriffen verwalten. Wir fürchten all das, was rechtsseitig gespeichert ist: die Träume, die Phantasie, die Freude, das Glück. Sie kommen uns fast gefährlich vor. Sie zerstören, scheinbar, die bürgerlichen Tugenden, sie verführen uns zu gefährlichen Seitenwegen, sie sind schwierig für den Alltagsgebrauch. Wie aber, wenn Jesus gerade sagen wollte, indem er die Sprache der Märchen aufgriff, wir möchten unser Leben einmal anders betrachten, so wie es unsere Träume tun, als wäre die äußere Realität, die wir mit den Sinnen erreichen – fast nur noch, um sie zu zerstören –, lediglich die Außenseite einer tieferen Wahrheit, die wir erreichen können in der Phantasie und im Traum, wenn Zeit und Raum sich auflösen und wir der Unendlichkeit nahe sind, indem die Seele sich frei ausspricht? Es mag ja sein, dass wir in der Regel dazu verbannt sind, nur noch zu wissen, wie wir das Bruttosozialprodukt steigern, wie wir erfolgreich sind, wie wir das Geld vermehren, das wir schon haben. Aber wofür *sollen* wir das Bruttosozialprodukt vermehren, unser Geld und Eigentum vergrößern, und welch einen Sinn soll es haben? Das wissen wir beinahe gar nicht mehr.

Wie soll man also in einer Welt rein äußerlichen Denkens das Geheimnis des Gottesreiches aussprechen? Setzen wir doch einmal voraus, scheint Jesus zu denken, wir hätten es mit wirklichen Kaufleuten, mit Menschen, die sich auf ihren Profit verstehen, zu tun. Da war einmal einer, ein Perlenhändler, dem eines Tages das Märchen begegnete, eine überaus kostbare Perle zu finden. Und da mit einem Mal offenbarte sich seine eigentliche Wahrheit: Er verschleuderte alles, was er hatte, und kaufte diese Perle. Seine Kollegen im Basar werden ihn ausgelacht haben. Nie würde er diese eine kostbare Perle »realisieren«, d. h. ihren Wert in Geld eintauschen können. Es zeigt sich in dem Moment, wo der Kaufmann der Perle begegnet, dass ihm die ganze Zeit über im Grunde an dem Schacher mit dem Geld nichts lag. In Wahrheit war er ein Diener der Schönheit, und was er suchte, war ein Abbild der Vollkommenheit. – Es ist die Frage, ob Jesus seine Geschichte mit einer solchen Magie und Verzauberung hat ausstatten können, dass seine Hörer ihm dies glaubten. Ein jeder von ihnen hätte an der Stelle dieses Kaufmanns genauso gehandelt. Er hätte die Welt der Zwecksetzungen verlassen und wäre hinübergegangen in die reine Welt der Freude, der Schönheit und der Vollkommenheit.

So beschreibt Joseph Roth, selber ein Träumer und Dichter, in seiner Geschichte vom Leviathan einmal einen russischen Perlenhändler. Dieser Mann hängt an seinen Korallen, die aus dem azurblauen Meer der Südsee, aus den Tiefen als vollendete Form des Lebens in seinen kleinen Laden gekommen sind. Er verkauft die Korallen eigentlich nicht, um davon zu leben, in Wirklichkeit ist er ein Priester der Schönheit. In jeder der Korallen sieht er die unendliche Weite des Meeres, vernimmt er das Rauschen der Unendlichkeit, und ihr Anblick erweckt in ihm selber eine grenzenlose Sehnsucht, ein ozeanisches Gefühl. – Da geschieht es, dass eines Tages künstliche Korallen, schlechte Imitationen, in den Handel gebracht werden. Diese künstlichen Korallen sind nicht feuerbeständig; hält man an sie ein Streichholz, so verbrennen sie unter Entwicklung von Gestank. Aber sie sind viel billiger als die echten Korallen, und die Leute kaufen nur noch die nachgemachten Perlen, die so aussehen wie die echten. Da beschließt dieser Mann, selber aus der Enge aufzubrechen und hinüberzufahren über den Horizont. Das Schiff, das ihn tragen soll, geht unter und versinkt in den Tiefen des Meeres in der Heimat der Korallen.

Lebt nicht im Herzen eines jeden von uns die Sehnsucht nach dem vollkommen Schönen, nach dem unendlich Weiten? Sind wir nicht berufen, den Krämergeist eines Tages abzuschütteln?

Das Wunder der Gleichnisse Jesu ist, dass sie beginnen im Dunstkreis festgelegter Enge, eines kleinlichen Materialismus, einer fast erstickten Welt, und er versucht, unser Herz aufzuschließen und ins Weite zu führen, wo die Ahnung des unvergänglich Schönen wohnt.

Wie finden wir die kostbare Perle? Die Märchen sagen: indem wir den Weg der Liebe beschreiten, und diese Antwort hätte Jesus uns auch gegeben. Denn es ist einzig die Liebe, die einen anderen Menschen so zu betrachten lehrt, dass er nicht mehr als ein Gebilde aus Fleisch und Blut allein erscheint, sondern wie eine versammelte Kugel von Licht, ein kristallener Kreis der Helligkeit, so unendlich kostbar, als wenn sich darinnen aller Lichtglanz der Ewigkeit versammeln wollte, alle Helligkeit der Welt, alles Glück der Erde. Diese kostbare Perle, die wir in der Liebe im Herzen eines anderen Menschen finden, übt auf uns selber eine zauberhafte Magie aus. Sie führt dazu, dass unser eigenes Herz sich vereinigt. Alles, was darin sonst zerrissen, abgespalten und im Widerspruch einander bekämpfend schien, verwandelt sich zu einem einzigen, einheitlichen Bild, das wir dem Menschen, den wir am meisten lieben, schenken möchten, um uns mit ihm zu verbinden, und es ist dieser Austausch der Liebe, in dem wir unmittelbar den Himmel berühren. Eigentlich dazu sind wir berufen: einzutauchen in den Rausch des Glücks, den die Liebe schenkt, in den Überfluss der Glückseligkeit, den wir finden im Anblick der unendlichen Kostbarkeit eines Menschen, den wir über alles lieben. Sind wir nicht dazu berufen, ist die Frage Jesu in diesem Gleichnis, alles von uns zu werfen und auf *eine* Karte zu setzen? Alles andere relativiert sich neben diesem einen von uns Geliebten, diesem verdichtenden Punkt auf der ganzen Welt.

Ein jiddisches Sprichwort sagt: »Ein Geiziger ist wie ein Ochse; erst wenn er tot ist, gibt er sein Fett ab.« Wir aber sind bestimmt, Menschen zu sein. In jedem Augenblick können wir fühlen, dass wir nur reich sind, wenn wir uns verschenken. Und in uns selber lebt ein so unendlicher Reichtum. Jeder von uns ist eine unvertauschbare, unendlich kostbare Perle. Einen jeden von uns hat Gott gebildet als einen unbezahlbaren Schatz im Acker seiner Welt, und es gilt, uns die Augen zu geben, den eigenen Reichtum zu spüren. Es kommt darauf an, dass wir die Existenz der Maulwürfe, des ewigen Vor-uns-her-Schaufelns im Staub und im Dunkeln drangeben und uns erheben zum Licht, dass unser Herz sich weitet und das Glück der Liebe uns ergreift wie die Schwingen eines Vogels, die uns hinübertragen in die Ewigkeit. Ein jeder von uns eine kostbare Perle, gebildet in den Händen Gottes, geschenkt unseren schwachen Händen. Es gibt nur einen Weg zum Glück, die Unendlichkeit der Liebe, die überfließt im Bewusstsein der eigenen Schönheit. Wenn wir uns selber den eigenen Wert, die eigene Größe oft so schwer glauben können, so können wir sie doch erahnen in den Augen eines Menschen, den wir lieben. Er wird uns sagen, was wir wert sind. Und in der Liebe wissen wir, was wir Gott bedeuten in alle Ewigkeit.

*

Zu reifen in der Liebe und im Vertrauen

Was ist Glaube, und wie spricht man von ihm?

Es gibt zwei grundverschiedene Einstellungen gegenüber der Wirklichkeit, die sich beide entsprechen oder widersprechen wie die linke Hand der rechten. Die erste Einstellung hat mit Glauben nichts zu tun; auf sie hin aber erziehen wir unsere Kinder sehr früh und in unseren Schulen fast ausnahmslos, wie wenn eine Alternative dazu gar nicht bestünde. Wir sagen den Kindern durch unser Verhalten und unsere Lernanweisungen: »Du wirst etwas Wahres von der Welt verstehen, wenn du dich nicht fragst, was du wünschst oder meinst, sondern wenn du die Dinge nimmst, wie sie sind, objektiv: die Sonne scheint, der Wind weht, der Regen rinnt, all das sind Tatsachen, die kannst du nicht leugnen, ob sie dir passen oder nicht. Du musst sie kennenlernen und zu verstehen suchen, dann kannst du dich nach ihnen richten und mit ihnen arbeiten.« Also bilden wir ein Erkennen aus, das möglichst das Subjekt ausschaltet und, so gut es geht, objektiv zu sein versucht. Rein rational verstehen wir am Ende, warum der Wind weht – durch die Thermodynamik, warum der Regen rinnt – durch die Struktur des Wassers, warum die Sonne scheint – durch die Physik, und warum es Sterne gibt – durch die Astronomie. Wir sagen den Kindern: Du kannst erfolgreich sein, wenn du die

Begriffe verfeinerst, sie erlauben dir, teilzuhaben an einem Kosmos der Wissenschaften, er wird dein wirkliches Zuhause werden. Je besser du in diese Fachsprache eindringst, desto international verständlicher wirst du, alle reden diese Sprache. Es ist ein sehr erfolgreiches Wissen, es schließt Menschen zusammen unter gleichen Perspektiven und Interessenrichtungen, und es lässt sich nicht leugnen, dass auf dieser Ebene von Wirklichkeit eine Menge an Erkenntnis zustande kommt und sich vermitteln lässt. Nur eines lässt sich auch nicht leugnen: Alles, was auf diesem Wege an Wahrheit sich formuliert, lässt uns am Ende allein; es bringt uns die Welt nicht näher, sondern lässt sie uns immer fremder werden, und die Zusammenhänge, die wir erkennen, sind in sich logisch und rational verstehbar und trotzdem sinnlos und kalt.

Es gibt eine ganz andere Art, der Wirklichkeit zu begegnen, und sie besteht gerade darin, das subjektive Moment *nicht* auszuschalten, sondern nach Möglichkeit zu intensivieren. Hier haben wir es mit einer Wahrheit zu tun, die überhaupt nur zustande kommt, indem wir uns selbst einbringen. Ein kleines Kind kann objektiv richtig ernährt werden; aber dass es überhaupt leben will, setzt eine Erfahrung voraus, die sich durch keine Art von Gegenstand vermitteln lässt. Ein Kind muss spüren, dass es geliebt wird, oder es verweigert schließlich die Aufnahme von Nahrung überhaupt. Es vermag nicht in Begriffen zu denken und Worte zu formulieren; trotzdem ist die Art, wie die Mutter es anschaut, der Ton ihrer Stimme, die Weise, wie sie ihre Hand bewegt, entscheidend, um diese andere Wahrheit mehr auf dem Wege des Gefühls zu vermitteln als durch alles, was sich gegenständlich begreifen ließe. Nur wenn die Mutter versucht, mit allem, was sie ist, als Person auf ihr Kind zu antworten, entsteht eine Wahrheit der Beziehung. – So geht es in unserem Leben weiter, wenn wir Menschen sind. Es kommt zwischen uns etwas zustande, das uns meint und uns betrifft. Die gesamte Sphäre der Liebe ist von dieser

Art. In ihr tauscht sich etwas aus, das den anderen *als ihn selber* unvergleichbar meint und nur ihm gilt, also auch ihn unverwechselbar anfordert. Wahrheiten dieser Art sind ganz und gar an die Person gebunden. Sie bringen es mit sich, in Worten sehr schlecht erklärbar zu sein, sie verschwinden sofort, wenn man sie gegenständlich zu bestimmen sucht, und die beste Form des Ausdrucks ist vermutlich die der Musik, der Dichtung, der Poesie und der Malerei. Alle religiöse Wahrheit ist im Grunde eine Verdichtung aus diesem Feld von Liebe und, wird man hinzufügen dürfen, von Vertrauen. Alles, was wir Gott nennen, ist im Grunde eine Absolutsetzung dieses Raums. Wir sprechen von einer Person, die wir nicht sehen, aber wir schreiben ihr all die Eigenschaften zu, die uns selber als Person leben lassen. Darum nennen wir Gott die absolute Person. Wir nehmen alles, was an Erfahrung von tragfähiger Liebe uns je vergönnt war, ziehen die Linien aus ins Unendliche und sagen: Gott ist die Liebe selber. Wir nehmen die Momente unserer Biographie zusammen, in denen wir selig waren, bis wir die eigene Freiheit, das eigene Denken, die eigene Existenz in die Waagschale zu werfen vermochten, und erklären: Gott ist die Freiheit schlechthin. Wir sammeln die Fußspuren, auf denen wir versuchten, Angst zu überwinden durch Vertrauen, und nennen Gott, den wir nie gesehen haben, den Garanten eines Vertrauensvorschusses gegenüber aller Welt.

Wie kommt man von der einen Ebene der Wirklichkeit zur anderen? Wie kommt man von der Welt der Tatsachen weg in die Sphäre einer vertrauensvoll gelebten, der Liebe geöffneten Existenz? Das ist die Frage des religiösen Ausdrucks. Jesus versucht in seiner Form der Mitteilung diese Frage zu beantworten durch einen Kunstgriff, dem wir seine Gleichnisse verdanken. Er erzählt Geschichten, die allesamt in der einen Wirklichkeit spielen, in der sie sich ganz vernünftig beschreiben lassen, um etwas zu sagen, das nach den Maßstäben ebendieser Welt absurd anmutet.

Das Gleichnis von der kostbaren Perle und dem Schatz im Acker, ein Doppelgleichnis, ist vielleicht die beste Beschreibung, was mit uns geschieht, wenn wir ein Gleichnis Jesu wirklich zu verstehen suchen. Diese Bildrede Jesu antwortet vermutlich auf eine Frage, warum denn sein eigenes Leben, das des Jesus von Nazaret, so sonderbar und merkwürdig, ja eigentlich so unbegreifbar sich ausnimmt. Um sich verständlich zu machen, erzählt Jesus eine Geschichte, die in sich selber gilt bis zu einem Übersprung, der in dieser Weise nur als eine Exaltation, als eine extreme Reaktion verstehbar ist. Da hat ein Mann einen Acker gekauft und findet darin einen Schatz. Er hat bisher gepflügt und gesät als ein Lohnarbeiter in fremdem Auftrag, bis er den vergrabenen kostbaren Schatz gefunden hat. Vielleicht nicht ganz so sonderbar in jenen Tagen, als es uns erscheint – es gibt noch keine Banken, keine Sparkassen, wo man etwas Wohlverdientes, Zusammengehäuftes diebessicher anlegen könnte. Die beste Weise, vor Raub und Überfall geschützt zu sein, ist, ein Depot im geheimen anzulegen – man vergräbt. Vielleicht aber ist der Besitzer längst gestorben, und niemand mehr weiß, wo er das Zurückgelegte versteckt hielt. Ein Glücksfund. Der Lohnarbeiter, der solches Glück hat, weiß, dass diesen Acker zu erwerben ihn in den Stand setzt, Unvergleichliches in seine Hand zu bekommen. Kein Einsatz kann dafür zu hoch sein, und also setzt er alles (man kann nicht einmal sagen: aufs Spiel, sondern) wohlkalkuliert ein. Der Ertrag steht fest.

Oder das andere. Da zieht jemand umher, gewinnsüchtig nach Art einer echten Krämerseele. Er hat als Perlenhändler bisher jedes seiner Wertobjekte auf die Waagschale gelegt, bis dass er etwas Unvergleichliches findet, eine Perle, so kostbar, wie er sie nie in Händen hielt. Sie zu besitzen ist den Einsatz von allem wert, was er bislang sein Eigen genannt hat.

Man muss das Gleichnis, vor allem dieses zweite, zwischen den Zeilen lesen. Wie denn, da hätte jemand, einfach auf der Ebene gewinnbringender Logik und nüchternen Kalküls, etwas getan, das man wohl überlegen müsste? Wer wird ihm diese eine Perle je wieder abkaufen? Ist sie nicht so unvergleichlich teuer und hoch im Preis, dass sich dafür so bald ein Käufer nicht findet? Er wird den Wert dieser kostbaren Perle gar nicht realisieren können. Könnte es nicht sein, er säße fest mit all seiner Kaufmannsweisheit und man brauchte ihn nur lange genug zu belagern, um ihn schon gefügig zu machen, den Preis nach und nach zu senken? Oder was, wenn eine Hungersnot ausbricht? Vielleicht handelt der Mann, gerade weil er alles einsetzt, sehr unvernünftig. Und doch will Jesus sagen: Der Glaube ist nach den Maßstäben kalkulierender Vernunft zum Teil so logisch wie der Mann, der den Acker kauft, und zum Teil so abenteuerlich wie der Mann, der alles einsetzt für die Perle. Es geht aber darum, etwas zu beschreiben, das weder als ein Schatz noch als eine Perle auf dem Markt sich eintauschen oder veräußern lässt. Es geht um etwas ganz und gar Unsichtbares: Du musst statt nach der Perle und dem Schatz nach etwas suchen, das man nicht sehen kann, das man nicht auf dem Basar feilbieten kann: einen Reichtum ganz im Inneren. Es gibt kein Wort Jesu, das dieses Gleichnis besser aus eigenem Munde zu interpretieren vermöchte als der Ausspruch der Bergpredigt: »Trachtet zuerst nach dem Königtum der Himmel, und alles andere wird euch dazugegeben werden.« Wie denn? Wir Menschen suchen auf so viele Weise glücklich zu werden, strengen uns an und tun alles uns Mögliche dafür. Und dennoch gibt es wohl nur eine Art, wirklich glücklich zu werden, den zweiten Erkenntnisweg gewissermaßen: zu reifen in der Liebe und im Vertrauen und also auf Gott hin, oder noch besser, von Gott her.

Es mag sein, wir haben Angst, und also denken wir, sicher zu leben, indem wir Geld aufhäufen. »Tut das nicht«, sagt Jesus, »ihr könnt nicht gleichzeitig Diener Gottes und des Mammons sein.« Und er erzählt wieder Gleichnisse, die beschreiben, was aus einem Mann wird, der sich soeben als Bauer gut eingerichtet hat, das Getreide in der Scheune hat und endlich anfangen will, sich's gutgehen zu lassen. Da steht ihm ins Haus, dass er noch diese Nacht sterben kann. Und was ist das für eine Sicherheit, die er auf diesem Wege zu beziehen meinte? Es hilft nichts, wirklicher Reichtum ist innerlich und die Überwindung der Lebensangst nur durch Liebe und Vertrauen zu erreichen. Erst wenn wir spüren, dass wir selber gemeint sind, dass es so etwas wie uns geben darf, dass wir ein Recht haben zu existieren, verlieren wir ein Stück Angst, und es kann sein, dass wir sogar im Sinne des Gewinnbringenden irgendwann tüchtiger, logischer, vernünftiger und erfolgreicher sind als auf jedem Weg sonst. Aber das ist nicht das Ziel, allenfalls ein nebenbei sich einstellendes Ergebnis, eine Zugabe gratis, wenn wir den Kern erlangen.

Ein anderer sucht glücklich zu sein, aber was ist das? Wenn wir schön aussehen und schöne Kleider haben, wenn wir gut essen und nach außen prunkvoll genug sind, ist das das Glück, nach dem wir streben? Mehr als essen und schlafen, das werden wir sehr bald herausfinden, können wir nicht; Gesundheit ist viel wichtiger, als viel essen zu können; von innen her lebendig sein die beste Art, Schönheit zum Leuchten zu bringen, durch die Augen scheint sie noch viel mehr als durch Puder und Quaste. Was natürlicherweise stimmt und wirklich gelebt wird aus innen, das macht den Menschen schön und macht ihn reich. Und wieder ist es einzig die Seligkeit der Liebe, die uns diese Form des Lebens schenkt. Es wird uns alles, was wir in dieser Welt erstreben, dazugegeben, wenn wir ein einzig Wesentliches gefunden haben, das sich entscheidet zwischen Himmel und Erde. Eine Entdeckung gibt es da zu machen, dass Freude aus Vertrauen kommt, Glück aus Liebe und Menschlichkeit durch das Risiko, sich auf Menschen einzulassen, indem wir uns selber akzeptieren.

Das ist das Ganze, worum es geht. So geheimnisvoll es sich anhört, so einfach lässt es sich leben. Man muss nur darauf achten, dass man die Freude, die aus der Entdeckung stammt und aus ihr entsteht, nicht selber zur Pflicht macht. Ich entsinne mich noch, dieses Gleichnis gleich am Anfang der Theologenausbildung gehört zu haben. »Wer Priester werden will oder Ordensfrau«, hörte ich sagen, »der ist bereit, um des Gottesreiches alles zu verlassen wie jener Mann mit der kostbaren Perle.« Es legte sich über alle, die das hörten, ein finsteres Schweigen. Da gilt es, zu verlassen, aufzugeben, zu opfern, zwar in Herzensseligkeit, gewiss, aber sie war nicht mehr spürbar. Da wird etwas verlangt von Gott, da gilt es auf alles zu verzichten, da ist Gott jedes Opfer wert, und man muss es bringen, um zu zeigen, was für ein Christ man ist.

Man würde Jesus in jedem Punkt seiner Mitteilung falsch verstehen, wenn man in diesem Ton der moralischen Anforderung reden wollte. Das, was Jesus meint, ist überhaupt nichts, was sich *machen* lässt. Es ist nicht Teil des guten Willens, es ist nicht abzuleiten als eine besondere Form der christlichen Moral. Es gilt eine Erfahrung zu machen, die sich einstellt oder auch nicht, es gilt, in etwas zu wachsen, geduldig und langsam, bis man es findet. Es ist möglich, dass diese Entdeckung sehr plötzlich sich einstellt, und die ganze Welt scheint einem zu Füßen zu liegen. Es kann auch sein, dass die Entdeckung wächst wie die kostbare Perle selber, langsam, im Verlauf von Jahren, sehr schmerzhaft, so wie sich in den Schalen der Austern nach dem Eindringen von Fremdkörpern Tränen formen, die sich verhärten. Sie sind am Ende das Kostbarste. Und wie auf dem Weg eines Menschenlebens der Glaube sich formt, geschenkt oder mühsam gesammelt, wer weiß das schon vorher? Eines aber ist sicher: Am Ende ist nichts mehr so wichtig wie das Vertrauen und die Liebe und die Wirklichkeit Gottes. Er ist ja kein König nach Menschenart, er herrscht und regiert nicht nach Menschenmaß. Er ist die Wirklichkeit, die wir finden, wenn sich unsere Seele klärt im Vertauen und in der Güte. Wir entdecken ihn als den Grund von allem, als den Quell, aus dem wir leben, als den Inhalt, für den es sich lohnt. Und im Verlauf der Jahre wird alles andere von uns abfallen. Bleiben werden die Menschen an unserer Seite, die uns helfen, so zu sein, indem sie's uns ermöglichen. Und in uns selbst wird bleiben dieser Geschmack der Ewigkeit, diese sich täglich mehr bestätigende Sehnsucht nach dem Unendlichen, diese Wirklichkeit Gottes mitten in unserer Schwäche.

Von den Arbeitern im Weinberg

Denn: Mit dem Königtum der Himmel ist es gleich wie mit einem Hausherrn, der hinausging in der ersten Frühe, um Arbeiter für seinen Weinberg zu dingen. Er kam mit den Arbeitern um einen Denar für den Tag überein und schickte sie in seinen Weinberg. Und um die dritte Stunde ging er hinaus und sah andere auf dem Markt müßig stehen. Und zu denen sprach er: Geht auch ihr in den Weinberg! Ich werde euch geben, was recht ist. Sie gingen. Um die sechste und die neunte Stunde ging er abermals hinaus und tat ebenso. Dann ging er um die elfte Stunde hinaus, fand andere herumstehen und sagt zu ihnen: Was steht ihr hier den ganzen Tag müßig? Sagen sie zu ihm: Keiner hat uns gedungen. Sagt er zu ihnen: Geht auch ihr in den Weinberg! Als es Abend geworden, sagt der Herr des Weinbergs zu seinem Verwalter: Ruf die Arbeiter und zahl den Lohn aus – zuerst den letzten, dann den ersten. Da kamen die der elften Stunde und empfingen je einen Denar. Und es kamen die der ersten und dachten, sie würden mehr empfangen. Doch empfingen auch sie je einen Denar. Und da sie den empfingen, murrten sie wider den Hausherrn und sagten: Diese Letzten haben nur eine Stunde gearbeitet – und du hast sie ebenso behandelt wie uns, die wir des Tages Last und Hitze getragen. Er aber hob an und sprach zu einem von ihnen: Freund, ich tu dir kein Unrecht. Bist du nicht um einen Denar mit mir übereingekommen? Nimm das Deine und geh! Ich will diesem Letzten ebensoviel geben wie dir. Oder: Ist es mir nicht erlaubt, mit dem Meinen zu machen, was ich will? Oder: Ist dein Blick böse, weil ich gut bin? So werden die Letzten Erste, und die Ersten werden Letzte sein.
Mt 20,1–16

Von der grenzenlosen Güte

Entweder muss man sehr glücklich oder sehr unglücklich sein, um dieses Gleichnis Jesu zu verstehen. Die Geschichte selber ist rasch erzählt, und sie richtet sich wie fast immer gegen das Missverständnis, dass Jesus die Ordnung und das Recht, die Gerechtigkeit und die Grenzen der Frömmigkeit stört oder sogar zerstört. Denn er hält sich nicht in den Geleisen der Sitte, des Anstands und der Konvention, er hält es daher nicht mit der festgelegten Art, von Gott zu sprechen, Gott zu dienen und miteinander umzugehen. Immer wieder stößt man sich an der Weitherzigkeit Jesu. Immer wieder reibt man sich an seiner Art, sanft zu sein, und von Anfang an wirft man ihm vor, dass er fünf gerade sein lässt, wenn Menschen Hunger haben, wenn Menschen in Not sind, und dass er sich um die Verlorenen, um die Kranken, um die Armen im Geiste vor Gott mehr kümmert als um die neunundneunzig Frommen, die der Umkehr nicht bedürfen.

Es gehört zu der Erzählkunst Jesu, dass er seine Gleichnisse nicht erkünstelt, sondern unmittelbar aus der Anschauung Galiläas nimmt.

Es ist Erntezeit, und ein Gutsbesitzer findet seine Arbeitskräfte, wo er sie antrifft. Es herrschen keine großen organisatorischen Mühen, denn Arbeitslose gibt es zur Zeit Jesu in Galiläa genügend. Tagelöhnerwirtschaft ist ein einträgliches Geschäft für die reichen Besitzer, und sie holen ihre Arbeiter morgens, mittags und abends, wann sie sie brauchen, wann sie sie wollen, und schicken sie wieder fort, wenn sie überflüssig werden. Über diesen sozialen Hintergrund ist nichts zu sagen, er bildet die Voraussetzung dieses eigentümlichen Gleichnisses von einem Mann, der genauso vorgeht wie jeder andere, der einen Weinberg hat. Die Trauben dürfen in der Reifezeit nicht zu lange dem Glast der Sonne ausgesetzt sein. Die Arbeit drängt, und sie muss rasch erledigt werden. Der vereinbarte Lohn für einen Tag geht vollkommen in Ordnung; es ist derselbe, für den noch heute in den Ländern, die wir die Entwicklungsländer nennen, einen ganzen Tag lang gearbeitet wird, wenn es hoch kommt, ein Denar zur Zeit Jesu. Davon muss man am Abend alles kaufen für die Frau, für drei, vier Kinder, und man kann es so eben. Man kann ein paar Fladenbrote einkaufen, ein paar Oliven, vielleicht langt es für eine Melone. Das muss genügen für diese Nacht und den kommenden Tag, wenn man Glück hat und wieder Arbeit findet. Es gehört zur Humanität des mosaischen Gesetzes, dass es in Anbetracht der Not verfügte: Der Lohn muss dem Tagelöhner noch am Abend des Arbeitstages ausgezahlt werden, denn sonst wüsste er, hungrig und mit leerem Magen, nicht, wovon er leben sollte. Man lebt buchstäblich von der Hand in den Mund. Auch dies müssen wir wissen, wenn wir im Vaterunser beten: »Unser tägliches Brot gib uns *heute*.« So also verordnet es der Gutsbesitzer, und so lässt er am Abend durch seinen Verwalter auszahlen, der Reihe nach. Alles könnte seine Ordnung haben, wenn es in Ordnung zuginge. Es müsste dann gestaffelt werden: zwölf Stunden Arbeit ein Denar; eine Stunde Arbeit ein zwölftel Denar. Davon kann kein Mensch leben, und deshalb ändert der Gutsbesitzer den Tarif, eigenmächtig, an den Prinzipien der Gerechtigkeit vorbei. Er verfügt, dass an diesem Abend alle Leute gleichermaßen bekommen, was sie nötig haben; nicht, was sie verdienen, aber was sie brauchen.

Man kann an dieser Stelle das Gleichnis Jesu abbrechen, denn das Wichtigste ist damit gesagt. So, will Christus sagen, ist Gott zu uns. Würde er sich nach dem richten, was wir verdienen, wir hätten keine Aussicht, leben zu können. Würde Gott sich nach dem Maßstab der Gerechtigkeit stellen, wir müssten an ihm scheitern. Dies ist so grenzenlos und absolut gesprochen, dass es immer wieder erschrecken und beglücken muss, wenn man's versteht. Und deshalb muss man wohl sehr glücklich oder sehr unglücklich sein, um es zu begreifen. Jeden Moment unseres Lebens bringen wir zu, weil Gott auf unsere Not schaut statt auf unser Verdienst; auf unser Bemühen statt auf den Erfolg; auf die Motive unseres Handelns statt auf unser Tun; auf die Bewegungen unseres Herzens statt auf das Tun unserer Hände. Davon leben wir, und Jesus meint, so muss es erlaubt sein, dass auch er so ist, ja, so sollte es geradewegs die Grundlage für unser aller Umgang miteinander sein.

Aber da beginnt der Punkt des Streits, des Ärgers und der Ablehnung, drum, dass man das Gleichnis weiter erzählen muss. Sehen die Arbeiter des ganzen Tages, die Frommen, die immer Guten, die, die kein Gesetz gebrochen haben, dass auch die Letzten, in ihren Augen Unwürdigen, belohnt werden wie sie, so fangen sie an zu murren und mit den Zähnen zu knirschen und pochen auf Gerechtigkeit. Es ist an dieser Stelle, dass alles auseinanderbricht. Der Gutsherr nimmt sich einen von den Leuten vor, vermutlich den Rädelsführer und lautesten Schreier, und redet ihn so an, halb vorwurfsvoll, halb artig: »Freundchen.« Und nun in allem Ernst: »Ich tu dir kein Unrecht.« Und man muss hinzufügen: »Du bekommst, was vereinbart ist und was dem Lohn entsprechend abgemacht wurde. So nimm dein Geld und verschwinde jetzt.«

Aber die entscheidende Frage ist nicht die, dass der Herr mit seinem Geld machen kann, was er will, das Gleichnis schließt mit einer der vielen Fragen Jesu im Neuen Testament, einer, die es rechtfertigt, dass später der Hebräerbrief sagen kann: Das Wort Gottes ist wie ein zweischneidiges Schwert, alles durchdringend. »Bist du«, fragt Jesus in dem Gleichnis mit den Worten des Gutsherrn, »böse aus Neid, weil ich gütig bin?«

Es ist das Ende des Gleichnisses, und es verlangt eine Antwort bei jedem Hörer, wie er fühlt, wie er lebt, wie er sein möchte. Man kann sich auf den Standpunkt von Recht und Ordnung stellen, aber die Welt bleibt nicht in Recht und Ordnung bei diesem Standpunkt. Sie geht zugrunde an dem Übermaß der menschlichen Not. Nun kann man sagen: »Dann eben schade für die Scheiternden; wir halten uns an Recht und Ordnung.« Man wird dann sehr bald die Tragödie erleben, dass man auch selber nicht in Recht und Ordnung bleiben kann, sondern hartherzig wird, verbittert und grausam. Die Menschen in der Ordnung merken's nicht, sie wollen auch nicht so sein, und man muss ihnen das glauben. Aber sie sind es. Sie scheitern an den eigenen Grenzen, die sie hindern, grenzenlos gütig zu sein. Sie scheitern an der Unfähigkeit, Verstehen zu üben. Ihre ersten Fragen sind niemals: »Was geht in einem Menschen vor?«, sondern: »Was muss man tun? Wie ist es richtig? Wie tut man es überhaupt?« Ihre Frage ist nie: »Was braucht der andere?«, sondern: »Was ist notwendig nach Recht und Ordnung?« Ihre Anstrengung geht nicht dahin, dem anderen zu geben und zu sein, was er braucht; ihr Bemühen ist, die Spielregeln einzuhalten und nicht zu überschreiten, sonst werden sie böse oder fühlen sich betrogen, hintergangen, reingelegt, und es bricht der Neid aus. Sie, die alles haben, wovon man leben könnte, werden plötzlich gepackt vom Neid. Man müsste mit Jesus vielleicht sagen, wie er es im Gleichnis von den beiderlei Söhnen und ihrem Vater nahegelegt hat: dass man im Glück des Guten glücklicher sein müsste, um gütig zu werden, dass man sich den Dienst gegenüber Gott nicht ständig wie einen fremden Zwang auferlegt, den man nur allzu gern überschreiten würde, aber in den man sich fügt, murrend und jederzeit die Übertretung der Gesetze belauernd. Man könnte die eigene Freude entdecken in der Nähe Gottes.

Aber wie soll man mit Christus zurechtkommen? Wir trösten uns meist damit, dass die Güte und die Liebe das Gesetz erfüllen. Wohl wahr, aber sie zerstören das Gesetz, sie überschreiten es nicht nur. Sie machen es ganz überflüssig. Sie heben es auf. Und all die Menschen, die aus Angst die Enge brauchen, müssen daran Anstoß nehmen, keine Frage. Man kann Gesetze überschreiten durch Willkür und zerstören durch Frevel; man kann aber Gesetze auch zerstören aus Liebe, und das ist das Seltenste und vielleicht am schwersten zu Verstehende. Es wird später in Jerusalem der einzig wirkliche Anklagepunkt gegen Christus: Er bringt das ganze Land durcheinander, von Galiläa angefangen bis hierher.

Vielleicht war es das größte aller Wunder Jesu, dass nach seinem Tode sein Geist aus seinen Jüngern, geborenen Angsthasen, Menschen des Mutes, des Glaubens und des Zeugnisses werden ließ. Sie überlieferten dieses Gleichnis einer grenzenlosen Güte und behaupteten, es gebe nur noch *einen* Maßstab: zu sehen, was Menschen nötig haben.

Von den bösen Winzern

Hört ein anderes Gleichnis: Da war einer – ein Hausherr. Der pflanzte einen Weinberg, legte einen Zaun darum, grub einen Keltertrog darin und baute einen Turm. Dann verpachtete er ihn an Bauern und zog außer Landes. Als die Früchtezeit herangenaht, sandte er seine Knechte zu den Bauern, um seine Früchte zu holen. Doch die Bauern packten seine Knechte: den schlugen, jenen töteten, den anderen steinigten sie. Abermals sandte er andere Knechte, mehr als das erste Mal. Und mit denen machten sie es ebenso. Zuletzt sandte er seinen Sohn zu ihnen, da er sich sagte: Vor meinem Sohn werden sie zurückscheuen. Als aber die Bauern den Sohn sahen, sprachen sie untereinander: Das ist der Erbe! Los, töten wir ihn, dann haben wir sein Erbteil. Und sie packten ihn, warfen ihn aus dem Weinberg hinaus und töteten ihn. Wenn nun der Herr des Weinbergs kommt, was wird er tun mit jenen Bauern? Sagen sie zu ihm: Er wird die Üblen übel zugrunde richten und den Weinberg an andere Bauern verpachten, die ihm zu deren Zeiten die Früchte abgeben. Sagt Jesus zu ihnen: Habt ihr nie in den Schriften gelesen:

    Der Stein, den die Bauherrn verworfen,
    der ist zum Hauptstein geworden.
    Vom Herrn her das geschah,
    und staunenswert ist es in unseren Augen.

    Darum sage ich euch: Euch wird entrissen das Königtum Gottes und einer Volksgemeinschaft gegeben, die ihre Früchte bringt. Und wer auf diesen Stein fällt, wird zerschellen; auf wen er aber fällt, den wird er zermalmen.

    Als die Hohenpriester und die Pharisäer seine Gleichnisse hörten, erkannten sie, dass er von ihnen redet. Und sie suchten ihn zu greifen, doch fürchteten sie sich vor den Scharen; denn die hielten ihn für einen Propheten. Mt 21,33–46

Warum es so schwer ist, miteinander zu leben

Es gibt im Neuen Testament Worte des Herrn, die so traurig sind, dass man sie gar nicht predigen möchte, und die dennoch so wahr sind, dass man sie unbedingt predigen muss.

Jeder unter den Hörern Jesu, der sein Gleichnis vernommen hat, musste an das peitschende Wort des Propheten Jesaja denken: »Der Weinberg meines Freundes aber, das ist Israel.« Denn angesichts der drohenden Verurteilung und Hinrichtung, im deutlichen Gespür der Fesseln, die die Intrigen immer enger um seine Person legen, schildert Jesus auf seine Weise die Geschichte des auserwählten Volkes. Immer war es so, dass die Boten Gottes abgewiesen, ermordet, ausgestoßen wurden. Wie sollte es in seinem Leben anders sein? Aber welch eine grauenhafte Bilanz der menschlichen Geschichte wäre dies! Ständig würden die Menschen töten, was sie leben ließe; vernichten, was ihnen helfen könnte; ableugnen, was ihnen Wahrheit brächte, und immer erst am Ende, jenseits der Schranken der Zerstörung, käme die Reue, das Erwachen, die Belehrung.

Hieronymus Bosch hat, als er den Weg Jesu nach Golgata malte, von den Menschen ein Porträt gegeben, das so grauenhaft aussieht wie diese Bilanz: Gesichter mit stechenden Augen voll Gier und Geilheit, einem Mund, der zynisch ist und verrenkt im Spott, Backen, die gedunsen sind vom Hass, und der Ausdruck der Hände wie der zupackende Würgegriff des Todes.

Man kann denken: Dies alles war vor zweitausend Jahren. Es betraf Israel, und es betraf Jesus. Und das Matthäusevangelium, das dieses Gleichnis überliefert, hat die ganz sichere Hoffnung gehabt, die Kirche wenigstens sei das wahre Israel und wir würden aus dem Tode Jesu gelernt und begriffen haben, wovon wir leben.

Aber vielleicht sollte man das ganze Gleichnis noch einmal nacherzählen, so dass es die Geschichte eines jeden von uns sein kann. Ist es denn nicht so genauso richtig und im

Grunde noch viel wahrer, dass die Seele eines jeden Menschen, der zur Welt kommt, unter den Augen Gottes wie ein Weinberg ist, darinnen alles angelegt ist aus den Schöpferhänden Gottes, so vollendet und so schön, wie es besser gar nicht sein könnte? Es ist wahr, dass Gott diesen Weinberg unserer Seele anderen Menschen anvertrauen muss, seinen Pächtern. Wir selber aber sollten uns niemals als Herren und als Eigentümer des uns Anvertrauten begreifen. Wir sollten in jedem Moment wissen, dass wir nur ein geliehenes Gut anvertraut bekommen haben, das heranreift zu seiner Vollendung, seiner Schönheit und seiner Fruchtbarkeit, die Gott gehört.

Welch eine Kunst wäre es, den Weinberg Gottes, die Seele eines anderen reifen zu lassen zu ihrer Bestimmung. Es müssten die Worte, die wir sprechen, sein wie der Wind, der durch die Blätter des Weinberges geht, so sanft, so befruchtend und so zart. Es müssten unsere Augen so warm und hell sein wie die Sonne am Himmel, dass sie jede Angst entfernt und das Erdreich lockert für die Pflanzen, die aufsteigen möchten zum Licht, und den reifenden Früchten Mut macht, sich zu entfalten, und ihnen ihre Süßigkeit gibt in den Stunden der Vollendung. Es sollten unsere Hände und unser Tun mild sein wie ein Morgenregen und wie der Tau über den Blättern. So sollten wir einander reifen lassen im Weinberg des Herrn.

Warum ist es so schwer, miteinander so zu leben? Dieses Evangelium meint, dass alles mit dem Missverständnis beginnt oder mit der Verweigerung anfängt, die uns aus Pächtern dazu bestimmt, uns aufzuspielen als Herrscher und als Eigentümer. Im Porträt dieses Gleichnisses muss man die Pachtwinzer für egoistische, machtgierige, habgierige Schufte halten. Aber so ist es meistens nicht im wirklichen Leben. Die Bestimmungen der Machtgier, der Eigentumsregelungen, der Aneignungen sind meistens viel feiner gesponnen. Sie kaschieren sich zumeist mit dem Begriff der Verantwortung. Man hat etwas anvertraut bekommen, daraus geht hervor, dass man verantwortlich ist; also muss man die Verantwortung wahrnehmen. Das mag, auf einen toten Weinberg bezogen, noch eine einigermaßen sinnvolle Devise sein; es ist, bezogen auf die Wahrheit des menschlichen Lebens, der Beginn aller Verfälschungen. Denn: »Ich bin verantwortlich« heißt: »Du bist nicht zuständig für dein Leben.« »Ich muss so handeln, dass es richtig ist« heißt: »Du bist im Unrecht und weißt nicht auf dich aufzupassen.« »Ich bin zuständig« heißt: »Ich habe die Macht, zu entscheiden über Gut und Böse, Richtig und Falsch.« Und noch ehe man gesehen hat, von welcher Art die Früchte im Weinberg der Seele des anderen sind, ist man schon beim Ausreißen und Zurückschneiden, beim Reglementieren und am Spalieresetzen.

Rainer Maria Rilke hat von der Art, wie wir für gewöhnlich miteinander sprechen, einmal gesagt:

Ich fürchte mich so vor der Menschen Wort.
Sie sprechen alles so deutlich aus:
Und dieses heißt Hund und jenes heißt Haus,
Und hier ist Beginn und das Ende ist dort.

Mich bangt auch ihr Sinn, ihr Spiel mit dem Spott,
Sie wissen alles, was wird und war;
Kein Berg ist ihnen mehr wunderbar;
Ihr Garten und Gut grenzt gerade an Gott.

Ich will immer warnen und wehren: Bleibt fern.
Die Dinge singen hör ich so gern.
Ihr rührt sie an: sie sind starr und stumm.
Ihr bringt mir alle die Dinge um.

Es ist so furchtbar, zu sehen, wie wenig an bösem Willen zu dieser Art der Todespraxis gehört. Wir sollten miteinander Umgang pflegen, wie wenn wir unser eigenes Dasein dem anderen wie ein Instrument in die Hände gäben, wie eine

Harfe, über deren Saiten die Seele des anderen gleitet und sie zum Gesang erhebt. Aus lauter Angst aber fahren wir dem anderen in die Saiten, drangsalieren ihn mit den eigenen Vorstellungen des Zwangs, packen ihn, engen ihn ein, schreiben ihm vor und wissen's ganz genau. Wir zerstören seine Träume, seine Hoffnungen, seine Erwartungen; es gibt am Ende keine Wunder mehr, keine Aufregungen mehr, keine Phantasie mehr, keine Beunruhigungen mehr. Das ist der Sinn der geheimen Zwangsverwaltungen im Weinberg der Seele des Menschen, dass man am Ende einander völlig im Griff hat, glaubt, einander völlig zu gehören, aber man erstickt damit die Freiheit, man vermeidet damit, dass das Werk Gottes sich vollenden könnte.

Mitunter kommt man sich als Seelsorger, als Priester, als Therapeut vor, als ob man auf einem Truppenverbandsplatz wäre und es würden nach schwerstem Beschuss Menschen eingeliefert mit grässlichen Verwundungen. Es kostet Monate, bis jemand schließlich seine Gliedmaßen wieder gebrauchen kann, und dann, weiß man, wird er in dasselbe Feuer gejagt, genauso rücksichtslos wird alles weitergehen, und wie soll man den anderen schützen? Man kann hoffen, dass er sich eines Tages besser wehren kann; aber wann wird das sein, und wieviel wird inzwischen passieren müssen, weil alle wissen, wer wem gehört und wie man sein muss.

Es genügt vielleicht, als Beispiel eine etwas abgewandelte Geschichte einer etwa 25-jährigen Frau zu erzählen. Sie hat mit zwanzig den Sohn eines relativ reichen Unternehmers geheiratet, auf dessen Schultern die Hoffnungen seiner Eltern ruhten. Er sollte der Erbe sein, der Übernehmer des väterlichen Betriebes, und die Eltern sperrten sich gegen die Heirat. Drei Jahre lang wohnten die jungen Leute relativ armselig, aber relativ glücklich. Dann bauten die Eltern ihnen ein eigenes Haus, statteten es aufs allerfeinste aus, und die jungen Leute wohnten grad nebenan. Und fortan begann für das Leben dieser jungen Frau ein ständiger Vergleichskampf. Sie legt eine Decke auf den Tisch, die sie selbst umhäkelt hat; das ist nicht gut genug; es gibt irgendwo bestimmt Decken mit echten Brüsseler Spitzen. Sie stellt eine Blumenvase auf den Tisch; das ist nicht standesgemäß; es gibt bestimmt eine Vase aus Delfter Porzellan. Sie kauft sich ein neues Kleid; das ist bestimmt nicht gut genug für den nächsten Empfang. Und so geht das weiter. Schließlich läuft sie fort, lernt einen anderen Mann kennen, und nun weiß sie, was sie gelernt hat. Eine Ehe, die vor Gott geschlossen ist, d. h. vor dem Priester und zwei bestellten Zeugen geschlossen worden ist, darf im Sinne der Kirche nie wieder gelöst werden. Das Mädchen ist 25 Jahre alt, und alle wissen, wie es sich gehört, weil alle wissen, wozu es gehört. Und das ganze Leben, noch ehe es beginnen könnte, ist programmiert wie der Fahrplan bei der Deutschen Bahn. Nichts kann sich entfalten, nichts sich entwickeln, alles ist abgestorben, noch ehe es reifen könnte. Oder aber das Mädchen müsste die Wertungen der Kirche in Frage stellen, die Wertungen der Gesellschaft, die Wertungen der Umgebung, und es müsste sogar den Mut haben, anderen weh zu tun.

So leben wir, geregelt, festgelegt, gezwungen, ohne jeden Spielraum. Auf welcher Seite wird Jesus stehen, wenn er zum Weinberg seines Vaters kommt? Soll diese Frau fünfzig Jahre lang hoffen, dass ihr Mann bald stirbt, oder soll sie hoffen, dass sie so krank wird, dass sie sich gar nicht mehr rühren kann, oder dass sie womöglich durch irgendeinen Unfall beizeiten aus dem Leben geht? Was wird Gott sagen, wenn er kommt, seinen Weinberg zu besuchen und die Früchte abzuholen? Und was wird er den Winzern sagen, die alle wussten, wie es sein muss, wie es anders gar nicht geht, und sich womöglich auf Gott beriefen, während sie gegen ihn ankämpften?

Die Hoffnung bleibt, dass Jesus nicht umsonst gestorben ist und dass es nicht ewig so weitergeht: zuerst zerstört man und schließlich tut's einem leid, dann versucht man's anders zu machen, und dann geht's wieder weiter, und so durch die Jahrtausende und hört nie auf. Hoffen möchte man, dass Jesus in dem Sinn einmal recht behielte als der Auferstandene, der in unseren Herzen Lebende, und dass wir unseren Träumen glauben, die oft so verschüttet sind, unserer tieferen Berufung Folge leisten, der Kraft unseres Gefühls, unserer eigenen Gedanken, der Stimme im Verborgenen, in unserem eigenen Ich Raum geben, und dass es uns trägt wie der aufsteigende Saft in den Reben im Weinberg. Denn berufen sind wir zum Leben, und auf dem Haupt eines jeden von uns ruhen die Größe, die Berufung und die Verheißung eines unsichtbaren Königreiches. Wir sind dazu bestimmt, dass unser Dasein reich sein kann, fruchtbar sein kann und sich entfalten darf. Alles andere, was ängstigt, erstickt, festlegt, verdient vor Gott nicht Anerkennung. Und wenn auch immer wieder dieses Paradox besteht, dass, je freier jemand wird, er dem anderen um so mehr Angst macht, dass je stärker sein Leben aufbricht, es um so mehr an den Banden und den Umwicklungen zerrt und reißt, in die es bis dahin gefügt war, wahr ist, dass Gott auf der Seite der Freiheit steht, auf der Seite der Schönheit unserer Seele und dass er die Macht hat, uns einen Weg zu führen, der Gottes würdig ist, wenn er am Ende unseres Lebens auf uns wartet. Es wird schließlich am Jüngsten Tag nicht die Frage sein: Was haben wir richtig gemacht? Was haben wir falsch gemacht? in dem Sinne, dass wir nur gewacht haben müssten über jeden möglichen Fehler, jeden möglichen Irrtum, jeden möglichen Reifungsschritt, der riskant war. Am Ende wird die Frage sein, wieviel fruchtbar war, wieviel sich vollendet hat, wieviel an Süßigkeit des Lebens weitergegeben wurde. Denn unser Leben ist bestimmt zur Freude, zur Schönheit und zum Glück.

Was es heißt, christlich zu sein

Welche Worte im Neuen Testament hat eigentlich Jesus selber gesagt, und welche hat man ihm in den Mund gelegt? Diese Frage beschäftigt die heutige Bibelauslegung Stelle für Stelle, und selten ist es möglich, eine klare Antwort zu geben. Im Durchschnitt der Mehrheitsmeinung glaubte man vor Jahren noch sicher, dass schon die Vorlage dieses Gleichnisses im 21. Kapitel des Matthäusevangeliums von Jesus so nicht gesprochen sein könnte, dass da ein Weinbergbesitzer Leute ausschickt, die immer wieder umgebracht werden, und es sieht dieser Herr des Weinbergs es mit an, statt schon von vornherein einzuschreiten, und schickt am Ende gar seinen Sohn, nach dem Rechten zu sehen. Das alles scheint als eine wirkliche Gleichniserzählung schwer möglich. Viel näher liegt es, sie für eine Geschichte voller Anspielungen zu halten, die dann aber so wohl kaum von Jesus erzählt worden wäre, sondern von der frühen Gemeinde, um sein Schicksal zu deuten. Es wäre dann Gott der Herr dieses Weinbergs.

Die Geschichte selber lehnt sich an das 5. Kapitel des Jesaja nur allzu deutlich an, wo der Prophet ein Lied singt: »Einen Weinberg hatte mein Freund, umgab ihn mit einer Mauer, setzte einen Turm darein, aber trotz all der Mühe warf der Weinberg statt Trauben saure Herlinge ab. Und nun richtet zwischen meinem Freund und seinem Weinberg.« Und: »Der Weinberg des Herrn, das ist Israel.« – Das ist der Anspielungen und der Vorlagen genug, um die gesamte Geschichte Israels zu formen als eine nicht endende Kette der Weigerung, Frucht zu bringen zur rechten Zeit. Immer wieder schickt Gott seine Propheten, und immer wieder werden sie geschlagen, verspottet, gesteinigt, getötet. Unter diesem Blickwinkel ist die Geschichte Jesu wie eine Zusammenfassung all dessen, was es schon gab, nur ins Endgültige gesteigert. Gott sandte seinen Sohn in der Hoffnung, ihn würden sie hören. Das könnte, müsste, so verstanden, als Allegorie gelesen werden. Bei Markus gibt es immerhin eine Möglichkeit, die Geschichte, die Jesus da erzählt, als Warnung zu lesen. Mag sein, dass ihm ein aktueller Anlass für eine solche Gleichnisgeschichte geboten wurde. Ein Aufstand in Galiläa von Weinbergpächtern gegen ihren Herrn – so etwas wäre keinesfalls unmöglich; so hat Markus einmal erzählt, dass ein Bote ausgeschickt wird, den Pachtvertrag von den Winzern einzufordern, er aber getötet und aus dem Weinberg geschafft wird. Das alles ist realitätsnah genug, sogar die Tötung des Erben dieses Weinbergbesitzers. Es könnte sein, dass Jesus wirklich so erzählt hat. Man müsste dann lernen, dass selbst die wenigen Spuren im Munde Jesu, wo bestimmte Zeitereignisse, wo Sozialgeschichte und Politik den Anlass seiner Darstellung bieten, aufgegriffen werden, nur um etwas ganz anderes damit anzufangen. Nicht Sozialkritik, nicht Unrecht im Verhältnis von Pächtern und Besitzern ist dann der Gegenstand der Erzählung Jesu, sondern es formt sich daraus etwas Wesentliches über das Verhältnis von Gott und Mensch mitten in Israel. Was Matthäus will, hat mit einem Ereignis der Zeitgeschichte Jesu nichts mehr zu tun. Dieser Evangelist nimmt die Vorlage des Markus und fasst sie in großem Stil zusammen, so dass man die Einzelheiten kaum noch begreift. Nicht *einzelne* Boten werden da ausgesandt, sondern viele, und alle, egal wie, werden sie getötet, gesteinigt, misshandelt – es kommt auf die Einzelheiten schon gar nicht mehr an. Aber am Ende der Sohn. Da ändert Matthäus bezeichnenderweise die Reihenfolge. Er wird zuerst aus dem Weinberg ausgestoßen und dann getötet. Mehr noch. Was wird der Herr dieses Weinberges tun, wenn er kommt? Das steht so *nicht* im Markusevangelium. Da geht es um die Wiederkunft Christi, um Endabrechnung, um Jüngstes Gericht, und Matthäus fügt deutlich hinzu: »Es wird das Reich Gottes diesem Volk weggenommen.« Das ist so eindeutig auf eine Gerichtsrede über Israel bezogen, dass es einem den Atem verschlagen kann. Da ist all das, was das Volk der

Erwählung geglaubt hat und für sich in den Tagen des Matthäus in Anspruch nahm, im Rahmen des christlichen Bekenntnisses der Vermessenheit und Lüge überführt. Der Sohn Gottes selber wird sein Reich dem Volk der Erwählung wegnehmen und es Leuten geben, die die Frucht des Reiches Gottes bringen. Was Matthäus damit im Sinn trug, hat er schon in der Bergpredigt gezeigt. »An ihren *Früchten* sollt ihr sie erkennen«, hat er dort seinen Jesus sagen lassen. Und: »Wenn euer rechtes Leben vor Gott, wenn eure Gerechtigkeit nicht größer ist als die der Pharisäer und der Schriftgelehrten, habt ihr mit dem Reich Gottes keine Gemeinsamkeit.« Da muss man all das, was Matthäus als Wirkung der Botschaft Jesu versteht, zur Interpretation hinzunehmen, vor allem einen seiner Lieblingssätze: »Geht zuerst hin und lernt, was das heißt: Barmherzigkeit will ich, nicht Opfer.« – Aus einem Gleichnis Jesu oder der frühen Gemeinde wird im Evangelium des Matthäus eine große Gerichtsrede über das Volk Israel, und diejenigen, denen das Reich gegeben wird, sind die Angehörigen der frühen Kirche. Aber auch für sie wird es darauf ankommen, wie sie leben.

Blieben wir bei solchen Einsichten in den Text stehen, hätte er uns Heutigen wenig zu sagen. Ein bestimmtes zeitgeschichtliches Problem des Verhältnisses der Kirche zur Synagoge nach dem Jahre 70 wird da gelöst – was geht das uns Heutige an? Wir beginnen erneut und wiederum zu merken, dass man Evangelientexte nicht historisch lesen kann. Man muss sie, damit sie ihre Aussage bewahren, so lesen, wie wenn sie in unsere Tage selber hineingesprochen wären. Wir müssen sozusagen die Zielgruppe austauschen, die Synagoge gegen die Kirche, die Juden gegen die Christen. Wir müssen den Ort des Gerichtes hinübernehmen in unsere Tage. Dann plötzlich fährt es uns in die Glieder. Dann wird der Text spannend. Dann geht es um die Möglichkeit einer Grenzziehung, eines Gerichtes, eines Bruchs mitten durch unser eigenes Leben. Man muss das nur einen

Moment lang als Möglichkeit der Deutung offen lassen, damit ein solcher Text wieder eine Sprache bekommt, und man wird augenblicklich auf die Dreinrede stoßen, so etwas sei nicht möglich; beim Volk der Juden ja, beim Volk des Alten Bundes unbedingt, aber nicht beim Volk des Neuen Bundes, nicht bei der Kirche, dem habe Gott verheißen – 16. Kapitel des Matthäusevangeliums –, es sei die Gemeinschaft des Messias gegründet auf ein Fundament von Felsen. Das eben ist der Neue Bund, dass er in Ewigkeit besteht und nie mehr zerbrochen werden kann. Die Kirche ist zwar nicht das Reich Gottes, aber dass die Verheißung des Reiches Gottes der Gemeinde der Christgläubigen weggenommen werden könnte, das auch nur für möglich zu halten wäre unerhört, gradewegs gotteslästerlich und entgegen einem Evangelium, das doch aus der Kirche selber stammt.

Es ist die Alternative: Bleibt ein Bibeltext aktuell, oder ist er nichts weiter als historische Erinnerung? Man könnte denken: Nun ja, beruhigen wir uns über die Historie, legen wir eine solche Stelle wie diese ad acta, freuen wir uns, im Besitz des rechten Glaubens, in der Nähe des Gottesreiches zu sein, leisten wir uns den Hochmut, herabzublicken auf das Volk der ehemaligen Erwählung, nehmen wir sogar den Antijudaismus unseres eigenen Glaubens ruhig in Kauf, wenn wir doch weiter im Besitz von Erwählung und Gnade sind. Die Wahrheit ist: Propheten bleiben lebendig, und was sie sagen, bleibt furchterregend. Es ist so bizarr, dass die Pharisäer und die Schriftgelehrten, die Hohenpriester und die Ältesten augenblicklich, als sie das hören und merken, es ist auf sie hin gesprochen, es geht nicht die Rede über Fremde, *sie* sind auf der Anklagebank, gradewegs einschreiten möchten. Aber sie haben Furcht vor dem Volk, sie trauen sich nicht, und der Grund ist: die Leute halten Jesus für einen Propheten. Das Schlimmste, was der etablierten Religion geschehen kann: prophetische Botschaft verschmilzt mit einer Volksbewegung. Wenn das stattfindet, wanken die Throne der Mächtigen, und es beginnt ein Spiel um

Kompromisse, um Rückgewinnung des Vertrauens der Masse. Aber können wir uns, wenn denn dies prophetische Worte sein sollen, zurückziehen auf die historische Distanz? Nehmen wir's beim Wort, Gott hätte einen zweiten Bund geschlossen in der Botschaft des Jesus von Nazaret und wir wären die Mitglieder einer solchen Bündnisgemeinschaft, wär's dann nicht immer noch, selbst dieses Allerbeste und Richtigste unterstellt, möglich, dass wir da eine Gefahr übersehen? Worin eigentlich besteht sie laut diesem Text?

Man muss es für eine Gefährdung halten, die im Kern jeder Religionsform angelegt ist. Kein Spiel nur mit Worten, sondern beim Wort genommen ist es, wenn wir das Motiv der Weinbergpächter genau so nehmen, wie es hier steht: »Beseitigen wir doch den Sohn, denn dann sind wir die Erben!« Das ist, was sie möchten: Erbschaft antreten und Eigenbesitz verwalten. Es ist schon erstaunlich, dass hier das Verhältnis zwischen Mensch und Gott als ein Pachtverhältnis beschrieben wird. Denn so soll es sein: Wenn es um Gott geht, wenn wir es wirklich mit Religion zu tun haben, wäre alles, worüber wir verfügen, das gesamte Terrain der Verwaltung, nichts weiter als etwas in Auftrag Gegebenes, als etwas Geliehenes, nie ein fertiges Besitztum. Denken wir uns aber in dieses Problem einer geistigen Erbschaft einmal hinein. Wie sieht sie aus? Schon im Laufe des letzten Jahrhunderts hat man in unserer deutschsprachigen Kultur das bittere Wort formuliert: »Weh' dir, der du ein Erbe bist!« Man wollte sagen: Nach einer Zeit, in der es Schiller und Goethe gab, die deutsche Klassik, hat man Generation um Generation von Schulkindern verurteilt, zu den Großen der deutschen Sprache in ein Verhältnis von Gedichteauswendiglernern zu treten. Man hat die Köpfe von Heranwachsenden in einen Behälter fertiger klassischer Zitate verwandelt. Man glaubte sich groß und selbst schon in der Nähe der Großen, wenn man möglichst viel nachsprechen konnte von dem, was sie vorgesprochen hatten. Aus einem lebendigen Verhältnis wurde eine Schuleinrichtung. Gehört das zum Erbentum? Man hätte dann aus Goethes »Faust« die rechte Stelle zum Zitat: »Denn was man schwarz auf weiß besitzt, kann man getrost nach Hause tragen.« Das ist die Karikatur des ringenden, suchenden, scheiternden und wiederauferstehenden Faust: das Wesen eines zu klein geratenen Homunkulus-Schöpfers, eines ewigen Wagners. Ihm gilt die Wahrheit nicht, solange sie sich nicht unzweideutig schreiben lässt. Ihm ist nichts Göttliches, es sei denn, man könnte es in klare Lettern gießen. Es muss ein für allemal in den Hausgebrauch überführbar werden, alles andere wäre zu abenteuerlich, zu wagemutig, zu offen. – Kann es nicht sein, dass jede Religion, die jüdische damals, die christliche heute, in einer solchen Lebensgefährdung steht, dass man aus etwas, das dem Leben gesagt war, einen Erbbesitz zur Aneignung macht?

Plötzlich fangen wir an, dieses Gleichnis ganz anders zu lesen: Da sendet Gott seinen Sohn, und es beginnt damit, dass sie ihn totschlagen, damit sie um so besser das Erbe Gottes in die eigene Hand bekommen. Man weiß plötzlich ganz klar, wie man Gottes sicher werden kann. Man hat eine Formel parat, um zu bestimmen, worum es sich da handelt. Man hat nichts Geliehenes mehr, man hat Gott als Eigentum. Ja, hat nicht, werden Sie noch einmal fragen, Gott einen Bund geschlossen? Ist denn eine solche Verfälschung in allem überhaupt möglich? Nun, nehmen Sie ein kleines Beispiel. Ein Bund wird geschlossen auch zwischen Mann und Frau, wenn sie sich lieben, in der Ehe. Aber kann nicht grade eine solche Verbundenheit, wenn sie ihres eigenen Bündnisses allzu sicher wird, sich zerstören, indem der eine den anderen wie einen fertigen Besitz betrachtet, als wäre man wechselseitig einander in die Falle gegangen? Nicht einmal eine Beziehung auch nur zwischen zwei Menschen kann wirklich tragfähig sein, wenn sie sich nicht Morgen für Morgen neu zu begründen versucht. Wollte jemand dem anderen vorhalten: »Wir sind ja verheiratet, wir sind ja zusammengeschmiedet, wir sind ja im Bündnis zueinandergefügt«, dann würde gerade die Festigkeit, mit der man sich auf den Vertrag beruft, das Leben zerstören und zum Scheitern bringen – auch nur zwischen zwei Menschen. Kann es nicht zwischen Gott und Mensch ganz genauso sein? Ist nicht Religion gerade diese Gefahr, das Bündnis über das Leben zu stellen und damit die Grundlagen, auf denen es ruht, außer Kraft zu setzen? Ein neuer Bund, ja. Folgt man dem 31. Kapitel des Jeremia, lebt darin alle Sehnsucht eines Neuaufbruchs. Da wird niemals mehr, stellt Jeremia in Aussicht, einer vor dem anderen stehen, um ihn über Gott zu belehren, sondern das Kind im Hause, die Magd auf dem Hof werden Träger des göttlichen Wortes sein. Und nach dem Zusammenbruch Jerusalems wird Gott beginnen, im Herzen der Menschen zu reden. O, wenn das Kirche wäre! Dann wäre, ganz entsprechend den Worten des Jesaja, einzig Gott selbst ein fester Eckstein, ein Bollwerk gegen die Angst.

So aber sehen wir uns allerorten miteinander umgehen: Ständig wird da, um Angst zu lindern, irgend etwas verfügt, das scheinbar sicher und fest ist. Immer wieder scheint es dabei, als ob wir die Gesetze, die Institutionen, die Formalien noch praktischer, noch nützlicher, noch eindeutiger zusammenziehen könnten, um festzulegen, was Gott von uns will; am Ende aber nehmen wir die gesamte Freiheit der Beziehung zwischen Gott und Mensch aus dem Leben heraus.

Spielen wir es an ein paar Beispielen durch, was sich da begibt, wie man im Reden davon, dass man den Weinberg verwalte, eine Besitz-Erbschaft antritt, die den Sohn Gottes tötet. Wer bestimmt eigentlich in unseren Tagen, was christlich ist? So weit ich zurückdenken kann, gibt es eine Kette fertiger Antworten auf diese Frage.

1956: Christlich ist, katholisch ist, den Wehrdienst nicht zu verweigern, sondern den Fahneneid zur Verteidigung unserer neuen Republik zu leisten, ohne Ausnahme, ohne Berufung auf das Gewissen. – Es war erkennbar falsch.

Katholisch ist es noch 1962, sogar einen Atomkrieg gegen Rotchina als Ausweis des Gerechtigkeitswillens Gottes zu interpretieren. – Es war eindeutig bestimmt, und es ist eindeutig falsch.

Katholisch war es noch 1965, künstliche Empfängnisverhütung abzulehnen als schwere Sünde. – Für Millionen Frauen war dieses Urteil erkennbar falsch.

Katholisch ist es, eindeutig und fest, Homosexualität für schwere Sünde zu halten. Es steht geschrieben mit diesem Urteil im Alten und im Neuen Testament, als wäre es ein gültiges Gotteswort für alle Zeiten. – Es belehren uns die Ärzte und die Psychologen, dass homosexuell zu sein so normal sein kann, wie blaue Augen zu haben oder blonde Haare. Wenn dies so ist, ist ein festes Urteil der Kirche erkennbar falsch.

Noch bis zum heutigen Tage war und ist es eindeutig katholisch, Abtreibung in jedem Falle für Mord und schwere Sünde zu halten, so dass die Tatstrafe der Ausschließung aus der Kirche, die Exkommunikation, darauf steht und es als skandalös empfunden wird, einer Abstimmung im Bundestag beizuwohnen, wo auf Abtreibung nicht auch die bürgerliche Ausgrenzung durch Androhung von Gefängnisstrafe steht. – Alles das scheint ganz unbezweifelbar, ganz sicher, ganz ohne Ausnahme gültig – und an jeder Stelle, im Rückblick, wissen wir es eigentlich besser, und in der Gegenwart regen sich nach einer solchen Kette von Irrtümern die Zweifel. Dabei haben wir es nur zu tun mit einer Menge von rein moralischen Problemen.

Was ist da christlich? Offenbar nicht die gusseiserne Regel. Um es zur Diskussion zu stellen, nicht um eine fertige These zu behaupten: Ist es vielleicht nicht extrem zu kurz betrachtet, bestimmte Lebensprobleme aufgesplittert beantworten zu wollen, etwa die Frage der Abtreibung? Sie scheint ganz geradlinig mit dem Blick auf das, was da geschieht, objektivierbar zu sein. Ein Embryo ist ein Mensch; ihn zu töten ist die Tötung eines Menschen; das nennt man Mord, und es ist schwere Sünde, ein Verstoß gegen das fünfte Gebot. So einfach scheinen die Dinge zu liegen. Aber vielleicht sind die Dinge gar nicht so einfach. Wenn irgendwo in der Sahelzone eine Frau nicht imstande wäre, als eine Verhungernde ihr Kind zu ernähren, würde niemand einer solchen Frau einen Vorwurf machen. Man würde sagen: Diese Frau und ihr Kind, das da stirbt, sind beide Opfer einer Not, an der sie beide teilhaben. – Uns vorzustellen, dass der Gefühlshaushalt einer Frau nicht unbegrenzt ist, sondern dass es ein Verhungern der Seele gibt, fällt uns dagegen schwer. Das Psychische scheint uns vollkommen identisch mit dem frei Verfügbaren, mit dem klar Verantwortbaren, mit dem vom Willen her zu Gestaltenden, so dass alles, was wir psychisch nennen, in die volle Verantwortung der einzelnen Frau gelegt zu sein scheint, und wenn nicht einzig in ihre Verantwortung, dann doch in den Umkreis derer, die mit ihr zu tun haben: Sie alle müssten eine Notlage überwinden, bei der es ein Verhungern nicht gibt. Es verhungern aber allerorten immer wieder Menschen, physisch zu Millionen, seelisch vermutlich zu Milliarden. Wer will da richten, wie eine Frau fühlt? Und kann man Kinder aufziehen gegen die Mutter, die sie gebären soll?

Manchmal scheint mir, wenn wir denn die verschiedenen Probleme einmal zusammenbringen, dass wir strukturell statt partiell denken müssen, und dann fällt mir auf, wie eindeutig, seit ich katholisch zu denken gelernt habe, es in diesen beiden Brennpunkten aufeinander zuläuft: Der Wehrdienst ist ein Gebot, die Abtreibung ein Verbot, der Krieg unter Umständen Pflicht, die Tötung werdenden Lebens allemal Sünde. Dies alles immer wieder in ein und derselben Moralvorlesung zusammengepackt, macht mich manchmal glauben, dass wir es tatsächlich mit einer logisch zwar sehr entfernten, psychologisch aber eng verwandten

Problemstellung zu tun haben. Wir müssten sagen, dass es ein und dieselbe von Männern geleitete Gesellschaft ist, die die Jungen anweist, das Töten zu lernen, und die Mädchen anweist, Kinder zu gebären. Und beide Brennpunkte ein und derselben Ellipse beziehen sich aufeinander. Schauen wir uns an, wie man die Konstruktion dieser Ellipse bestimmen muss, so ist ihr Ordnungsschema eindeutig auf das Opfer bezogen. Die Männer müssen sich opfern unter Lebensgefahr im Kriegsdienst, die Frauen sich opfern, möglicherweise mit ihrem Leben, bei der Geburt eines Kindes. Ich kenne in der Religionsgeschichte eigentlich nur ein einziges kulturelles Beispiel, in dem man diese beiden Brennpunkte einer Ellipse von Religion und Zivilisation im Extrem zusammengebracht hat, das war die aztekische Kultur. Sie lehrte, dass eine jede Frau, die im Kindbett stirbt, und ein jeder Mann, der im Felde stirbt, gemeinsam als Sterne im Osten und im Westen an den Himmel versetzt werden. Sie, die Nimmermüden, sind es, die die Welt in Gang halten, denn beide sind bereit zum Opfer ihres Lebens, im Töten wie im Gebären. – Man ist sich eindeutig klar, dass es kaum eine Kultur gegeben hat, die so stark zwangsneurotisch geprägt war, so sehr zentral vom Opfergedanken bestimmt war wie die aztekische. Sollten wir sie vergleichen müssen mit dem, was christlich sei? Ich weigere mich, das auch nur entfernt zu glauben.

Viel richtiger scheint mir, wir würden lernen, dass »christlich« etwas ganz anderes heißt: einem Menschen zuzuhören in seiner Not, so wie sie sich ihm darstellt, und dann gemeinsam zu suchen nach einer Lösung, so wie sie plausibel ist. Es wäre unerhört, wenn wir das auch nur für möglich hielten. Jetzt sind wir unmittelbar beim Thema dieses Gleichnisses. Wir hätten überhaupt keine fertigen Wahrheiten als Erben zu verwalten, wir wüssten nicht, was die Frucht ist, die eingefordert wird zur Zeit. Es müsste sich gestalten. Wir hätten's nicht in petto, es müsste wachsen und reifen, was richtig ist. Wir hätten keine Garantie vorweg für

Gut und Böse und Falsch, es müsste sich finden. Wir hörten auf, einen fertigen Besitz zu beanspruchen im Namen Gottes, wir würden nur gemeinsam inmitten einer Not, die wir nicht überblicken, hoffen, dass Gott jetzt redet, so wie er's dann tut, und so, wie es Menschen möglich ist. Das, was christlich ist, das, was katholisch ist, wäre völlig identisch mit dem, was sich menschlich evident machen lässt. Und so in allen Punkten. Es gäbe keine abstrakten Arrangements und Satzungen mehr. Was es gäbe, wären Wahrheiten, die sich von Augenblick zu Augenblick neu herstellen müssen, immer wieder von vorn. Und das ist es eigentlich, was wir als prophetisch begreifen müssen. Wir kennen die Schriftgelehrten. Sie wissen aus heiligen Schriften, was stimmt – Propheten nie. Sie reden jetzt zu Menschen, die ihnen gegenüberstehen, im Augenblick. Wenn sie sich auf Vorgegebenes berufen, dann, um es umzuwandeln zu einer *neuen* Botschaft, die so noch nie gehört wurde. Wir haben die Priester im Raum des Religiösen. Auch sie haben fertige Riten, fertige Spiele, fertige Regeln, das Heilige zu aktualisieren. Propheten kommen aus ohne solche vorgegebenen Formen des Umgangs mit Göttlichem. Es ist möglich, dass sie mit ihrer eigenen Existenz ein Drama inszenieren, das so nie geschaut wurde, aber sie setzen dabei ihre eigene Person aufs Spiel, und das ist etwas anderes. Im Munde der Propheten redet Gott in die Stunde heute, so wie er dort jetzt erscheint, und etwas Vorgegebenes gibt es gar nicht – außer ein Schauen nach vorn, denn Gott wird dasein, wie er uns erscheinen wird.

Übertragen Sie das auf den Bereich der Moral, so werden Sie finden, wie richtig es ist, Humanität einzig zu bewahren als eine Kultur des Dialogs miteinander. Was sich da, oft aus den Tiefenschichten des Unbewussten, zeigen wird, das ist von Gott, das bringt etwas Tragendes, das mag zunächst als verwerflich erscheinen, und doch ist es am Ende wie ein Eckstein, wie ein Garant für Festigkeit und Neuaufbau.

Und übertragen Sie's auf all das, was wir religiös von Gott zu wissen glauben. Im Namen der Hohenpriester, der Schriftgelehrten weiß man über Gott so genau Bescheid, dass immer wieder ganze Gruppen aus der Gemeinde der Rechtgläubigen ausgegrenzt werden. Immer lauten die Bestimmungen: »So ist es kirchlich, so ist es dogmatisch, so ist es orthodox, so ist es *ganz* katholisch oder protestantisch eindeutig und klar, und näher betrachtet weiß man, genau sogar, dass es so nicht sein kann: gegeneinander verwaltet und organisiert und als richtig behauptet in Totalität. Immer begreift man, dass Religion *mehr* sein muss als ihre Grenzen und Gott allemal mehr ist als alle Definitionen. Grad dies: etwas für möglich zu halten, das, unbewiesen, doch wenigstens sein könnte, hinauszugehen über die Festlegungen, die es *jetzt* gibt, bedeutet zu verstehen, dass Gott nie ein Besitz wird und sein Weinberg, sein Reich, uns niemals gehört. Stets sind wir nichts weiter als Pächter eines anvertrauten Gutes.

Und jetzt muss man sehen: Der Maßstab dessen, was wahr ist im Sinn des Matthäus, ist einzig, wie es wirkt. Die *Frucht* entscheidet über das, was ist. Da wird die Menschlichkeit zum Maßstab für das Christliche. Was vernünftig ist, was sich als gütig erweist, was dem Leben hilft, was es so fruchtbar macht wie möglich, was so wenig Einschnitte und Zerstörungen schafft, wie es irgend geht, das hat Aussicht, in den Augen des Herrn des Weinberges akzeptabel zu sein, darin erkennt er sich wieder. Sobald Leute aufstehen, die sagen: »*Wir* sind es, *wir* haben es, wir *wissen* es, *wir* sind die rechtmäßigen Erben«, töten sie denjenigen, auf den sie sich berufen. Und immer wieder. Keine vergangene Geschichte haben wir da, sondern eine stets gegenwärtige. Wir sind die Nachfolger der Apostel? Ja, gewiss. Wir sind die von Jesus Eingesetzten? Ja, gewiss. Wir sind diejenigen, in denen er weiterlebt? Ganz bestimmt. Aber immer ist es, dass getötet wird, was leben wollte, immer ist es, dass sich verengt, was bestimmt war, sich auszudehnen.

Es gibt ein Wort von Rabindranath Tagore aus seinem Büchlein *Der Gärtner*. Es lautet:

> Warum verlosch die Lampe?
> Ich schützte sie mit meinem Mantel,
> um sie vorm Sturm zu wahren.
> Deshalb erlosch die Lampe.
>
> Warum verwelkte die Blume?
> Ich drückte sie ans Herz
> in angsterfüllter Liebe.
> Deshalb verwelkte sie.
>
> Warum vertrocknete der Fluss?
> Ich baute einen Damm,
> um ihn allein für mich zu nützen.
> Deshalb vertrocknete der Fluss.
>
> Warum zerriss die Harfensaite?
> Ich wollt' ihr einen Ton abringen,
> den sie nicht geben konnte.
> Deshalb zerriss die Saite.

Vielleicht lieben wir Gott zuwenig, wenn wir ihn wie ein sicheres Besitztum weitergeben wollen. Vielleicht glauben wir Gott zuwenig, wenn wir seine Taten dingfest machen wollen. Vielleicht sind wir zuwenig menschlich, wenn wir im Namen Gottes Menschen verwalten wollen. Wir wurden Erben wider unsere eigene Bestimmung. Drum lassen sie mich sprechen wie ein Gebet im Sinne des bengalischen Dichters:

> Friede, mein Herz.
> Lass süß die Zeit des Abschieds sein.
> Lass ihn Vollendung sein, nicht Tod.
> Lass Liebe zu Erinnerung werden

und Lieder aus dem Schmerz erblühn.
Lass den Himmelsflug sein Ende finden
im Flügelfalten überm Nest.
Lass deiner Hände letzte Zärtlichkeit
so sanft sein wie die Blüte einer Nacht.
Halt stille einen Augenblick,
o wunderbares Ende,
und sage deine letzten Worte
hinein ins Schweigen.
Ich neige mich vor dir,
hoch halt' ich meine Lampe,
den Weg dir zu erhellen.

(Ansprache in einem Wortgottesdienst nach dem Entzug der Predigtbefugnis und der Amtsenthebung als Subsidiar in der Pfarrei St. Georg, Paderborn)

Vom Sämann

An jenem Tag ging Jesus aus dem Haus und setzte sich am See. Da drängten sich große Scharen an ihn heran, so dass er in ein Boot stieg und sich hinsetzte, während all die Leute am Ufer standen. Und er redete zu ihnen viel in Gleichnissen und sagte: Da! Der Sämann zog hinaus, um zu säen. Und beim Säen fiel das eine an den Weg nebenhin. Und die Vögel kamen und fraßen es weg. Anderes fiel auf den felsigen Grund, wo es nicht viel Erde hatte. Und gleich schoss es herauf, weil es keine Tiefe in der Erde hatte. Als aber die Sonne aufgegangen war, ward es verbrannt und verdorrte, weil es keine Wurzel hatte. Anderes fiel unter die Disteln, und die Disteln stiegen und erstickten es. Anderes aber fiel auf die rechte Erde und gab Frucht: hier hundertfach, da sechzig-, da dreißigfach. Wer Ohren hat, höre!

Da traten die Jünger heran und sprachen zu ihm: Weshalb redest du in Gleichnissen zu ihnen? Er antwortete und sprach zu ihnen: Euch ist gegeben, die Geheimnisse des Königtums der Himmel zu erkennen, jenen aber ist es nicht gegeben. Denn: Wer hat – gegeben wird ihm, ja überreich geschenkt. Wer aber nicht hat – dem wird auch das, was er hat, genommen. Deshalb rede ich in Gleichnissen zu ihnen, auf dass sie:

Umherblicken – und doch nicht erblicken;
hören – und doch nicht hören und nicht verstehen.
So erfüllt sich die Prophetenrede des Jesaja, die sagt:
Hören sollt ihr, hören – und doch nicht verstehen,
und umherblicken sollt ihr, umherblicken – und doch nicht sehen.
Denn erstarrt ist das Herz dieses Volkes.
Und mit den Ohren hören sie schwer,
und ihre Augen drücken sie zu:
dass sie nimmermehr sehen mit den Augen
und hören mit den Ohren,
und mit dem Herzen verstehen
und sich umwenden, damit ich sie heile.

Aber eure Augen – selig, dass sie erblicken; und eure Ohren – dass sie hören. Denn wahr ists, ich sage euch: Viele Propheten und Gerechte verlangten danach zu sehen, was ihr erblickt – und sie sahen es nicht. Und zu hören, was ihr hört – und sie hörten es nicht.

Ihr also hört das Gleichnis vom Sämann: Immer wenn einer das Wort vom Königtum hört und nicht versteht – so kommt der Böse und raubt, was in sein Herz gesät ist – das ist: »Der an den Weg Gesäte«. »Der auf den Felsgrund Gesäte« – das ist: Der das Wort hört und sogleich voll Freude ergreift, doch keine Wurzel in sich hat, sondern ein Mensch des Augenblicks ist. Entsteht aber Drangsal und Hetzjagd um des Wortes willen, nimmt er sogleich Ärgernis. »Das in die Disteln Gesäte« – das ist: Der das Wort hört; aber das Sorgen dieser Weltzeit und das Geblend des Reichtums ersticken das Wort, und es wird fruchtlos. »Der auf die rechte Erde Gesäte« aber – das ist: Der das Wort hört und versteht. Er bringt denn auch und trägt Frucht: hier hundertfach, da sechzig-, da dreißigfach. Mt 13,1–23

Aus dem Nichts gerufen sind wir

Immer wieder lieben es die Evangelien, Jesus am Ufer des Sees Gennesaret vom Reich Gottes zu uns sprechen zu lassen. Es ist, wie wenn unser eigenes Herz zu einem reinen Spiegel werden möchte, der fähig ist, das Bild des Himmels in sich aufzunehmen. Denn so nahe möchte Christus uns die Gestalt und das Wort seines Vaters bringen, und so sehr möchte er die Wogen unseres Herzens beruhigen.

Wie erreicht man die Seele von Menschen inmitten der Angst? Das ist die Frage dieses wunderbaren Gleichnisses Jesu. Es ist manchmal so, als ob man ein Kaninchen am Rande eines Steilhanges fangen müsste, um es vor dem Absturz zu retten. Jede unvorsichtige Bewegung, jedes fallende Geröll wird seine Angst nur noch vermehren, und eine einzige Zuckung genügt, und es wird zu Tode stürzen. Man muss es aber unbedingt, wenn man es retten will, am Steilhang fangen und zurückverführen ins Leben.

So sind diese Worte Jesu im Gleichnis von der vielfältigen Saat. Vielleicht wurden sie zum ersten Mal gesprochen gegen die Angst der Jünger, die nach der Zeit des Frühlings in Galiläa bedrückt und niedergeschlagen dem Herrn die Misserfolge vorrechneten: wie viele den Rücken kehren, wie wenige bereit sind, die Botschaft weiterzutragen, und wie scheinbar alles berechnet ist zum Scheitern.

Wie jede große Dichtung sind die Worte dieses Gleichnisses über die Situation hinaus in alle Zeit hinein gesprochen, zu jeder Art von Mutlosigkeit, zu jeder Art von Verzweiflung, Resignation und Müdigkeit. Die Weltsicht jeder wirklichen Depression sieht so aus, wie Jesus sie hier schildert. Aber dass er in diesen Bildern sie zu Worte kommen lässt, ist das Großartige. Wenn wir einander zu trösten versuchen, so meistens in der Weise, dass wir den anderen auffordern, sich zusammenzunehmen oder aufzurappeln oder den Kopf nicht hängenzulassen oder zur Sache zu kommen. An seinen Charakter, an seinen Mut, an seine Entschlossenheit appellieren wir, und ob wir's wollen oder nicht, wir üben Druck aus, machen falsche Bewegungen am Steilhang. Es ist das Wunderbare, dass Jesus in seinen Gleichnissen versucht, der Not des menschlichen Herzens Ausdruck zu verleihen, indem er sie so schildert, wie die Betroffenen oft selbst sie nicht zu sagen wüssten. All dies, was hier von dem Sämann und seinem Acker gesprochen wird, passt gerade in die Perspektive von dunkler Entmutigung, Aussichtslosigkeit und endgültiger Verzweiflung an jeder Hoffnung.

Man hat sich angestrengt und alles Mögliche getan, man hat versucht, es im Leben so gut zu machen, wie es irgend ging. Alles, was man hatte, hat man aufs Spiel gesetzt und ausgeworfen, und jetzt beginnt die Angst. Es ist, wie wenn dieser Sämann ständig bebenden Herzens auf der Lauer läge, um seine Saat vor Schaden zu bewahren. Da fällt ein Schwarm von Vögeln ein, und er kann es nicht hindern. Innerlich ist er erregt, verängstigt und zornig, am liebsten möchte er die ganze Vogelbrut ausrotten. Aber sie wird wiederkommen, stündlich und täglich. Menschen wagen es, querfeldein durch seinen Acker zu gehen, und treten mit breiten Stiefeln in seinem Feld herum, als wenn sie keine Augen hätten, als wenn sie nicht wissen könnten, was sie verwüsten. Und sie sind nicht aufzuhalten. Die Steine, die im Acker liegen, können die Saat nicht aufnehmen; man kann den Boden um und um gepflügt haben, es wird sie weiter geben, man kann nicht die Erdscholle abtragen bis zum Mittelpunkt der Welt. Je tiefer man kommt, desto härter wird der Felsen. Und Unkraut gibt es. Nichts ist so rein im menschlichen Leben, dass es nicht seine Widersprüche, seine Verfälschungen, seine Erstickungskräfte besäße. Und so kann man die Welt sehen mit dem Blick auf all das, was verloren ist, kaputtgemacht wird, erstickt wird. Es ist zum Verzweifeln, wenn man die Welt so sieht. Und es ist, wie wenn Jesus dieser Weltsicht fast mit quälender Geduld recht geben wollte, indem er sie so breit und ausführlich schildert wie nur irgend möglich, wie um einem jeden seiner Hörer das Gefühl zu geben, dass er zunächst einmal ein Recht hat, so zu empfinden, dass sie hundert Gründe seiner Lebenserfahrung, die ihn so zu sehen lehrten, ernst genommen zu werden verdienen, dass seine Traurigkeit Worte finden, seine Resignation auf Verständnis hoffen darf.

Und dennoch ist dieser lange Atem Jesu in diesem Gleichnis getragen vom Atemwind Gottes. Denn dies ist eigentlich, was Christus meint und spricht: Ihr könnt die ganze Welt immer wieder so betrachten: wieviel es kostet, sie im Dasein zu erhalten, wieviel verlorene Mühe, wieviel Scheitern und Tragödie – ihr werdet schließlich an den Punkt kommen, wo ihr euch fragen müsst, warum das alles überhaupt besteht, warum es euch selber gibt; ihr werdet schließlich, wenn ihr nur tief genug in den Abgrund schaut, noch einmal der Hand begegnen, die alles trägt und alles schuf. Unterhalb des dunklen Abgrundes werdet ihr noch einmal den Händen eures Vaters begegnen. Denn an der Stelle bricht die Evidenz der menschlichen Erfahrung ab. Es ist wahr: Kein Bauer in Galiläa oder sonstwo auf der Welt wird säen ohne die einigermaßen sichere Gewissheit, dass es sich rentieren wird. Aber es stimmt: Im menschlichen Leben gibt es das Scheitern, im menschlichen Leben gibt es die Tragik. Irgendwann ist der Sprung in den Abgrund nötig. Bei Gott gibt es das Scheitern nicht. Bei Gott sind die Zerstörungsfälle umfangen von einem weit größeren Plan. Selbst wenn unser eigenes Leben uns so winzig vorkommt, selbst wenn wir glauben, Grund zu haben, wir selber gehörten ganz gewiss zu dem Saatgut, das man besser gar nicht erst ausgestreut hätte, aus uns werde ganz sicher niemals etwas werden, meint Jesus, es sei vielleicht das Wichtigste im Leben, denken zu sollen, dass Gott uns gar nicht geschaffen hätte, uns gar nicht dem Acker der Erde anvertraut hätte, wenn es nicht von ihm her einen Plan mit uns gäbe. Irgend etwas wird er mit uns vorhaben, dies ist ihm zuzutrauen. Und selbst wenn wir's kaum sehen, irgendeinen Sinn wird es haben, dass wir auf der Welt sind. Selbst wenn wir über viele Jahre hin kaum eine Zukunft wissen, wir sollten Gott zutrauen, dass wir nicht ohne Absicht, ohne Plan, ohne Größe dem Leben anvertraut wurden. Den Händen Gottes, dem Sämann der Ewigkeit dürfen wir zutrauen, dass er wusste, was er tat, als er uns dem Strom der Zeit auslieferte. Bei ihm hat unser Leben Lohn, Ertrag, Berechtigung und Dank.

Es ist das Wunderbare, dass Jesus wollte, wir würden diese Botschaft vom Reich des Himmels im Spiegel unserer Seele sehen lernen, wir würden so groß denken mit dem Blick auf die geschundene Erde, so denken von uns: Saatgut der Unsterblichkeit, Aussaat des Himmels sind wir und dazu bestimmt, zurückzukehren. Es ist an dieser Stelle, dass die frühe Gemeinde sich noch einmal, auch in Zeiten der Mutlosigkeit und der Verfolgung, das gleiche Evangelium zu eigen zu machen versuchte. Sie hat sich gefragt: Wie sind denn wir selber als Gläubige in der Gemeinschaft Jesu? Ist nicht unsere Seele selber so vielfältig wie ein solcher Acker gegenüber der Saat?

Es ist möglich, dass Menschen die wunderbaren Worte von ihrer ewigen Berufung hören und auf viele Jahre hin kaum imstande sind zu verstehen, wovon die Rede ist. Alles, was man sie zu denken und zu fühlen gelehrt hat, scheint dagegenzusprechen. Man hat ihnen beigebracht, dass sie ein Teil der Naturgesetze, ein Teil der Biologie, ein Teil des Kampfes ums Dasein sind, dass sie Sorge tragen müssen, ein paar Jahrzehnte lang gesund zu bleiben, aber dass mehr mit dem Menschen weder gemeint noch vorgesehen ist. Wer ihnen von Gott spricht, wird fast ein Lachen erregen, weil sie die Idee von Gott mit Geschwätz, Illusion, Oberflächlichkeit und kindischer Dummheit verbinden. Man kann ihnen sagen, dass sie sich damit selber dazu verurteilen, sich dem Bösen auszuliefern, einer Welt ohne Würde, ohne Größe, ohne Schönheit, ohne Poesie, ohne Verklärung – sie werden sagen: »Mehr ist nicht zu hoffen, was macht ihr euch vor, mehr ist nicht drin im Leben. Man wird geboren und wird abgeschafft, man kommt zur Welt, und man verwest, was wollt ihr mehr? Wie man dazwischen lebt, einigermaßen glücklich, relativ genießend, mehr wollen wir nicht wissen. Schert euch zum Teufel.« Und nicht wenige sind, die so denken. Wohin man schaut, hört man so sprechen, sieht man so machen, völlig reflexionslos, jede Stunde, jeden Tag bis zur Betäubung. Und man findet keine Worte. Selbst die Gemeinde Jesu, mit diesen wunderbaren Worten des Herrn im Ohr, findet keine Worte.

Wie soll man im Sinne Jesu zu denen sprechen, die nicht verstehen? Ich hoffe, entgegen dieser Auslegung der frühen Kirche, dass im Munde Jesu Worte sind und leben, die das Herz auch dieser Menschen, auch dieser Anteile in uns selber beruhigen und erwecken können. Wir sind mehr als der Staub der Erde. In einem jeden von uns atmet der Lebenshauch Gottes. Die Stirn eines jeden Menschen rührt an den

Himmel und die Sterne, und jeder Lebensweg eines Menschen mündet ein in das Tor des Himmels. Wieviel an Liebe, Verstehen und Güte brauchen Menschen, um die Träume der Ewigkeit in ihrem Herzen wieder zu fühlen! Das ist das eigentliche Problem: Wie erweckt man die Kinder der Großstädte, die in den Lampionnächten gezeugten, wieder zum Anblick der Sterne? Wie erweckt man die vom Trommeln der Discos zerstörten Ohren zum Vernehmen der Musik des Himmels? Wie weitet man die Herzen der im Materialismus Erstickten zur Sehnsucht nach der Unendlichkeit?

Andere sind, die das Wort verstehen und voller Begeisterung aufnehmen. Aber merkwürdigerweise gibt es so etwas wie eine Angst vor der Tiefe, eine Furcht vor sich selber. Auch sie ist schrecklich. Und auch sie hat man uns gelehrt: jedes tiefere Gefühl ängstlich zu meiden, jede leidenschaftliche Erregung des Herzens wie etwas Gefährliches abzuwürgen. Die Folge ist, dass man aus dem menschlichen Herzen eine Art Zentrifuge macht, immer wieder auf der Flucht vor sich selber, immer nach außen an den Rand gepresst, immer auf der Suche und ständig rastlos. Es kommt darauf an, dass wir selber uns die Chance wiedergeben, in die Tiefe zu wachsen, die Ruhe zu lernen, die Dinge nicht nur zu hören und gleich nach außen zu tragen, sondern in uns selber sich entfalten zu lassen, sie zu bewahrheiten. Ein ganz einfaches Gesetz: Alles, was wahr ist und wachsen will, braucht Zeit dafür und darf seine Zeit in Anspruch nehmen, benötigt die Geduld der Ewigkeit, und wir dürfen sie haben. Unser eigenes Leben verdient das Vertrauen, dass alles, was darin angelegt ist, bestimmt ist, reifen zu dürfen. Wir müssen nicht leben wie Menschen, die von ihrem Haus gewissermaßen nur das zweite und dritte Stockwerk bewohnen aus Angst vor dem Keller, als ob darin Ungeheuer und Drachen hausten. Wir dürfen glauben, dass im Unterstrom unserer unbewussten Gefühle, Sehnsüchte, Lebensinteressen genauso klar, genauso rein Gott den Strom des Himmels durch unsere Seele führt und trägt. Wir dürfen das Vertrauen mitbringen, dass nichts, was in uns lebt, ausgeschlossen werden muss. Und lassen wir's nur wachsen, so wird es ein Teil der Ewigkeit Gottes.

Es sind die Menschen des dritten Typs, die sagen werden: »Wir verstehen das Reich Gottes wohl, und all dies von der Sorglosigkeit, der Weitherzigkeit, der Güte, der Geduld wäre schön, aber wir können's nicht leben, die Umstände hindern uns, die Dornen ringsum, all die Pflichten, all die Aufgaben, all die anderen, all die Erfordernisse, all die Plagen. Dagegen kommt man nicht an. Das Reich Gottes ist nicht der Teil des Terminkalenders, die Weitherzigkeit nicht das Programm des Arbeitgebers, das Himmelreich kein Teil der irdischen Bürokratie, was soll man machen?« Es geht darum, dass wir auch die Angst vor der eigenen Freiheit verlieren, denn wir schaffen die Allmacht der Umstände in jedem Augenblick uns selber, ohne es zu merken. Es ist unsere Angst, die uns glauben macht, dass andere in unserem Leben dazwischenzureden hätten. Es ist die Angst vor den eigenen Schuldgefühlen, die uns hindert, Dinge zu relativieren, die es nicht verdienen, dass man sie so wichtig nimmt. Es ist die Angst vor der Macht, mit der wir die anderen umkleiden, die uns selber immer wieder klein und niedrig hält, statt uns aufblühen zu lassen in der uns gemäßen Schönheit und Größe. Es gibt nicht die objektiven Zwänge. Aber es gibt eine Angst, die die Zwänge macht und will und am allermeisten sich dann festhängt, wie die frühe Kirche sagt, in der Gier nach dem Reichtum, als wenn das Geld uns schützen könnte, als wenn es am Ende uns selber Einfluss, Macht und Ansehen geben könnte gegenüber den Disteln, den Dornen und den Stachelgewächsen. Auf hunderterlei Weise möchte man einem jeden und sich selber nur sagen: »Habe den Mut zur Schönheit deiner eigenen Reifegestalt. Fürchte weder die Tiefe noch die Umgebung, noch liefere dich aus dem Strom der Zeit. Du wirst ein Kind des allmächtigen Vaters, und selbst wenn es Stunden gibt, in denen du's kaum zu glauben wagst, vertraue darauf, dass Gott wusste, was er tat, als er dich erschuf, ein Wunderwerk aus seinen Händen.«

Es ist am Ende sinnlos, zu verrechnen, was unser Leben wert ist. Hundertfach, sechzigfach, dreißigfach, was soll's? Dass es uns gibt, ist bei Gott unendlich viel, denn aus dem Nichts gerufen sind wir in die Ewigkeit.

Jedes Leben ist etwas Besonderes

Die Art, wie das Neue Testament von Jesus berichtet, was er sagte, was er tat, ist manchmal zum Tollwerden. Ein jeder weiß, dass man den Ausspruch eines Menschen nur verstehen kann, wenn man eine ungefähre Vorstellung hat, zu wem er aus welchem Anlass und in welcher Situation er redete. Das Matthäusevangelium erzählt uns, dass Jesus im Boot saß und zu vielen Menschen sprach. Aber vom Entscheidenden, nämlich wann er was sagte und herausgefordert durch welche Frage, davon hören wir nichts. Dies kann man bedauern. Man kann sich Gedanken darüber machen, wann Jesus das Gleichnis von der vielfachen Aussaat in seinem Leben wohl gesprochen haben mag, aber vielleicht bedauern wir's einmal nicht, dass uns der historische Bezug nicht überliefert wird. Wir sagen uns vielmehr, dass das, was Jesus mitteilen wollte, in jede Situation hineinspricht, die einen gleichen Gefühlshintergrund hat, und die Frage, auf die er antwortete, wird dann die Infragestellung von allem sein, was uns bis jetzt scheinbar Halt bot.

Gewiss, man kann sich vorstellen, wie eines Tages die Jünger sich um Jesus drängten und ihren Meister fragten, wie es denn nun weitergehen solle. Womöglich war da ein großartiger Aufbruch, ein herrlicher Sommer über den Fluren Galiläas, eine Zeit der Wunder und der Zustimmung. Und dann begannen die ersten Krisen, der erklärte Widerspruch der Synagoge, die Protokollführung der Schriftgelehrten, der ständig lauernde Zugriff der römischen Behörde, durch Missverständnis und Verleumdung zwar, aber nicht minder gefährlich, und die Leute an der Seite Jesu bekamen Angst statt Vertrauen und liefen, so rasch sie zusammenkamen, wieder auseinander. Alles wurde mühsam, als wären über die Felder des Gelobten Landes Schnee und Frost hereingebrochen und jeder Schritt wäre gegen den Wind zu leisten. Schlimmer noch. Die Jünger mögen erlebt haben, dass alles umsonst schien, als bräche zusammen, was eben noch aufgebaut war, und geriete ins Beben, statt zu innerem Halt zu finden. In diesem Moment mag es sein, dass Jesus so gesprochen hat: »Betrachtet, was ein Bauer tun wird, wenn wieder die Zeit der Aussaat kommt. Er hat ein Feld vor sich, miserabel bestellt, wo das Unkraut wächst und die Steine liegen, und um beides wird er sich nicht kümmern. Er wird das gesammelte Saatgut nehmen und ausstreuen und warten. Eben dies, zu warten, wie es endet, das müsst ihr tun. Ihr werdet sehen: Kein Bauer würde säen ohne die Hoffnung, dass es sich lohnt. Und jetzt denkt an Gott. Er hat uns nicht bestellt, damit wir aufgeben; er beginnt nie etwas, ohne zu wissen, dass es sich lohnt. Wir dürfen's hoffen, aber Gott weiß.«

Mag sein, dass Jesus so die Jünger tröstete, die mutlos geworden waren über die Aussichten des eigenen Bemühens. Aber wenn denn schon die Geschichte keine eigene Rahmung hat, so wie die ersten Überlieferer sie uns anvertraut haben, kann's dann nicht erlaubt sein, sie einmal auf jede Frage von Mutlosigkeit hin zu öffnen? Ist nicht jedes Menschenleben auch ein Wort Gottes, etwas, das Gott in diese Welt hinein sagen möchte und kann es nur sagen durch diese eine Existenz eben dieses Menschen? Würde er verkümmern in Zaghaftigkeit und Angst, in Verzweiflung und Hoffnungslosigkeit, dann sagte sich nicht aus, was Gott durch ihn zu sagen hat. Die Voraussetzung ist fast immer, dass ein solcher Mensch nicht zuerst hört, was Gott ihm zu sagen hat. Da beginnt freilich das Klagen und das Sprechen von den hundert Gründen, die jede Hoffnung und jede Perspektive im Leben verstellen können.

Wie eigentlich tröstet man einen Menschen und richtet ihn auf, der den Glauben an sich selber völlig verloren hat? Und es ist dies doch ein und dasselbe: den Glauben an sich selbst und an den Sinn des Daseins in dieser Welt aufgegeben zu haben und auch Gott (oder was immer das sei im Hintergrund der Existenz) aus den Augen zu verlieren. Wie richtet man einen Menschen auf, der am Boden liegt? Jeder Ratschlag von außen bleibt, was er ist, ein Schlag, der weh tut, selbst wenn er noch so gut gemeint ist. All die üblichen Tröster, die Professionals in Seelenfragen, werden natürlich die Ärmel aufkrempeln und sagen: »Du musst diesen Kurs besuchen, diese Technik einsetzen, du musst positiv denken, du musst die Kraft zusammennehmen, du musst dir richtige Ziele setzen, du musst die ganze Umgangsweise mit dir ändern« – und man darf sicher sein, sie fallen über die Seelen dieser Menschen her wie die Vögel über das Ausgestreute, sie fressen's weg, statt es Wurzel fassen zu lassen. Es gibt vermutlich nur eine einzige Sprache, die Jesus konsequent versucht: Menschen, die keine Aussicht mehr haben, dennoch noch einmal das Sehen zu lehren. Es ist die Kunst der Dichter, der Poeten und der Propheten, so an die Erfahrung der Menschen anzuknüpfen, dass sich daraus Bilder formen, die alles aufgreifen, was da erlebt wird, und es gerade dadurch von innen her verändern und in eine Aussicht verwandeln. Gerade indem verdichtet wird, was dunkel ist, konzentriert sich mit einem Mal Licht; es ist, wie wenn kosmischer Staub so energiegeladen sich zusammendrücken würde, dass er plötzlich sich entzündet wie eine neu entstehende Sonne und ausbricht in einem Übermaß an Licht. Das ist ein Gleichnis: die Umwandlung der grenzenlosen Dunkelheit in den Anfang einer Explosion von Wärme, Glut und Leben.

Jesus lässt sich überraschend viel Zeit, den Wegen der Verzweiflung nachzugeben, und ein jeder kann ins Träumen geraten bei dem, was er da hört. Sicher, man muss ein Gleichnis rasch auf den endgültigen Bezugspunkt hin lesen, alles andere sind nur die Aussagemittel, nicht die Aussage; aber man kann ein Gleichnis sowenig flüchtig hören, wie man eine Novelle oder einen Roman nur aufs Ergebnis hin, gewissermaßen mit dem Schlusskapitel beginnend, lesen kann. Dann wäre es richtiger, man läse gleich im Lexikon der Literatur die ganze Inhaltsangabe nach und hätte ihn in fünf Minuten verstanden. Eine Dichtung will gerade den Gefühlsbereich ausleuchten. So auch hier.

Vor einer Weile erzählte eine Frau mir ihr Leben, völlig verwirrt, was sie mit sich anfangen sollte. »Schon wie ich geboren wurde«, sagte sie, »war's ein Malheur, mitten im Krieg. Ich wäre nie zur Welt gekommen, wenn damals nicht die Nazis darauf gedrängt hätten, höchstwahrscheinlich im Anhang zu der Geschwisterreihe vor mir; und dann war ich noch ein Mädchen, wo man Männer gebraucht hätte. Mein Vater musste gleich danach in den Krieg, meine Mutter war allein – es war ein endloses Durcheinander. Und ich war falsch, als Mädchen falsch, als Kleinkind falsch, ich war noch nie richtig in dieser verrückten Welt. Und immer musste ich Dinge tun, die ich nicht konnte; über mir standen dauernd die Leute, die es wussten, mein Bruder beispielsweise. Meine Mutter war hilflos und musste arbeiten; aber ich war noch nicht sechs Jahre alt, eben weil ich ein Mädchen war, da musste ich all die Tätigkeiten verrichten, die meine Mutter hätte verrichten müssen. Und so ging das immer. Selbst den Eintritt in die Schule musste ich mir erkaufen durch Superleistungen – es war zum Verrücktwerden. Und jetzt hab ich alles erreicht und weiß nicht, wozu. Ich hab' mir nie gehört.« – Kann's nicht sein, da wäre etwas ausgesät auf den Weg, nebenhin, buchstäblich abseits, wo es nicht hingehört, am Rande, ein Fehltritt eigentlich? Und kaum liegt es da und sehnt sich nach Sonne, Regen und Tau, da kommt etwas anderes und pickt darauf herum, nagt daran herum und zerstört jeden Ansatz. Ein ganzes Menschenleben kann ein solches Bild sein, und wer will ihm widersprechen, wenn dahinter Jahrzehnte eigener Lebenserfahrung stehen? Es ist das Großartige an Jesus, dass er den Worten der Verzweiflung Raum gibt, indem er sie selber ausspricht. Ein einziges Bild, und es kann für eine ganze Schicht von Erfahrungen stehen.

Andere werden sich als Menschen erleben, die voll Begeisterung es immer wieder versucht haben. Sie werden sagen: »Ich hab' alles durchprobiert. Ich war noch nicht achtzehn, da hab' ich einen Mann geheiratet, ich hab' Kinder bekommen, ich war berufstätig, ich hab' Hilfsarbeiten ausgeführt, ich wollte immer, dass ich den anderen nicht lästig fiele, dass mein Leben ein wenig glücklich wäre, dass ich heiter aussähe, ich hatte so viel Schwung und Mut. Aber es ist alles zerbrochen. Über mir liegt ein Fluch, der bestimmt, dass alles, was ich anpacke, am Ende schief ausgeht.« Und wieder kann eine zerbrochene Ehe, ein drogenabhängiges Kind, ein Scheitern im Beruf am Ende das Zerbrechen in allen menschlichen Beziehungen wiedergeben, was dieses zweite Bild sagt: Da fiel ein Same, der an sich gut ist, auf felsigen Grund, schoss gleich auf, aber konnte nicht haften, hatte nie die Möglichkeit, Wurzeln zu bilden und in sich ruhig zu werden und Nahrung zu gewinnen aus dem eigenen Standort. Ein Leben wie auf der Treibjagd, hin und her gescheucht und gejagt. Es hat an Mut, an gutem Willen, an richtigen Vorsätzen nie gefehlt; nur woraus sollten am Ende sie leben? Wer will ein solches Leben mit Vorwürfen tadeln und mit Mahnungen in Ordnung bringen? Am Ende hat man einen Menschen vor sich, ausgelaugt und ausgezehrt, verdorrt, müde, kraftlos. Es gibt gegen solche Seelenzustände nicht ein einziges vernünftiges Argument. Man kann nicht beweisen, dass das Leben auch noch anders ist. Es hilft einzig, dass es erst einmal erlaubt ist, es so kennengelernt zu haben.

Und mit den Disteln. Wie viele Menschen existieren, die ihre Mitmenschen so erleben: Alle überwuchern sie, sind größer als sie selber, stehen ihnen im Licht oder hängen sich klettenartig an sie, rauben ihnen die Energie, die sie für sich selber brauchen würden. Es ist ein Leben, das ständig von fremden Forderungen, Aufträgen, Erwartungen erstickt wird. Man weiß am Ende gar nicht mehr, was man selber ist, bricht zusammen und duckt sich an die Erde, um seinen Frieden zu haben, und will nur noch, dass es aufhört. Und wieder: Wie will man dahinein Ordnung bringen?

Und was ist gemeint, wenn Jesus auf etwas hinweist, das so gar nie erlebt wurde? Da gibt es auch Saat, die auf die rechte Erde fällt, und die gibt Frucht, hundertfach, sechzigfach und dreißigfach. Es ist wie ein wahnsinniger Kontrast zu allem bis jetzt Erlebten. Und dennoch kann es so sein, und manchmal lässt es sich mitten in der Verzweiflung sogar grade so erleben. Ist nicht jener, dem alle Hoffnungen zerbrechen, selbst jemand, der im Grunde genau weiß, wer er sein könnte und wozu er berufen ist? Kann es nicht sein, dass man durch die Verzweiflung hindurchgehen muss, indem man all die Gründe des Widerspruchs noch einmal ausdrücklich macht, damit aus dem Negativen klar wird: Was da verneint wurde, ist etwas außerordentlich Kostbares. Und dann muss man womöglich um den Erhalt der Saat kämpfen, und man muss festhalten, dass auch nur ein paar Körner genügen, die Bilanz der Verneinung zu widerlegen. Wie also wäre es, die Saat richtete sich auf gegen die Disteln und würde sagen: »Was ich selber bin, lass ich mir nicht rauben; ich lass mich nicht verfälschen in meinem Wesen; ich bring das hervor, was in mir lebt. Es muss nur aufhören, dass alles von außen her erstickt, überwuchert und überlagert wird; das ist, was ich mit mir nicht mehr machen lasse.« Und ein anderer würde sich sagen: »Ich bin es leid, ständig zu existieren im Bodenlosen. Ich lehne es ab, mich weiter hin und her scheuchen zu lassen, ich nehme mir vielmehr Augenblicke der Ruhe, in denen mir selber deutlich wird, wo ich stehe. Es ist nur möglich, klar zu sehen, wenn ein eigener Standpunkt fest wird. Es ist so einfach, wie man auch kein Foto machen kann ohne einen ruhigen Bezugspunkt und eine eindeutige Ausrichtung der Linse zu wählen. So in meinem Leben. Ich werde nie klarkommen, wenn ich nicht als erstes mir Augenblicke gönne, in denen ich Grund unter die Füße bekomme.«

Und dieses mit dem Abseitsliegen: »Wieso denn lass ich mich dauernd an den Rand schieben, als wäre ich ein Nichts und als könnte man's so mit mir machen? Wieso bin ich nicht genauso ein Mensch wie alle anderen? Für die Umstände meiner Geburt kann ich gar nichts, für meine Kindheit und Jugend nichts, aber jetzt kann ich erwachsen werden und darüber nachdenken, wie der Rest der Jahre, womöglich vier oder fünf Jahrzehnte, noch hingehen soll; *das* steht bei mir oder beim lieben Gott, bei uns beiden jedenfalls und keinem Drittem.« Damit lässt sich beginnen.

Jesus ist ein Phantast der Hoffnung. Da haut er gegenüber dem Notruf der Verzweiflung mächtig auf die Pauke. »Es wird der Ertrag«, verspricht er, »hundertprozentig sein.« – »Das ist zuviel«, wird man gleich sagen. Und er wiegelt schon ab: »Sechzig Prozent genügen auch.« – »Nein, Herr, dreißig Prozent.« – Genügen auch. Und wenn's nur *etwas* wäre! Ein Etwas ist unendlich viel mehr als das dauernde Nichts. Und schon dass man auf das bisschen schauen kann, das werden könnte, macht Mut zu glauben, dass alles gut ist und dass es sich im Ganzen lohnt. Von dem Vorschuss müsste man ausgehen.

Ein wunderbares zeitloses Gleichnis. Wir müssen die besondere Situation gar nicht wissen, in der es erstmals erzählt wurde, weil jeder selbst mit seinem Leben etwas Besonderes ist. Und dahinein soll es sprechen.

Wir dürfen uns aber nicht wundern, dass schon die erste Generation danach aus diesen Worten Jesu ihre eigene, besondere Situation interpretiert finden möchte – fast im Widerspruch zu allem, was Jesus wollte. Bereits das Markusevangelium hat zu verantworten, dass die Jünger zu Jesus kommen und ihn fragen: »Herr, warum sprichst du in

Gleichnissen?« Ein Gleichnis, sollte man denken, ist dazu da, etwas zu verdeutlichen; hier aber wird aus dem Gleichnis Jesu eine Geheimrede für die Eingeweihten. Ersichtlich ist das die Situation der frühen Kirche. Sie selbst fühlt sich wie ein Gleichnis und die Worte Gottes wie eine geheimnisvolle Rede. Die Existenz der Gläubigen verwandelt sich für diese Welt in eine Chiffre, ein Symbol, ein gleichnishaftes Dasein, aber die Worte Jesu für alle anderen, für die Draußenstehenden werden immer rätselhafter, und so nimmt man die Gleichnisrede Jesu jetzt. Sie ist gewissermaßen ein Versuch, so zu sprechen, dass nur die Erwählten, die von Gott besonders Bevorzugten, es verstehen können; so hört sich das jedenfalls an. Es ist die Frage derer, die sich auf Jesus eingelassen haben, wieso man soviel Licht, soviel Güte mit solcher Leidenschaft hassen und verbeißen kann. Man kann sich nur damit trösten, dass selbst dies noch Gottes Wille ist, und so zieht man die dunkelsten Texte des Alten Testamentes heran, solche, die von der Verstockung ganz Israels reden. Als ob Gott mutwillig die Ohren der Menschen verstopfte, damit er so lange ungehört reden kann, dass er ein Recht bekommt, wütend zu sein. Als ob er ihnen die Augen verkleisterte und das Herz gleich mit, so dass er endlich strafend tun kann, was er immer schon möchte: dreinhauen, und zwar gründlich.

Es sind wüste Gedanken, gesprochen aus dem Hintergrund prophetischer Verzweiflung. »Aber geht denn das nicht in Erfüllung?«, fragen sich die Christen um 50, um 70 nach Christus. »Ist nicht alles, was Jesus tat, die Bestätigung dafür? Aber dann hat er überhaupt nicht geredet, um etwas zu erklären, sondern viel eher, um etwas zu verschließen, und seine Gleichnisrede liegt schon in *dieser* Richtung.« Das alles könnte so bleiben, wenn Jesus nicht *auch* ganz betont sagen würde: »Eure Augen, selig sind sie. Alle Menschen, alle Zeiten haben gesucht nach dem, was ihr seht.« Nur, wie konnte man sehen, wer Jesus ist, außer man verstand zum Beispiel dieses Gleichnis des Trostes gegen die Verzweiflung? Und dann schaut sich Matthäus in seiner Kirche um und sieht, wie alles falsch werden kann. Da gehören zur Gemeinde Menschen, die sind stürmisch hineingekommen und sind sehr bald abgebrannt wie ein Strohfeuer. Andere mochten sich zuvor zu Jesus bekennen, aber dann war ihnen Tausenderlei an Erfolg, Karriere, Geld, an Dingen der Welt wichtiger, als zu schauen nach diesem unsichtbaren Geheimnis, das in den Gleichnissen Jesu aufscheint. Und so werden aus Worten der Tröstung Worte der Mahnung, der Warnung, aus der Grundlage der Existenz wird eine handfeste Moral und Tugendaskese. So hat Jesus nie gesprochen, aber manchmal hört man ihn auch so reden, und ganz falsch ist es dann nicht. So kann es sein: Man nennt sich ein Christ und hängt an allem, was nur davon wegführt. Es sind seelsorgliche Verfremdungen des ursprünglichen Jesuswortes, solche, die aus dem Gleichnis ein Rezept machen, fast das Gegenteil des Ursprünglichen, aber brauchbar immer noch, wenn man's recht anwendet. Zu sagen hat es, was sich lohnt zu hören. Vergessen aber sollten wir nie den Abstand. Eine kirchliche Moral, noch so gut gemeint und errichtet inmitten der Gemeinde, ersetzt nie den ursprünglichen Sinn eines Jesuswortes, das gerade denen, welchen die Moral nicht hilft, gewidmet ist. An Mangel an gutem Willen leiden die Menschen nicht. Erst wer das begreift, versteht den Rest nicht falsch.

Vom verlorenen Schaf und von der Drachme

Es nahten sich ihm aber all die Zöllner und die Sünder, um ihn zu hören. Und es nörgelten die Pharisäer und die Schriftgelehrten und sagten: Der da – er nimmt Sünder an und speist mit ihnen.

Er aber sprach zu ihnen dieses Gleichnis, sagte: Welcher Mensch unter euch, der hundert Schafe hat und dem eins davon verlorengeht, lässt nicht die neunundneunzig in der Ödnis zurück und geht dem verlorenen nach, bis er es findet. Und: Wenn er es gefunden, legt er es voll Freude über die Schulter. Und: Wenn er nach Hause kommt, ruft er die Freunde und Nachbarn zusammen und sagt zu ihnen: Freut euch mit mir, denn gefunden habe ich mein Schaf – das verlorene. Ich sage euch: So wird mehr Freude im Himmel sein über einen einzigen Sünder, der umkehrt, als über neunundneunzig Gerechte, die die Umkehr nicht brauchen.

Oder: Welche Frau hat zehn Drachmen und zündet nicht, wenn sie eine Drachme verliert, ein Licht an, fegt das Haus und sucht sorgsam, bis sie findet. Und: Wenn sie gefunden, ruft sie die Freundinnen und Nachbarinnen zusammen und sagt: Freut euch mit mir, gefunden habe ich die Drachme – die verlorene. So, sage ich euch, entsteht Freude vor den Engeln Gottes über einen einzigen Sünder, der umkehrt. Lk 15,1–10

Über die Güte des Guten

In gewissem Sinne ist dies ein listiges Gleichnis: es verführt zu einer Güte, die grenzenlos sein möchte, und zu einem Verständnis, das keine Schranken kennt.

In jeder Gesellschaft existieren Gesetze, die Menschen ausschließen, und jede Gruppe hat die Rangordnung ihrer Macht, nach der es Herrscher gibt und Untertanen, Tretende und Getretene. Jesus aber schwebt die Vision eines menschlichen Zusammenlebens vor, das er in seinem Volk zu seiner Zeit und, wenn es irgend geht, durch seine eigene Person verwirklicht sehen möchte. Wenn es denn stimmt, dass in der Geschichte der Völker Israel eine besondere Rolle unter den Augen Gottes zu spielen hätte, welche dann wohl, wenn nicht die einer vorbildlichen Menschlichkeit? Wenn die Verheißungen der Propheten stimmen sollten, auf Israel würde man im Völkerdunkel schauen wie auf ein hohes Licht und hinpilgern wie zu einem Berg, in dem die Erde ihr Zentrum findet, wie denn anders sollte dies gemeint sein, als dass inmitten Israels ein Mensch zum anderen fände und ein jeder dem anderen begegnen würde wie unterwegs zu einem Heiligtum, wie unterwegs auf einer Wallfahrt. Nichts sollte es geben, was sonst in der Völkerwelt für naturgegeben gilt. Es gibt die Leitlinien der Moral, des Anstands und der guten Sitte; nach denen richten sich diejenigen, die es vermögen, und mit Häme und mit Schadenfreude schauen sie herab und drängen hinaus diejenigen, die unbotmäßig an den Satzungen vorbeileben. Es sollte ein Ende haben, dass die Moral sich rechtfertigt durch die Grausamkeit der Strafe, das eigene gute Gewissen durch die Rechthaberei der Ausstoßung und der Gottesdienst durch verinnerlichte Unmenschlichkeit.

Man weiß nicht, wie Jesus dazu kam, sich immer wieder gerade mit den Zöllnern, den Dirnen, den Sündern zu identifizieren, sie einzuladen, gerade sie, weshalb er sagen konnte: »Ich bin nicht gekommen zu den Gesunden, mein Vater hat mich gesandt zu den Kranken.« – Mutmaßen kann man darüber, dass Christus diese Bereitschaft zu einer grenzenlosen Güte gelernt haben muss durch eigenes, tiefempfundenes Leid und die Erfahrung eigener Ausstoßung und die Härte eigener Missverständnisse. Aber ganz sicher ist, dass man vom Auftrag und vom Wesen Christi in der kurzen Zeitspanne seines öffentlichen Wirkens nichts Wesentliches begreifen wird, abgetrennt von diesem seinem zentralen Anliegen, auch den Letzten in Israel miteinzuladen, weil man nicht menschlich sein und nicht wahrhaft an

Gott als den Vater aller Menschen glauben kann, solange man mit dem moralischen Zollstock und Reißbrett Menschen zum Abfall erklärt.

In diesem Gleichnis anerkennt Christus die Spielregeln – darin beruht die List seines Gleichnisses. Er anerkennt, dass es Gerechte gibt und Verlorene. Er akzeptiert sogar die Einteilungsschemata seiner Gegner. Überzeugt ist er davon keinesfalls. In der Bergpredigt, wo er sich ohne Rücksicht ausspricht, klingt es ganz anders. »Worin denn«, so meint der Herr da, »besteht eigentlich der Unterschied zwischen den Sündern und den Gerechten? Ist nicht der Himmel hoch über der Erde? Ist nicht der Sonnenaufgang unendlich weit getrennt vom -untergang? Und muss Gott sich nicht gleich tief herabbeugen zum Stolz der Gerechten wie zur Erbärmlichkeit der Sünder? Nein, Gott lässt die Sonne aufgehen über Gute und Böse, und er lässt regnen über Gute und Böse, und wer schon in seinem eigenen Herzen versuchen will, beides wohlfeil zu trennen, wird erleben, dass er die Saat mitsamt dem Unkraut ausreißt und verwüstet, so dass es gar keinen Ertrag und keine Ernte geben wird.«

Dies meint Jesus wirklich. Hier nimmt er Rücksicht und macht von der eigenen Grundhaltung, solange es irgend geht, niemanden vor den Kopf zu stoßen, selbst Gebrauch. Die Leute, mit denen er redet, sind wütend und empört, besser muss man sagen, sie glauben ein Recht zu haben zur moralischen Entrüstung. Man denke: Ein Prophet, ein Mann Gottes, ein erklärter Schriftausleger, jemand, der das Ansinnen stellt, dass man ihm glaubt, er trage Gottes Geist in Herz und Mund – ein solcher setzt sich zusammen, macht sich tischgemein und also richtig gemein mit dem Pack, dem Pöbel, den Gesetzesbrechern, den Sündern nicht durch Zufall, sondern durch Verhärtung, Unvermögen, Bösartigkeit, Charakterlosigkeit, und wie die Theorien über die Gefallenen, Verlorenen sonst noch lauten.

Das Gleichnis Jesu ist listig, denn Christus weiß: Die Gesellschaft funktioniert so, dass sie ihre Regeln hat, ihre

Rangordnungen und ihre Grausamkeiten. Deshalb bedient er sich eines Bildes, das von einer gewissen Evidenz lebt, die für die Gesellschaft eigentlich nicht passt, aber einen Moment lang eine merkwürdige Verführungskraft besitzt: Stellt euch einen Hirten vor mit hundert Schafen im Gebirge; er zählt des Abends und entdeckt, ein Tier fehlt ihm. Selbstredend geht er die Wegstrecke noch einmal zurück, um das verlorene zu suchen. Kein Hirt in Palästina verhielte sich anders, denn wollte er so tun, brächte er sich nach und nach um seine ganze Herde, zu zerklüftet das Gebirge, zu zahlreich die Raubtiere, zu gefahrvoll das Leben der Schafe und zu kostbar die Herde dem Hirten. Jeder von euch, kann Jesus voraussetzen, wird dem hundertsten Schaf nachgehen und die neunundneunzig unter der Bewachung seiner Hunde und seiner Hirtenjungen lassen. Und hat er es gefunden – so verhält es sich mit Schafen, dass sie sich von selber gar nicht mehr in der Einsamkeit bewegen, sondern nur noch kläglich blökend irgendwo liegen –, nimmt er es, das erschöpfte, das verängstigte, auf die Schultern, trägt es nach Hause voller Freude.

Es ist ein ergreifendes Bild, weil es beschwört, sich mit dem Hirten zugleich wie mit dem Schaf zu identifizieren. Es ist ein Gleichnis zur Rechtfertigung all dessen, was Christus tut. Darf ich nicht, will er sagen, gut sein auch zu denen, die sonst gar keine Chance hätten? Soll es nicht wahr sein, dass Gott jeden Menschen, den er schuf, zu seinem Glück bestimmt hat? Soll man nicht denken, dass es Gott quält und er leidet, mitansehen zu müssen, wie Menschen drangsaliert werden, gequält werden und oft ohne jede Aussicht ins Leben stolpern? Ja, wollt ihr denn wahrhaftig Gott im Munde führen, um Mitleid zu verbieten, Verständnis zu untersagen, Menschlichkeit durch Frömmigkeit zu sabotieren?

Vielleicht hat man ein Recht, von Gott so menschlich zu denken, dass er die Alltäglichkeit des Guten für normal und keiner weiteren Erwähnung wert erachtet. Grau ist der Alltag, die Pflicht wenig erfreulich, aber sie stehe dahin. Der Enthusiasmus des Glücks, die Freude, selbst bei Gott, ruht auf den nichtalltäglichen Ausnahmen, auf der Rettung des scheinbar Verlorenen.

Man muss, wenn man dieses Gleichnis verstehen will inmitten der Kirche, sich vor zweierlei gleichermaßen hüten. Das eine ist: Die Kirche ist nicht besser als die Synagoge. Ich selbst erinnere mich noch, dass ich keine vierzehn Tage nach der Priesterweihe voller Idealismus auf meiner ersten Stelle im Pfarrgemeinderat saß und zu tun gedachte, was in diesen Evangelien steht, wohlgemerkt nicht ahnend, wie schwer dies sein würde, und meinte also, man müsste die Kartei einmal durchgehen, um die Leute zu finden, die lange nicht mehr in der Kirche gewesen wären. Bestimmte Leute kannte man, auf die war man in der Gemeinde gar nicht gut zu sprechen. Einmütig riet der Pfarrgemeinderat davon sehr ab; Zeitvergeudung, Missverständnis würden die Folgen sein, und – die anderen sind wichtiger. Ich verstehe den Pfarrgemeinderat sehr gut, die Kirche sehr gut. Aber sie hat nicht recht, gemessen an diesem Evangelium, hat sie sehr unrecht, wenn sie sich in ihrer Mora, ihren Verlautbarungen, in ihren wesentlichen Interessen auf jene reduziert und konzentriert, »die der Buße nicht bedürfen«. Sie vermeidet, Gott die größte aller Freuden zu machen, die des hundertsten Schafes. – Dies ist es, wovor die Kirche in der einen Richtung sich sehr hüten muss: sich zu identifizieren mit den Regeln, unter denen sonst auch irgendeine Pfadfinderhorde oder eine Partei existieren könnte.

Und vor einem anderen muss sie sich hüten: das Heilige zu inflationieren durch Nachschwätzen, dass wir uns natürlich um die Verlorenen und Verlaufenen kümmern, natürlich ein Interesse haben für die Randseelsorge, die Abständigen, die Asozialen, die karitativen Fälle. – Wir müssen ehrlicherweise sagen, dass es Jesus nicht gelungen ist, die hundertsten Schafe in großer Zahl nach Hause zu führen. Es gab ganze Städte und Dörfer, in denen er sich nicht verständlich machen konnte. Es gab viele Kranke, die er nicht zu heilen wusste, nicht einmal er, weil sie vor lauter Angst zum Glauben außerstande waren. Wir sollten aus den Möglichkeiten der Gnade nicht den Zwang einer neuen Übermoral machen. Oft genug kann es sein, dass wir das hundertste Schaf längst zerrissen von den Wölfen treffen. Wohlan, wir haben kein Recht, miteinander, von Mensch zu Mensch, umzugehen wie Schaf und Wolf, aber wir müssen uns auch nicht allmächtig dünken, so dass wir jede Zerstörungsarbeit der Wölfe wieder reparieren könnten. Wir müssen auch zur Kenntnis nehmen, dass manche Schafe so verängstigt sind, dass schon der Schritt der Annäherung ihres Retters Gefahr macht, dass sie sich selbst vom Steilhang stürzen. Es ist schwer, das hundertste nach Haus zu tragen.

Aber es stimmt: Es gibt unter Menschen nichts Größeres und vor Gott nichts Schöneres, als wenn uns dies gelingen sollte. Und jedenfalls sollte die Haltung einer Barmherzigkeit, die grenzenlos ist, unser Herz niemals verlassen. Denn gut im Sinne der Moral können wir nur sein, wenn das Gute gütig ist. Und dann hört es auf, nur moralisch zu sein, dann wandelt es sich in ein Vertrauen, weit, wie der Sonnenaufgang entfernt ist vom -untergang und der Zenit von der Erde. Alles umspannt Gottes Huld und Güte. Und noch einen Schritt weiter wird man merken, dass wir alle sein Erbarmen brauchen, dass es überhaupt gar keine neunundneunzig richtige und ein verlorenes Schaf gibt, sondern nur eine gemeinsame Menschheit, die der Rettung entgegengeht auf Gedeih und Verderb zur Gnade und zum Heil.

Das Reich Gottes ist grenzenlos

Wenn man es genau betrachtet, besteht der wesentliche Unterschied zwischen den Menschen gar nicht zwischen den Guten und den Bösen; wohl aber klafft eine unüberbrückbare Trennwand zwischen den Menschen, die verstehen, wie hilflos, ohnmächtig und getrieben Menschen sein können, und denen, die davon nichts wissen, weder wissen wollen noch ihrer ganzen Art nach wissen können. Für die letzteren ist die Welt in Ordnung, wenn man sich Mühe gibt, sie in Ordnung zu bringen. Es gibt eigentlich für sie kein Problem, das man nicht mit einiger Kraftanstrengung, Selbstbeherrschung, vernünftiger Planung und dem Einsatz des Willens regeln könnte. Wer sie darauf hinweisen wollte, dass es Fragen gibt, die nicht so einfach sind im menschlichen Leben, wird ihnen als ein Wirrkopf oder Spinner oder Phantast gelten oder aber als einer von der schlimmen Sorte, die nicht den guten Willen, die planende Übersicht, die Selbstkontrolle aufbringen, um so zu sein, wie man sein *muss*. Es geht von diesen Leuten der richtigen Ordnung eine fatale Wirkung aus: In ihre Nähe wird sich niemals jemand trauen, der wirklich hilfsbedürftig ist; wohl Menschen, die sich versichern wollen, schon in der Ordnung zu sein, die sind mit ihnen Hausfreund und auf dem gleichen Fuße. Aber die Gescheiterten, die Verlorenen, die ohnedies ständig, wenn sie durch die Stadt gehen, Spießruten laufen müssen unter dem Maulgeziehe und Augenverdrehen ihrer Zeitgenossen, werden diese Richtigen nur als den Hintergrund aller ohnedies ergehenden Verurteilungen erleben.

Wie ist es möglich, dass Lukas ganz einfach sagen kann: In jener Zeit kamen alle Zöllner und Sünder zu Jesus, wie unaufgefordert und wie magnetisch gezogen? Doch wohl einzig, weil sie spürten und ganz gewiss sein konnten, auf jemanden zu treffen, der nicht verurteilen würde, sondern einfach nur verstehen, der akzeptieren würde, wohin Menschen haben kommen können, und der wüsste, wie wenig es in ihrer Kraft stand, zurückzufinden. Es geht durch diese Welt ein nicht endender Schrei um Hilfe, lautlos und stumm, und es ist einzig die Frage, in wessen Seele er widerhallt und was man erlebt haben muss, um dafür eine Resonanz zu haben. Jesus hatte sie. Er wollte nicht nur sein, er *war* durch Bestimmung des Schicksals, durch den Willen Gottes, wie er sagte, ein Freund der Zöllner und der Sünder. Was blieb ihm übrig? Er *konnte* nicht verurteilen. Kann man verurteilen, wenn man beginnt zu verstehen? Möglich, dass Jesus Augen hatte, die hellsichtig genug waren, unmittelbar zu begreifen, was in den Augen anderer geschrieben steht. Möglich, dass es Nächte gab, in denen Gespräche im Dunkeln stattfanden über die Wege der Verzweiflung, am Rande des Abgrunds, immer in der Gefahr, endgültig zugrunde zu gehen. Wenn Menschen sich fühlen wie verlorene Schafe, hatten die Hebräer dafür dasselbe Wort: versprengt sein, vereinzelt sein von der Herde war gleichbedeutend mit umkommen, zugrunde gehen. Was kann ein Schaf schon tun? Es verfügt über keinen Orientierungssinn. Es hat kein Heimfindungsvermögen. Es ist nur preisgegeben, ohne den Zusammenhang mit den anderen, für jeden Beutegreifer. Es kann klagend daliegen und um Hilfe blöken. Gibt es keinen Hirten, der den ganzen Weg zurückgeht, um es zu finden, so ist es rettungslos verloren. Das aber wollte Jesus: Er wollte den Menschen nachgehen, die in ihr Leben keine Hoffnung mehr zu setzen wussten und die nur denken mochten, wenn Menschen sie verließen, wie würde dann Gott noch auf sie setzen können? Wohlgemerkt haben alle menschlichen Gesetze die Tendenz, sich auf Gott zu berufen und von Gott her zu rechtfertigen, und in einem Volk, das als das auserwählte gilt, gab es überhaupt keines unter den Tausenden von Gesetzen, das nicht höchstamtlich vom Schöpfer der Welt selber in den Tagen des Mose bis zur Gegenwart erlassen, kommentiert, erklärt und bewiesen war. Die Maschen waren unentrinnbar und konnten sich grausam um den Hals von Erstickenden legen.

Dies wollte Jesus nicht: dass Menschen so im Namen Gottes miteinander verführen. Es empörte ihn, dass sie so taten. Und was also blieb übrig, als dass er seine Zeitgenossen empörte, Pharisäer und Schriftgelehrte, die ganz richtigen, guten Leute der etablierten und überlieferten Religion, die bewiesen und klarstellten, wie es zu sein hatte. Man muss im Hintergrund dieser kleinen Gleichniserzählung von dem guten Hirten unbedingt mithören, was jeder in Israel kannte: die unglaublichen Worte des Propheten Ezechiel über die Führer seines Volkes, 34. Kapitel, Vers 4: »Ihr«, schreit da Ezechiel den Führern seines Volkes, Priestern, Schriftgelehrten, Politikern, ins Angesicht, »ihr habt das Verlorene nicht zurückgeholt, das Kranke nicht geheilt, das Gebrochene nicht verbunden, statt dessen aber das, was stark ist, gewalttätig niedergetreten.« – Kann es nicht sein, dass am Ende eine Religion entsteht, die beim Sprechen von Moral nur Herrschaft und Unterdrückung praktiziert, formuliert, alles, was im Menschen leben könnte, phantasiebegabt, entfaltungskräftig, selbstbewusst, nicht wünscht, aber auch umgekehrt um den Schaden, den sie anrichtet, sich nicht kümmert? Dann steht es unversöhnlich gegeneinander, und es ist eine Frage auf Leben und Tod, ob man leben lässt, was an den Rändern liegt und doch nur leben kann, wenn es Erbarmen gibt auf Erden. Jesus war kein Theologe. Er hat nicht wie manche menschenfreundliche Schriftgelehrte unter seinen Zeitgenossen die Paragraphen reformiert. Das kann man machen, aber nur, wenn man Zugang findet zu den Instanzen der Macht und der gesetzgebenden Gewalt. Man wird auf diese Weise nie etwas Wesentliches ändern. An keiner Stelle des Neuen Testamentes hat Jesus theologisch argumentiert. Er hatte nur eine ganz einfache, in Anbetracht der Vorwürfe fast hilflos wirkende, eine sehr poetische, menschliche Sprache. Gefragt, warum er sich solidarisiere mit Menschen, mit denen ein ordentlicher Bürger keine Gemeinschaft pflegte, konnte er nur Schicksale schildern, in Bildern verschlüsselt, von Menschen, die nicht ein noch aus wissen, und dann eine menschliche Evidenz reklamieren. Entweder man begreift, dass es solche Menschen geben kann, und versucht, sie zu verstehen – man begreift dabei selber auch, zu welch einem Ungeheuer man degenerieren müsste, wollte man das Verstehen abweisen und verweigern –, oder aber man verschließt die Ohren und die Augen und versteinert das Herz. Dann wird man nur noch mit Steinen werfen können. Dazwischen gilt es zu wählen, wenn man denn wählen kann, ob man ein Mensch ist oder ein Unmensch.

Dieses Gleichnis vom Guten Hirten hat fast den Charakter einer Idylle, und so hat man es gemalt. Aber es ist ein leidenschaftliches Plädoyer für das Mitleid, für die Grenzenlosigkeit des Verstehens, für das Nicht-Aburteilen. Und nun müssen wir uns fragen, wo wir sind, und uns umschauen. Ohne Zweifel ist es richtig und entsprechend der Moral unwiderleglich, mit theologisch guten Beweisen ausgestattet, eine Menge Dinge klarzustellen und zu sagen, die da sind: Homosexualität wird verurteilt im Neuen Testament; die Ehescheidung wird verboten im Kirchenrecht; die Abtreibung vereinbart sich nicht mit dem Christentum usw. Hunderte dieser Gesetze, ganz klare moralische Richtlinien kann man ausgeben. Aber kann man nicht auch zugeben, dass es Menschen gibt, die damit nicht zurechtkommen? Sie sind schuldig, ja, bitter schuldig. Sie wissen das auch selber, Zöllner und Sünder; aber dürfen sie nicht einen Ort haben, um zu Christus zu kommen in seiner eigenen Kirche? Jesus wollte, dass wir Gott entdecken als jemanden, der uns trägt, wenn wir nicht mehr gehen können, der uns sucht, wenn wir im Schmutz verloren sind, und der uns beisteht, wenn wir nicht ein noch aus wissen. Deshalb setzte er sich mit Zöllnern und Sündern hausgemein an einen Tisch, um zu sagen: Dies ist das Reich Gottes, ein Stück vom Himmel auf Erden. Es gibt keine Grenzen für menschliche Brüderlichkeit. Es gibt nur ein einziges Reich Gottes, von dem niemand ausgeschlossen ist. Denn Gott will sie alle und vielleicht die am meisten, die nie haben glauben dürfen, dessen würdig zu sein.

Vom königlichen Hochzeitsmahl

Und Jesus hob an und sprach abermals in Gleichnissen zu ihnen, er sagte: Mit dem Königtum der Himmel ist es gleich wie mit einem König, der für seinen Sohn die Hochzeit ausrichtete. Und er sandte seine Knechte, um die Geladenen zur Hochzeit zu rufen. Aber sie wollten nicht kommen. Abermals sandte er andere Knechte: Sagt den Geladenen: Da! Ich habe mein Mahl bereitet. Meine Stiere und das Mastvieh sind geschlachtet, alles ist bereit – auf zur Hochzeit! Doch unbekümmert darum gingen sie: der auf seinen Acker, jener in sein Handelsgeschäft. Die übrigen gar griffen seine Knechte, demütigten sie und brachten sie um. Darüber geriet der König in Zorn und schickte seine Kampftruppen, richtete jene Mörder zugrunde und steckte ihre Stadt in Brand. Dann sagt er zu seinen Knechten: Die Hochzeit ist bereit, aber die Geladenen waren es nicht wert. Geht nun an die Ausfallstraßen und ruft alle, so viele ihr da trefft, zur Hochzeit. Und jene Knechte gingen hinaus auf die Straßen und holten alle zusammen, die sie trafen: Böse wie Gute. Und voll ward der Hochzeitssaal mit Leuten, die zu Tisch lagen.

Als aber der König hereinkam, um nach denen zu schauen, die zu Tisch lagen, sah er dort einen Menschen, der mit keinem Hochzeitskleid bekleidet war. Und er sagt zu ihm: Freund, wie bist du da hereingekommen, ohne ein Hochzeitskleid anzuhaben? Der aber blieb stumm. Darauf sprach der König zu den Dienern: Fesselt ihn an Händen und Füßen und werft ihn hinaus in die äußerste Finsternis. Dort wird sein: das Heulen und Knirschen der Zähne. Denn viele sind gerufen, aber nur wenige erwählt. Mt 22,1–14

Dessen Herz weit ist, hat Zutritt zu Gott

Seit ich in Kindertagen zum ersten Mal dieses Evangelium gehört habe, hat es mir Angst gemacht, und ich habe es nicht verstanden. Seither sind beinahe vierzig Jahre ins Land gegangen, und ich verstehe es noch immer nicht, ja, fast muss ich sagen, ich möchte es gar nicht verstehen. Denn jeder, der es hört, muss sich wundern über das erschreckende und furchtbare Finale dieses Gleichnisses. Da ziehen die Diener des Königs aus und holen in den Hochzeitssaal, wen immer sie finden, von der Straße weg, und dann soll der König kommen und durchmustern, wer ein hochzeitliches Kleid anhat, und soll den armen Wicht, der vor lauter Angst kein Wort zu sagen wagt, an Händen und Füßen gefesselt hinauswerfen, und nicht ihn allein offenbar, sondern viele sollen dort sein, mit den Zähnen knirschend und heulend vor Verzweiflung und ohnmächtigem Zorn?

So kann es nicht sein, und so gesprochen zu haben wird man Jesus nicht zutrauen dürfen. Aber die frühe Kirche muss Grund gehabt haben, in einem bestimmten Moment die Worte Jesu so auszulegen. Und dies ist ganz sicher: Es ist ein Evangelium, das entstanden sein muss unter dem schrecklichen Eindruck nach dem Jahre 70, dass Gott endgültig den Stab über sein bisher auserwähltes Volk gebrochen hat. Jerusalem, die heilige Stadt, der Ort aller Weissagungen des Jesaja, gilt fortan als Stadt der Mörder, als Ort, an dem man den Gesandten Gottes, seinen Sohn, liquidiert hat. Und auf die frühe Kirche, knapp vier Jahrzehnte nach dem Auftreten Jesu, muss dies wie eine Strafe, eine geweissagte Erfüllung des eigenen Frevels gewirkt haben. Das Schicksal hat die Königsmörder eingeholt, und eine Epoche ist zu Ende. Es wird fortan im Matthäusevangelium ein falsches Israel geben und ein wahres Israel, einen Ort, an dem man das Gesetz verleugnet und zu Tode verbiegt, und eine weltweite, zu allen Völkern gesandte Frohbotschaft des Lebens und der Auferstehung. Rückblickend erscheint die ganze Geschichte des Alten Bundes mit Israel wie eine einzige Kette von Ablehnungen und Zurückweisungen. Was Jesus erfuhr, war nur die Zusammenfassung; was seine Jünger erlebt haben, nur eine Bestätigung. Dies hat die frühe Kirche begriffen, und darin ist sie groß: Sie wollte, was die Propheten des Alten Bundes sagten, wahr machen: Gott ist für jeden Menschen, den er gemacht hat, als Erfüllung seiner Sehnsucht, als Grund seines Vertrauens, als Ziel seines Suchens und als Freude seiner Liebe gegenwärtig, und es hat endgültig keinen Sinn mehr, die Weite Gottes an die Gesetze einer bestimmten Kultur, eines bestimmten Landes und eines bestimmten Volkes zu binden. Man braucht nicht erst sechshundert Gebote Israels zu kennen, sich beschneiden zu lassen, Speiseverbote zu lernen, kurz, man muss nicht erst ein Jude sein, um Gott zu verstehen. Jeder ist Gott nahe, gleichgültig in welchem Reich der Welt. Und wer begriffen hat, wie universell die Liebe, die Weitherzigkeit und das Verständnis Jesu waren, wird in alle Ewigkeit keinen Grund mehr haben, einen Menschen auszuschließen. Sein eigenes Leid ist Vorbereitung genug, um zu verstehen, wie Jesus gelitten hat; seine eigenen, nie ganz begrabenen Träume von einem wahren Leben sind Grundlage genug, um zu verstehen, wofür Jesus leben wollte. Die Sehnsucht nach Ewigkeit und Unsterblichkeit wird Jesus zu unserem Bruder und zum Grund unserer Hoffnung machen, und wo irgend ein Mensch die Wahrheit seines Herzens begreift, wird er dem Gott Jesu Christi unendlich nahe sein. Endgültig wird der Vorhang im Tempel von oben bis unten entzweigerissen sein und das Allerheiligste kein abgesonderter Bezirk mehr bleiben. Jeder, dessen Herz weit genug ist, hat Zutritt zu Gott.

Dieses Bild ist von Jesus, und es ist wunderbar. Wir sollten, wenn wir fragen, wofür wir auf der Welt sind, uns diese Antwort geben können: Wir sind nicht durch den Zufall der Biologie ins Dasein geschleudert worden, kurzlebig, ständig gegen den Tod ankämpfend und letztlich von Geburt an gescheitert. Wir sollten auf die Frage, warum es uns gibt, uns selber und einem jeden sagen dürfen: Wir leben, weil Gott von Ewigkeit her wollte, dass wir sind. Wir sind die Eingeladenen zum Festmahl eines Königs, wir sind berufen, teilzuhaben an der unendlichen Freude Gottes, die er teilen und vermehren möchte durch das Dasein eines jeden. Denn es ruht eine unendliche Dankbarkeit der Liebe, des Vertrauens und des Glücks auf dem Dasein eines jeden Menschen, für dessen Wert sich unsere Augen öffnen und klären. Wir verstehen Gott mit einem Mal; warum ihm so unendlich viel an uns liegt, warum er diese Auszeichnung, diese noch unsichtbare, aber sich immer deutlicher mitteilende Königswürde des Herzens eines jeden wollte. So groß dachte Gott von uns, und er möchte, dass sein Saal reich ist und weit, wie unser Leben randvoll von Glück. Was alle Märchen sich erhoffen und bis in die Nächte unserer Träume uns lehren, das Bild einer ewigen Hochzeit des Glücks, hier, im Thronsaal unseres Königs sollte es sich vollziehen.

So dachte Jesus, und so knüpft dieses Gleichnis an seine Worte an. Aber die Gemeinde des Matthäus stand vor einem Problem, das die Kirche seither verfolgt und das nie wieder aufgehört hat. Was ist es, wenn man einfach nur gut denkt vom Menschen, wenn man tut, was das Matthäusevangelium auch sagt: kein Unkraut ausreißen, die Saat wachsen lassen, nicht richten übereinander – kann man dann die Institution Kirche befestigen? Wird, wenn man nur gut denkt vom Menschen, nicht am Ende doch das Unkraut überhandnehmen? Droht nicht die Verwilderung einzureißen in den Gärten Gottes? Es ist unendlich viel, wenn das Matthäusevangelium die Geschichte der Kirche bis zu dem Punkt weiterdenkt, dass es in ihren Reihen wirklich keinen Menschen gibt, der über einen anderen zu Gericht sitzt und sich anmaßt, ihn abzuurteilen und hinauszuwerfen. Würde dies gelten, sähe unsere Kirche nach zweitausend Jahren anders aus. Sie müsste sich dann sagen: »Jeder, jeder, der Gott sucht und finden will, kann dies, darf dies und wird dies tun müssen. Und wir sind nicht befugt, mit ausgestrecktem Finger aufeinander zu zeigen und zu erklären: Dein Kleid passt mir, jenes aber nicht; du bist mir gut genug, du aber zu schlecht für uns.« Und immer macht die moralische Rüge, die Vorverurteilung engherzig. Es ist viel, wenn das Matthäusevangelium eine Kirche beschreibt, in der es eine innerkirchliche Gerichtsbarkeit nicht gibt.

Und dennoch schildert das Evangelium mit furchtbaren Worten der Drohung, dass Gott am Ende wie zu einer Musterung in seine Kirche, in seinen Thronsaal kommt und ohne Pardon hinauswirft – man muss wohl denken: in die Hölle –, wer es wagt, ohne hochzeitliches Gewand in der Kirche zu sein. Wenn wir von Gott so denken müssten, wäre alles nur aufgeschoben und die Angst ins Unendliche gesteigert, die Drohung vertagt, aber dafür endgültig gemacht, und das Erdbeben im menschlichen Herzen würde nie aufhören. Muss man fragen, was dieser Mann mit seinem ungemäßen Gewand zu seiner Verteidigung, wenn es sie gäbe, hätte stottern, murmeln, weinen können.

Es ist wahr: Dem Augenschein nach kann man fühlen wie Matthäus, als er dieses Gleichnis schrieb. Von außen betrachtet, gibt es Menschen, die machen sich das Leben zu leicht, andere sind einfach zu faul, dritte sind zu oberflächlich, die vierten haben keinen guten Willen, die fünften nehmen die Dinge nicht wirklich ernst, kurz, man hat viele Gründe, anderen ins Gewissen zu reden, und Angst schneidet tief. Es ist aber nicht richtig, die Menschen so zu sehen. Es ist wahr, wenn man den Orangs im Zoo zuguckt, sind sie faul und träge, sie leben unterm Schutzdach ihrer laubdichten Bäume, und sie haben gar keinen Grund zu Fleiß und Anstrengung. Aber wir Menschen lieben nicht die Langeweile, den Trott und die Faulheit; nur wenn man uns sehr zusammengedrückt hat, unsere Träume zerstört hat, unsere Wünsche verboten, unsere Phantasie erstickt, unser Herz verengt hat, zeitigen sich die Symptome der Trägheit, der Müdigkeit, der Resignation, des Sitzenbleibens.

Wer eigentlich hat wem auf Erden auch nur irgendeinen Vorwurf zu machen? Und wie sähe die Geschichte von uns Menschen aus, wenn jeder erzählen dürfte, wie er ist und was ihm geschah und was er versucht hat, daraus zu machen? Ließe man nur jeden sprechen, statt ihm voller Angst das Wort vom Munde abzuschneiden, es hätte jeder seine Tragödien, jeder seine tausend ungeklärten Fragen, und ich möchte hoffen, dass es irgendwo Ohren gibt, die zuhören. Von Gott jedenfalls sollte man denken, er verstehe am Jüngsten Tag einen jeden von uns besser als jeder sich selber, ist er doch nicht die Gerechtigkeit, nicht die Strenge, sondern die unendliche Liebe, die keinen Schatten und keine Dunkelheit kennt. Mit ihren Augen unser Leben zu sehen, welch ein Schrecken für unsere Müdigkeit, gewiss, aber welch ein Anfang zu Glück und Freude und Weite!

Ich möchte Sie fragen, was die Moralisten gesagt hätten, noch ehe die Bibel wurde. Sie hätten Gott darin bestärkt, die Sintflut weiter über die Erde spülen zu lassen. Es hätte nach ihrem Urteil am besten gar keine Menschen gegeben, jedenfalls keine Heilsgeschichte Gottes mit den Menschen. Es wäre am besten gewesen, die Menschen wären wie Fische gewesen; sie hätten den Mund auf- und zugemacht, ohne ein Wort zu sagen, herumgründelnd im Schlamm und im Schmutz, ohne Gedanken, ohne Hoffnung, ohne Weite. Gott sei Dank hat Gott den Noah gerettet in der Flut und sich selber korrigiert mit uns. Mit den Menschen, die wir sind, geht Gott durch dick und dünn und hat uns lieb, weil wir so sind. Wären wir vollkommen, Gott brauchte uns gar nicht. Aber so wir Menschen sind, liebt Gott uns für unsere Ohnmacht, für unsere Hilflosigkeit, für unser Suchen, für unser Bemühen auf tausend Wegen, und schließlich gibt es doch eine Heilsgeschichte. Denn immer wieder gibt es Menschen, die in der Verzweiflung mutig sind, die ihren Stolz besitzen, die sogar zerbrechen können, was sie fesselt. Und weil es immer wieder diese Menschen gibt, geht es am Ende weiter. Das Leben selber weitet sich. Und wie nun, wenn das die wahre Berufung wäre in den Königssaal unseres Königs? Er würde kommen, unser König, und alle nicht nur eingeladen haben, sondern sie ausstatten mit der Schönheit, die sie verdienen, und am meisten diejenigen, die nie haben glauben können, dass sie dessen würdig wären. Gott weiß, was wir wert sind: unendlich viel. Und gäb's auf dieser Welt nur einen einzigen für einen jeden Menschen, der uns bestätigt in unserem Wert, in unserer Schönheit und uns lehrt, an uns selber zu glauben, so wird, was Christus wollte, weitergehen.

Von den zehn Jungfrauen

Dann ist es mit dem Königtum der Himmel gleich wie mit zehn Jungfrauen, die ihre Lampen nahmen und hinauszogen – dem Bräutigam entgegen. Fünf von ihnen waren dem Aberwitz verfallen und fünf waren verständig. So hatten denn die Aberwitzigen nur die Lampen, aber kein Öl mitgenommen. Die Verständigen dagegen hatten Öl in ihren Krügen samt ihren Lampen mitgenommen. Als der Bräutigam sich Zeit ließ, nickten alle ein und schliefen. Mitten in der Nacht aber erscholl ein Schrei: Da – der Bräutigam! Hinaus – ihm entgegen! Da richteten sich alljene Jungfrauen auf und brachten ihre Lampen in Ordnung. Und die dem Aberwitz Verfallenen sprachen zu den Verständigen: Gebt uns von eurem Öl, unsere Lampen erlöschen! Da hoben die Verständigen an und sagten: Nimmermehr! Es ist doch nicht genug für euch und uns, geht lieber zu den Krämern und kauft es euch. Doch indes sie kaufen gingen, kam der Bräutigam. Und die bereit waren, zogen mit ihm zur Hochzeit ein. Und das Tor ward geschlossen. Später kommen auch die übrigen Jungfrauen und sagen: Herr, Herr, mach uns auf! Er aber antwortete und sprach: Wahr ists, ich sage euch: Von euch weiß ich nichts! Wachet also! Denn ihr wisst weder den Tag noch die Stunde. Mt 25,1–13

Wie man vor Gott steht

Es ist sonderbar: Man versucht, jemanden zu verstehen, und sieht über einen Zeitraum von mehr als zweitausend Jahren Worte aufgezeichnet, die in sich völlig klar zu sein scheinen, und dennoch versteht man sie nicht. So ist es mit diesem Gleichnis Jesu von den klugen und den törichten Jungfrauen. Schon das Neue Testament scheint gerätselt zu haben, was Jesus gemeint hat. Ganz sicher nicht das, was das Matthäusevangelium im Schlusssatz darin ausgedrückt findet: Seid also wachsam. Die Mahnung selber gilt, und sie passt zu Jesus, dass wir das Licht nicht verdämmern und verschlafen, indem wir uns betäuben, abstumpfen und so geistlos wie möglich vegetieren. Jesus wollte, dass wir mit hellen Augen und wachen Herzens sensibel, empfindsam und klar in den Begrenzungen der Zeit vor Gott stehen. Zu diesem Gleichnis aber passt diese Mahnung nicht. Alle, die klugen wie die törichten Jungfrauen, schlafen ein; darauf kann es nicht ankommen. Es scheint auch, dass das Matthäusevangelium mit dem Einschlafen noch anderes verbunden hat, ist doch der Schlaf der Bruder des Todes. Und so lässt sich denken, das Gleichnis wolle sagen: Allesamt werden wir entschlafen, und dann wird der entscheidende Ruf an uns ergehen. Wie haben wir dann gelebt, und was haben wir dann mitzubringen in jene andere Welt?

Aber Christus spricht nicht vom Tod, er spricht von der Art des Lebens *jetzt* vor den Augen Gottes. Will man verstehen, was er meint, wird es am richtigsten sein, dem unmittelbaren Gefühl zu folgen, das seine Erzählung hinterlässt. Und das ist womöglich der schwierigste Eindruck. Wer diese Erzählung unbefangen hört, bekommt am Ende Angst. Es ist möglich, dazustehen, und es ist buchstäblich alles zu spät. Die Tür wird verschlossen, und sie öffnet sich nicht wieder. Im Gegenteil, der Bräutigam erklärt kategorisch, dass er diese anderen Brautjungfern überhaupt nicht kennt noch auch kennen will. Es hat feinnervige Ausleger gegeben, die deshalb sagten, dieses Gleichnis wird nicht von Jesus sein. Er, der die Menschen in ihrer Angst beruhigt, kann so nicht sprechen. Er, der uns gerade Gott nahebringen wollte als unseren Vater, dem gegenüber es keine Angst zu geben braucht, sondern nur die Haltung eines reinen, kindlichen Vertrauens, er kann so von Gott nicht gesprochen haben. Und dennoch glaube ich, dass Jesus gerade so und nicht anders gesprochen haben wird. Es gibt viele Worte Jesu, die so sind, ganz gewiss Worte am Rande dessen, was er glaubte begreifbar machen zu können, aber dann doch ganz wahr und richtig. Die Frage ist nur, worauf man diese Worte bezieht, und ich denke, man muss sie auf

Menschen beziehen, die vor allem im Leben Angst haben und deswegen gar nicht dazu kommen, wirklich zu leben, die aus ihrem Leben eine einzige Burg, eine einzige Verteidigungsschanze, einen Schützengraben machen und nicht mehr dort herauskommen. Zu solchen Menschen der Angst hat Jesus verschiedentlich auch im Klartext gesagt: »Es gibt nur eines, was ihr wirklich fürchten solltet; nicht die Menschen; sie können euren Leib zerstören oder euren guten Ruf oder euer Ansehen oder eure Macht; fürchten solltet ihr einzig Gott, er ist der Herr der Ewigkeit.« Und so scheint dieses Gleichnis gemeint zu sein. Es spricht von einer Art von Klugheit, und ich nehme an, Jesus wird bei allem, was er sagte, immer wieder diesen Haupteinwand gehört haben: »Was er spricht, ist unvernünftig; was er sagt, kann man nicht tun; was er verlangt, ist viel zu happig, es räumt auf mit zu vielen Reserven. Wie denn, man sollte wirklich alles, was man besitzt, den Armen geben. Was bleibt einem dann zum Leben? Man sollte demjenigen, der einem nach dem Mantel trachtet, freiwillig noch das Unterhemd belassen? Dann liefe man ja selber schutzlos und nackt herum. Man sollte demjenigen, der auf uns flucht und schimpft, mit Segen und Gebet antworten? Wir würden uns doch nur ans Messer liefern.« In jedem Punkte wird man die Worte Jesu als unvernünftige Übertreibungen herabgestuft haben. Deswegen gibt es aus seinem Munde mehrere Gleichnisse wie zur Rechtfertigung einer Art von Klugheit.

Was ist denn im Sinne des bürgerlichen Durchschnitts klug und vernünftig? Nun eben, dass man sich sichert, so gut es geht, dass man kein Risiko eingeht, dass man nach Möglichkeit alle Eventualitäten vorwegnimmt, und ist man so verfahren, glaubt man, ruhig im Dasein stehen zu können. Wie aber ist es vor Gott? Wie müssten wir leben, wenn wir begreifen würden, dass diese irdische Existenz nur nach Jahrzehnten oder Jahren zählt, dahinter aber die Ewigkeit wartet? Wie sähe unser Leben aus, wenn wir begriffen, dass wir zum ewigen Hochzeitsmahl Eingeladene und Berufene sind? Alle Gewichte, alle Proportionen kämen dann ins Wanken. Mit einem Mal gäbe es eine neue Frage an uns: wie wir denn unter dem Atem der Unendlichkeit existieren können und wollen. Dies ist es, was Jesus immer wieder vor Augen hat.

Wir rechnen unsere Alltagssorgen sehr vernünftig aus und sind Meister darin, jedes Unsicherheitsmoment aus unserem Leben zu entfernen. Und immer wieder triumphiert die Angst vor Hunger, vor Not, vor Schande, vor Einsamkeit, und wir verbarrikadieren uns bis an die Grenzen der Menschlichkeit. Wir werden dabei hartherzig, blind, grausam, innerlich tot und erstickt. Immer werden wir sagen: »Anders geht es nicht, und so ist es ein Gebot der Klugheit.« Und nun meint Jesus allerdings mit Entschiedenheit: Wer den Blick auf Gott richtet, lernt auf der Stelle, anders zu leben, und es gibt eine Art von Klugheit, die diese irdischen Sicherheiten endgültig als unsicher begreift und die versteht, dass es nur auf ein einziges wirklich ankommt, das es zu besorgen gilt: wie man vor Gott dasteht.

Ich glaube, dass Jesus es an einer bestimmten Stelle nicht mehr hören möchte, dass Leute ihm sagten: »Wir begreifen sehr wohl, was du meinst, wir verstehen, dass du in gewissem Sinne recht hast, die Welt wäre auf der Stelle menschlicher, wir selber lebten weitherziger, größer, von Freude erfüllter, wir gingen aufrechter und gerader durch die Welt – aber es geht nicht, jedenfalls heute noch nicht. Heute sind wir noch jung, und heute müssen wir anders leben. Und morgen haben wir Kinder, und die müssen wir erziehen. Und übermorgen werden wir krank sein und müssen zum Arzt. Und dann sind wir schon alt und können uns nicht ändern.« Und immer wird man neue Ausreden, Vorwände und Einwände bringen. Deshalb meint Jesus in diesem Gleichnis: »Vertut euch nicht. Es ist, vor Gott besehen, töricht, so zu denken und zu reden. In den Sachen Gottes gibt es keinen Aufschub, sondern was man heute für wahr ergreift und begreift, sollte man sofort unternehmen und tun.

Wer meint, in den wesentlichen Lebensfragen etwas auf die lange Bank schieben zu können, wird erleben, dass es ein Zuspät gibt, und dann endgültig. So muss man sich Jesus unbedingt denken als einen Mann des Jetzt-oder-Nie, so dass, wer heute immer noch nicht begreift, es nie begreifen wird, als einen Mann auch des Entweder-Oder, so dass, wer heute sich noch durchmogelt mit Kompromissen – es gibt das Reich Gottes, aber es gibt auch die Rücksichten auf die irdischen Bedürfnisse – alles vertut und am Ende dasteht und gar nichts hat.

Dies ist, was Jesus in der Tat meint: Es gibt vor Gott keine halben Sachen. Und wenn es irgendein Risiko wirklich zu vermeiden gibt, dann dieses Denken in Aufschüben, dann dieses Lavieren in Halbheiten, dann dieses Gekungel vor Gott, das zu nichts führt, außer am Ende ausgesperrt zu sein, niemals bei sich selber anzukommen, jede wirkliche Entscheidung vertagt zu haben und entdecken zu müssen, dass man in Wahrheit nie wirklich dabei war, nie wirklich gelebt hat, dass schließlich wir uns selber nicht kannten und Gott uns nicht kennen möchte. Es sind Worte einer äußersten Angst, o ja, aber fragen muss man sich, wieviel Angst Jesus um die Menschen gehabt hat, wenn er sah, dass sie vor allem Angst haben, außer vor diesem einen einzigen Wesentlichen: dass man vor lauter Sorgenkram, vor lauter Angstgehetze durch die Welt in Wahrheit alles verpassen kann, Gott und sich selber und das Glück. Am Ende hat man alles besorgt und nichts erreicht, alle Pflichten getan und sein Herz verloren, die ganze Welt erobert und die Seele nie gekannt. Es gibt nur eines im Leben, was wirklich furchtbar und fürchterlich ist: soviel Angst zu haben, dass man dabei Gott aus den Augen verliert.

So kann man wieder anknüpfen an das, was Jesus sagen wollte: »Nur einen einzigen sollt ihr respektieren, einen einzigen wirklich fürchten, den Herrn, deinen Gott.« Wenn wir dies tun, werden wir auf der Stelle merken, dass wir keinen Grund haben, vor Gott Angst zu haben. Er beruhigt all die

Gefährdungen, all die Weglaufereien, all die Fluchttendenzen, die wir auf Erden nötig zu haben glauben. Er ist, wie die Worte der Psalmen im Gebetbuch Jesu immer wieder sagten, der einzige Fels, die wahre Burg, unser Schutz und unser Schild, und unter seinen Flügeln sind wir geborgen. Noch heute könnten wir bei ihm sein, beschützt und beschirmt in seinen Händen.

*

Hoffen auf Erfüllung

Die beste Art, ein Gleichnis Jesu zu verstehen, bestünde darin, einander zu erzählen, wie es auf jeden wirkt, wenn er es hört, und seine eigenen Erfahrungen damit dem anderen mitzuteilen. Würden wir so vorgehen, wäre der erste Eindruck beim Hören dieser Geschichte vermutlich eine allgemeine Ratlosigkeit. Es nimmt uns wunder, wie so anders Jesus hier spricht als bei all den Worten, die wir sonst aus seinem Mund zu hören gewohnt sind. Er, der sonst die Sorglosigkeit für den morgigen Tag anempfiehlt und fast befiehlt, spricht hier von einer möglichst genauen Vorbereitung. Er, der sonst nicht müde wird, uns das gemeinsame Teilen bis ins Äußerste hinein als Grundhaltung aufzuerlegen, lässt seine klugen Jungfrauen fast mitleidlos rechnen, jene anderen ins Abseits gehen. Er, der sonst Gott schildert als jemanden, der bereitsteht, selbst die schlimmsten Fehler zu verzeihen, wird indirekt doch hier als jemand vorgestellt, der die Tür zu seinem Hochzeitssaal verschließt und nie wieder öffnet, als gäbe es da ein grausames Zuspät.

All das möchte noch hingehen, wenn wir wenigstens klare Anhaltspunkte hätten, wovon denn eigentlich gesprochen wird. Selbst Matthäus scheint dies fragwürdig. Er schließt das ganze Gleichnis ab mit einer deutlichen Mahnung: »Seid wachsam!« Aber darum *kann* es der Geschichte nicht zu tun sein. Schlafend werden sie alle gefunden, die zehn Jungfrauen, und der Unterschied zwischen ihnen liegt nicht darin, dass die einen die Augen offenhielten und die anderen sie schlössen. Richtiger scheint die Ahnung des Matthäus bei der Abfassung dieses Gleichnisses und in der Zusammenstellung seines Evangeliums zu liegen; er stellt nämlich diese Geschichte unmittelbar hinter die große Rede Jesu vom Untergang der Welt und vom Kommen des Menschensohns auf den Wolken des Himmels. Da geht es um die Erwartung, dass endlich das Reich Gottes anbrechen und einbrechen möge in eine nahezu gottlose und unhaltbar gewordene Welt und Weltordnung. Vermutlich sind das die ersten Hinweise, wie man das Gleichnis verstehen sollte. Folgen wir ihnen, so müssen wir noch hinnehmen, dass Geschichten dieser Art nicht auf alles Mögliche antworten, sondern nur auf ein ganz bestimmtes Gefühl, auf ein eng umschriebenes Problem, das sich aus einer konkreten Erfahrung ergibt. Es ist also sinnlos, sich, wie jahrhundertelang die Kirchenväter, zu fragen: »Was ist wohl mit der Lampe gemeint? Und was mit dem Öl? Ist es die Flamme der Liebe, oder ist es die Flamme der Hoffnung? Geht es um die jungfräuliche Reinheit auf dem Weg zur Hochzeit des Bräutigams?« Oder was immer man in den Text noch hineinprojizieren und -phantasieren mochte.

Es muss im Leben Jesu selber, an der Art seines Sprechens und Auftretens, etwas gegeben haben, das dieses Gleichnis erforderte, und man kann gerade im Zusammenhang mit der Geschichte einer beginnenden Hochzeit manche Worte Jesu in dieser Richtung zusammenbringen. Tatsächlich gab es, mit dem Auftreten Jesu verbunden, so etwas wie eine begeisterte Stimmung der Freude, eines Aufbruchs von Jubel und Zuversicht. Eines Tages kamen die Pharisäer und die Jünger Johannes' des Täufers, seines eigenen Lehrmeisters, und fragten ihn und seine Jünger: »Warum haltet ihr nicht die Fastenpraxis?« (Nicht irgendeine Nebensache in der irdischen Frömmigkeit!) Und Jesus muss geantwortet haben: »Jetzt herrscht die Stimmung einer beginnenden Hochzeit, jetzt wird nicht gefastet.« Man hat ihm das vorgeworfen, man hat gesagt: »Johannes der Täufer war ein Asket, fastete, disziplinierte sich – dies ist ein Weinsäufer und Fresser.« Aber die Antwort Jesu war: Wenn es um Gott geht und man ihn nahe spürt, dann hat es keinen Sinn, sich ins Fleisch zu schneiden, Buße zu tun mit strengem Gesicht und der ständigen Unterdrückung von Gefühlen, dann lebt es sich gerade umgekehrt nach außen, setzt sich frei mit einer glühenden Leidenschaft. Das muss Jesus die Menschen seiner Zeit glauben gemacht haben. Ihre intensivsten Erwartungen – *jetzt* gingen sie in Erfüllung. Es muss eine begeisterte Stimmung geherrscht haben, ein Aufbruch, den man gern als den Frühling von Galiläa bezeichnet hat.

Dann haben wir aber auch ganz andere Worte Jesu, und sie sind furchtbar. In der eigenen Stadt, in Kafarnaum, in welcher Jesus seine Wohnung hatte und offenbar den größten Zeitraum seines öffentlichen Wirkens zugebracht hat, muss irgendwann die Bevölkerung sich von ihm abgekehrt haben. Und da hören wir, wie er die Städte in Galiläa, Kafarnaum selbst und, wenige Wegstunden weiter, Chorazin und Betsaida verflucht, schlimmer als die Heidenstädte Tyrus und Sidon, ärger als die verdammten Städte Sodom und Gomorra, über die Gott Schwefel regnen ließ. Zwischen diesen beiden Erfahrungen, einer leidenschaftlichen Zuversicht und einer enttäuschten Verwerfung, muss dieses Gleichnis gesprochen sein, vielleicht an seine eigenen Jünger, ganz sicher an den engsten Kreis derer, die an ihn glauben wollten. Sie werden ihn gefragt haben, ob nicht alles ein Irrtum sei, was er gelehrt hat – der übliche Vorwurf an *jeden* Propheten, jeden Feuerkopf göttlicher Ungeduld, lautes Stereotyp durch die Jahrtausende: »Er ist ein Schwarmgeist; er erwartet alles für jetzt, und da täuscht er die Menschen; er hat nicht die Ausdauer, die Dinge abzuwarten; und vor allem mangelt es ihm an der bürgerlichen Geduld, sich langsam und geordnet durch den Alltag zu bewegen. *Da* ist Gott, in den Reglements und in den langsam voranschreitenden Bewegungen der Geschichte, aber nicht im Feuersturm, nicht im Ungestüm, nicht im Hier und Jetzt und Unbedingt-Gleich. Das verführt die Menschen. Das macht sie wahnhaft an etwas glauben, das kommen soll und immer ausbleibt. Das ist das Verderbliche an all den Propheten. Ständig irren sie sich, weil sie Dinge versprechen, die phantastisch sind, und glauben schließlich die Menschen wie sie, so sind sie am Ende leer und enttäuscht; besser ist, man erwartet überhaupt nichts, man kehrt sich von diesen Schwätzern ab. Hört sie nicht, ihre Träume sind gefährlich, ihre Visionen Narretei und das, was sie Hoffnung nennen, leere Versprechungen. Begreife, guter Bürger, dass zu hoffen auf dieser Welt nur zynisch endet. Erwarte möglichst wenig. Deine Rente erwarte und den Krankenkassenarzt, den halte dir warm, aber sonst ist deine Zukunft ausgemacht, so wie du sie vorbereitest. Etwas Neues, etwas ganz anderes, etwas Göttliches ist da nicht vorgesehen. Wer davon spricht, von einem Reich Gottes, einem Reich des Friedens und der Gerechtigkeit, dem gegenüber verstopfe die Ohren! Solche Leute kennt man aus der Geschichte. Und Jesus von Nazaret ist einer der Üblichen. Weg mit ihm! Schnell weg mit ihm! Keine Sorge, er wird das selbst schaffen. Kaum hat er Nazaret verwünscht und Chorazin, Betsaida und Kafaraum, da wird er selbst den langen Marsch nach Jerusalem antreten, um *alles* übers Knie zu brechen. Und er wird sehen, wie das endet. Typisch.«

In diese Situation der Bedenken, der Gegenverfluchungen, der höchstgespannten Auseinandersetzungen hat Jesus die innere Kraft, ein ganz ruhiges Gleichnis zu erzählen, eben dieses von den zehn Jungfrauen. Man hat immer wieder herumgerätselt, wie eigenartig es hier zugehe; in Wirklichkeit ist es das ganz Normale noch heute in arabischen Ländern. Man feiert die Hochzeit, ganz wie Jesus es voraussetzt. Da sind in dem einen Haus die Frauen versammelt und in dem anderen beim Bräutigam die Männer. Sie hören endlose Liebeslieder, sie erzählen faule Witze, sie bereiten den Hochzeiter gründlich auf die Hochzeit vor, die irgendwann um Mitternacht sich vollziehen wird. Dann, in langer Prozession, begibt man sich zum Haus der Braut und holt sie ab, zurück in das Haus des Mannes. Das kann sich verzögern je nach den Tollheiten, die im Umkreis des Bräutigams passieren; Pünktlichkeit ist in einer Zeit, wo es keine Armbanduhren gibt, nicht grad die Pflicht, und nach Mond und Sternen sich zu orientieren nicht die Pflicht, wenn's um die Hochzeit geht. Man hat Zeit im Orient, noch heute. Also sollte man vorsichtig sein als Brautjungfer. Die Krüge, von denen da die Rede geht, sollte man sich nicht so vorstellen wie in manchen Kirchenwandgemälden; da sind es Riesenkrüge, die die armen Jungfrauen mitschleppen – tatsächlich handelt es sich um zwei Fingerhutvoll Ölersatz, nicht mehr, nicht weniger; kein Problem, es mitzunehmen, man müsste nur dran gedacht haben.

Das ist das äußere Szenario dieser Geschichte. Aber worauf es ankommt, ist eine außerordentlich feine und sensible Lehre. Was Jesus den Hörern seiner Zeit sagen will, ist einfach dies: Die Hoffnung auf die Hochzeit stimmt. Bitte gebt sie nicht auf. Sie ist euer Kostbarstes. Sie umschließt alle Hoffnung, die ihr habt, und alle Freude. Zertretet sie nicht. Wahr ist: Es gibt kein Versprechen, wann es sich ereignet und wie es sich erfüllt; nur dass ihr aushaltet, ist das Wichtige. Und ihr braucht einen langen Atem, bitte seid klug. Es ist kein Gegensatz, es geht sehr gut zusammen, zu hoffen mit glühendem Herzen und klar zu denken mit wachem Verstand. Es muss keineswegs sein, dass ein starkes Gefühl den Kopf umnebelt. Es ist möglich, zu hoffen und vernünftig zu sein. Aber dann lässt sich voraussehen, dass das Entscheidende im Leben sich nicht *machen* lässt, man muss es erwarten, und da man es nicht planen kann, nicht wissen kann, wie es termingerecht sich einstellt, gilt es, sich einzurichten auf eine unabsehbar lange Zeit. So ist es, wenn es um Gott geht und wie er in unserem Leben Macht gewinnt, wie sein Königreich kommt, in der Sprache der Bibel.

Übertrügen wir's auf unser Leben und begännen wir, nun einer dem anderen zu erzählen, was die stärksten Erwartungen in seinem Leben sind, worauf er am meisten hofft, welche Enttäuschungen für ihn die schlimmsten waren, dann hätten wir, entlang unserer eigenen Lebenserfahrung, eine Menge, um dieses Gleichnis zu verstehen mit all dem, was wir selber sind. Das Erstaunliche an uns Menschen ist, dass wir diesen schmalen Grat zwischen hochgespannter Erwartung und drohender Enttäuschung wahren können. Es ist die Rechnung der Zyniker, dass alles, was länger dauert, sich von selber abschleift, dass man wirklich intensive Hoffnungen niemals auf Dauer stellen kann, weil die Vertröstungen, das Hinhalten über kurz oder lang die Macht der Zerstörung besitzt. Alles, was Alltag ist, macht alltäglich. Alles, was Gewohnheit wird, macht gewöhnlich, und alle Dauer verdorrt, was in uns fließen und strömen möchte.

Kann es aber nicht auch ganz anders sein? Da erzählt eine Frau, dass sie in irgendeinem Hinterhofbüro herumgesessen hat, bis dass sie über fünfzig war, und da hat sie irgendwann, bei irgendeiner Fahrt, endlich jemanden kennengelernt, auf den sich einzulassen sie nach dreißig Jahren Angst den Mut hatte. Es ist das Erstaunliche an Menschen, dass es im Schwebezustand zwischen Hoffnung und Erwartung mit einem Mal die Kraft gibt, etwas freizusetzen. Es käme nie zustande bei Leuten, die so endgültig enttäuscht sind, dass sie mit der Zukunft abgeschlossen haben. Es ist aber, wie wenn sich Samenkörner in die Erde gelegt hätten; sie liegen fast vollkommen trocken, aber dann, über Nacht, fällt Tau auf die Erde, dringt ein in den Staub und erweckt Leben. Diese unglaubliche Möglichkeit eines Aufbruchs bei Menschen, die von sich her für ihr Schicksal kaum etwas tun zu können glaubten und die dennoch die Stunde, in der es gilt, mit voller Bereitschaft ergreifen können, ist etwas

Wunderbares. Ein Mann erzählt, dass er in Wirklichkeit mit seinem Leben abgerechnet hat, als er gerade zwanzig Jahre alt war. Er fühlte sich so zerrissen, inwendig so gefährdet, mitten in den Wirbeln seiner Pubertät so erfroren, dass er dachte, er müsse sich schützen vor den kritischen Blicken der anderen: Er baut eine normale Fassade auf und schützt sich dahinter, niemand wird ihn wirklich kennenlernen, nicht einmal die Frau, die er geheiratet hat, nicht die Kinder, die er in die Welt gebracht hat. Er war sich selber so unheimlich, dass er allen anderen zum Geheimnis wurde. Und dennoch hat er womöglich nie aufgehört zu glauben, es könne stattfinden, was im Bild der Hochzeit immer auch gemeint ist: es kämen zusammen Denken und Gefühl, Ideal und Realität, Innen und Außen, Hoffnung und Erfüllung, Pflicht und Neigung, Menschsein und göttliche Bestimmung. Nichts ist so arg, wie wenn Menschen ihre Ideale einfach verlieren, aus Enttäuschung, aus Frustration, aus Mutlosigkeit.

Man kann umgekehrt nicht versprechen, dass alles wahr wird, was wir möchten; es lässt sich keine Garantie ausschreiben: Hier erfüllen sich alle deine Hoffnungen. Aber genau dazwischen die Hoffnung nicht zu verlieren, das lässt uns bereit sein für den Moment, da der Himmel die Erde berührt. Wie es im Leben eines Menschen konkret aussieht, kann hunderterlei von Gestaltungen annehmen. Da arbeitet jemand an einem bestimmten Thema jahraus und jahrein, ihm schwebt eine bestimmte Frage vor, er kann sie aber selber nicht einmal präzise benennen – wie soll er die Lösung wissen? Es ist, als siebe er ständig Sand auf der Suche nach kleinen Körnern von Gold, und sie finden sich nie, sooft er auch das Sieb schüttelt. Es kann sein, dass er darüber sechzig oder siebzig Jahre alt wird. Es kann sogar bei Gott sein, dass er das Goldkorn der richtigen Frage und der passenden Lösung niemals findet. Aber eines der Wunder Gottes ist anzuschauen im Gesicht so vieler Menschen. Man sagt mitunter, ein Mensch sei so jung, wie er sich fühlt. Ich glaube, man kann das abwandeln: Er ist so schön, als er noch hofft. Und dies in den Augen oft von scheinbar körperlich alten Menschen wahrnehmen zu dürfen ist ein unglaubliches Geschenk ans Leben. Da sind Menschen, die haben nie aufgehört, zu suchen, zu fragen, zu glauben, zu hoffen, und das hat sie zu Menschen gemacht und immer näher, ohne dass sie's wussten, zu Gott geführt. Es geht bis in den Bereich des Politischen hinein, es bestimmt am Ende die Gesetze der Weltgeschichte. Wann hätten wir Deutschen vor 1989 noch auch nur an so etwas geglaubt wie Freiheit, Selbstbestimmung, Einheit? Keiner unserer Politiker, wenn er ehrlich ist, hatte das auf seinem Fahrplan und auf seiner Tagesordnung. Es wurde uns geschenkt, als es kam. Aber dass mit einem Mal nach vierzig Jahren Unterdrückung drüben ein Volk war, das wach und bereit war, an seine Freiheit zu glauben und sie wahrzunehmen, als sie zum Greifen nahe kam, ist etwas Unerhörtes.

Nie sollte man die Menschen verleumden, indem man sie für so flach hält, wie sie oft erscheinen. Mitten im Staub wohnen die Keime der Sehnsucht, und sie sind nicht auszurotten. Für scheinbar sehr kleine Dinge können Menschen sehr große Entscheidungen treffen, und das macht sie groß vor Gott. Ob es immer weise ist, so zu handeln, so unbedingt ausgespannt, ist schon wieder etwas anderes. Was Jesus hier Klugheit nennt, besteht nicht im Sich-Zurechtfinden mit den Interessen: Wie finde ich mein Einkommen und wie erhalte ich mir mein Auskommen? Die Klugheit, von der er hier spricht, ist einzig bezogen auf das Wachhalten und Durchhalten einer Hoffnung, die nicht trügen darf, weil wir Menschen sind und damit wir Menschen bleiben. Das ist das ganze Gleichnis von den klugen und den törichten Jungfrauen.

Es ist aber richtig: Es gilt hier zu wählen in der Lebenseinstellung. Es gibt am Ende nur ein Entweder–Oder, wie man gelebt hat, ob stets zu kurz ausgelegt mit seinem Lebenswillen oder mit der Spannkraft, immer hinauszusehen über den Rand dessen, was grade noch überschaubar war. Und es gibt einen Augenblick, der da heißen kann: Zu spät. Wir wissen nicht, was in Erfüllung geht, aber dass wir hoffen auf eine Erfüllung, dies lässt uns leben, das macht uns weit, das schenkt uns die Ewigkeit.

Von den Talenten

Denn es ist wie bei einem Menschen, der außer Landes gehen wollte, seine Knechte rief und ihnen sein Hab und Gut übergab.

Dem einen gab er fünf Talente, dem anderen zwei, einem dritten eins: jedem nach seiner Tüchtigkeit. Und er ging außer Landes. Sogleich machte sich der Empfänger der fünf Talente auf, wirkte damit und gewann fünf dazu. Ebenso gewann der mit den zweien zwei dazu. Der Empfänger des einen aber ging, grub die Erde auf und versteckte das Geld seines Herrn. Nach langer Zeit kommt der Herr jener Knechte und hält Abrechnung mit ihnen. Da trat der Empfänger der fünf Talente heran, brachte weitere fünf Talente und sagte: Herr, fünf Talente hast du mir übergeben – sieh her: Weitere fünf Talente gewann ich dazu. Sprach sein Herr zu ihm: Recht so, du guter und treuer Knecht! Über wenig warst du treu, über vieles will ich dich setzen. Komm herein zum Freudenfest deines Herrn. Da trat auch der mit den zwei Talenten heran und sprach: Herr, zwei Talente hast du mir übergeben – sieh her: Weitere zwei Talente gewann ich dazu. Sprach sein Herr zu ihm: Recht so, du guter und treuer Knecht! Über wenig warst du treu, über vieles will ich dich setzen. Komm herein zum Freudenfest deines Herrn. Da trat auch der Empfänger des einen Talents heran und sprach: Herr, ich habe dich kennengelernt: Du bist ein harter Mensch. Du erntest, wo du nicht gesät, und sammelst, wo du nicht ausgestreut hast. Also beschlich mich Furcht; ich ging und versteckte dein Talent in der Erde. Sieh her, da hast du das Deine. Sein Herr aber hob an und sprach zu ihm: Du böser und säumiger Knecht! Du wusstest, dass ich ernte, wo ich nicht gesät, und sammle, wo ich nicht ausgestreut habe. Du musstest also mein Geld bei den Bankleuten anlegen und – heimgekehrt – hätte ich das Meine samt Zinsen geholt. Nehmt ihm also das Talent weg und gebt es dem, der die zehn Talente hat. Denn: Jedem, der hat – dem wird gegeben, ja überreich geschenkt. Wer aber nicht hat, dem wird auch das, was er hat, genommen. Und den nichtsnutzigen Knecht werft hinaus in die äußerste Finsternis! Dort wird sein: das Heulen und Knirschen der Zähne. Mt 25,14–30

Vom Maßstab, den Gott an uns legt

Dieses Evangelium betrifft jeden Menschen, der es mit Gott ernsthaft zu tun hat. Es spricht von einer Gefahr, die jedem Menschen droht, der sich auf Gott eingelassen hat. Vom Maßstab, den Gott an unser Leben legen wird, ist hier die Rede. Gott, so sagt Christus, wird unser Leben danach beurteilen, wie produktiv, effizient und fruchtbar es gewesen ist. Nach dem, was wir verrechenbar an Leistung aufzuweisen haben, wird uns Gott am Ende unseres Lebens fragen.

Nicht wahr, so denken wir nicht gern. Wir halten es für unchristlich und heidnisch, nach Leistung zu bemessen. Die Liebe, so werden wir nicht müde zu betonen, sei der letzte Maßstab; und wir berufen uns dabei mit Vorliebe auf das Gleichnis vom großen Weltgericht, das sich unmittelbar an die Bildrede von den Talenten anschließt. Würde das Gleichnis von dem Mann mit seinem Gutsverwalter uns irgendwo außerhalb des Evangeliums begegnen – wir wären sicherlich geneigt, es als den Ausdruck typisch jüdischen Lohndenkens aus der Botschaft Jesu zu verbannen und es als eine Art religiösen Frühkapitalismus zu diffamieren. Aber das Bild von dem abreisenden Gutsherrn passt viel zu gut zur frühen christlichen Verkündigung, als dass uns hier Erleichterungen mit dem historischen Zensurstift erlaubt wären. Zumindest der Zöllner Matthäus hat gemeint, seiner Gemeinde die Situation nach dem Weggang des Herrn am Bild des Umgangs mit Geld verdeutlichen zu können; sehr nüchtern und prosaisch lässt er seinen Gott nach unseren Werken fragen, und dabei steuert er zielgerade eine Landmarke an, die mitten durch ein Riff mit Klippen voller Tücken führt. Es gibt offenbar Christen – und an sie scheint Matthäus hier zu denken –, die eigentlich von Gott nur eines möchten: Sicherheit um jeden Preis. Aber wer sich vor Gott zu schützen sucht, hat eigentlich Angst vor Gott. Aus lauter Angst, etwas falsch zu machen, tun solche Leute gar nichts. Ihr Leben bleibt unfruchtbar und verfault. Alles an

Fähigkeiten, Möglichkeiten, Chancen bleibt ungenutzt brach liegen. Es bleibt ein ungeliebtes Leben, das nur von Angst und Sicherheitsbedürfnis gepeinigt, eingeengt und innerlich blockiert wird.

Die Angst des Mannes hat dabei Methode und Sinn. Er hofft tatsächlich, dass Gott versteht, dass er sein ganzes Leben, alles, was er mitbekommen hat, vergräbt. Beinahe hat man schon Mitleid mit dem Mann: Er fürchtet seinen strengen Herrn, den er als drückenden Despoten und erpresserischen Ausbeuter sieht. Aus lauter Angst verweigert er sein Leben seinem Herrn, zieht sich zurück und rührt nicht einen Finger. Er ist am Schluss schon froh, dass er von seiner Mitgift zumindest nichts verloren hat. Dabei macht er gerade durch dieses misstrauische, ängstliche, sich furchtsam einigelnde Verhalten seinen Herrn rasend: »Werft ihn in die Finsternis hinaus, wo Heulen und Zähneknirschen sein wird, bittere Traurigkeit und ohnmächtige Wut.« Alle Menschen der Hölle sind wie die Darstellungen an den großen Portalen der gotischen Kathedralen Frankreichs: Nackt und ungeschützt, zitternd vor Angst und Kälte, gepeinigt von Dämonen aller Art werden sie gegen ihren Willen in den Walfischrachen getrieben. Sie werden wie der Mann im Gleichnis glauben, dass Gott ihnen unrecht tut, dass Gott durch seine Unbarmherzigkeit mit diesen Kreaturen der Angst ihnen ja gewissermaßen recht gibt – in ihrer Furcht vor Gott. Sie werden nie verstehen, dass es für Gott keine größere Beleidigung gibt, als ihn als einen nur auf Fehler lauernden und halsabschneiderisch fordernden Moloch hinzustellen, dem gegenüber alle Religion zusammenschrumpfen muss – zum Sicherheitsbedürfnis rein bewahrender, konservierender, alles begrabender Passivität. Matthäus hat darin eine Gefahr seiner Gemeinde nach dem Tode Jesu überhaupt gesehen. Und hat er nicht für heute recht behalten?

Ich war einmal Zeuge einer Diskussion zwischen Studenten und mehreren Professoren. Es wurde diesen Lehrern der Theologie, des Wortes Gottes, vorgeworfen, sie redeten eine vergangene, unverständliche Sprache, sie seien zugeknöpft, sie hätten zuviel Fertiges fruchtlos übernommen. Die Antwort lautete: »Nun seien Sie doch froh, dass wir in dieser Zeit das Wort Gottes rein bewahrt haben!«

Es war auf dem Zweiten Vatikanischen Konzil, als man verkündete, die Priester heute sollten erzogen werden für die Probleme und die Fragen unserer Zeit. Tatsächlich aber erklärt man jedem Studenten, der hier sich bemüht, durch eigenes Tun etwas in dieser Wirklichkeit zu lernen, sechs Jahre lang, er müsse lernen, lernen, lernen, um nur ja nichts falsch zu machen.

Es war auch auf dem Zweiten Vatikanischen Konzil, dass gesagt wurde, die Mission solle eine Sache aller Gläubigen sein und die Verantwortung solle an die Ortskirchen delegiert werden. Und später hieß es in einem Schreiben des Vatikans, die Mission müsse wirklich auf ganz neue Füße gestellt werden; dann aber wurde eingeschärft, eine Mission unabhängig von der zentralen Leitung der Propaganda in Rom dürfe es nicht geben.

An hundert Beispielen bis hin zur »Lex fundamentalis«, dem »Grundgesetz der Kirche«, ließe sich zeigen, wie immer wieder Leben und Entfaltung aus Angst, Misstrauen und Sicherheitsbedürfnis unfruchtbar gehalten und vergraben werden.

Offenbar aber ist Gott eher bereit, seiner Kirche ihre Fehler zu vergeben als ihre angstbesetzte Starre und Verfestigung und ängstliche Vergrabenheit. Nach Christus dürfen und müssen wir uns kein solches Bild mehr von Gott zurechtmachen, dass diese Angst berechtigt wäre. Wir haben einen Gott, der sich hier und jetzt mit uns zu Tisch setzt; und ihn wollen wir bitten: Herr vergib uns unsere Angst.

※

Wer sein Leben rettet, wird es verlieren

Auch die Worte Jesu wird man so verstehen, wie man sich selber fühlt. Dieses Gleichnis findet man fast in der gesamten Zeit der Kirchengeschichte ausgelegt als eine Mahnung zur Treue und zum Fleiß im Umgang mit der Sache Gottes. Jesus wolle uns hier sagen, dass wir am Tage der Abrechnung als getreue Verwalter der uns verliehenen Güter befunden werden sollten, und es werde gerecht zugehen, indem der Fleiß belohnt, die Trägheit bestraft werde.

In der Tat gibt es diese Sätze und Ansätze in diesem Gleichnis, aber es ist Jesus fremd, ein Gleichnis der Buchhalter zu erfinden. Hört man nur ein wenig hin, liegt das Interesse, das Gefühl, ja sogar der Schrecken und das Entsetzen ohne Zweifel bei dem dritten Mann dieses Gleichnisses. Was ist es mit ihm? Das will man wissen. Und darum geht es Christus. Es muss ein böses Sprichwort in Israel gegeben haben, das Jesus hier wörtlich zitiert, zustimmend, wenn es um Gott geht. »Wer schon hat«, spricht er, »dem wird dabeigegeben, und wer nicht hat, dem wird auch das Wenige noch weggenommen.«

Es gibt Gleichnisse Jesu, die mit der menschlichen Angst rechnen, und offensichtlich will Jesus nicht mehr, dass wir uns auf die Angst zurückziehen; darum beschwört er uns, vor Gott nicht Angst zu haben. Es ist so, wie wenn man gegen einen Steppenbrand ein neues Feuer legt, um ihn zum Verlöschen zu bringen. Und man muss dies tun, wenn der Wasservorrat zum Löschen endgültig nicht mehr ausreicht. Es sind die letzten Gleichnisse Jesu, unmittelbar vor seiner Hinrichtung, die gegen die Angst der Menschen wie beschwörend sagen, dass wir nur eines zu fürchten haben: eben aus lauter Angst an uns selber zu verkommen.

Dieses wunderbare Gleichnis Jesu ist im ganzen ersten Teil der Versuch, die Geschichte von Kain und Abel zu widerlegen. Wir kommen auf die Welt und schlagen eines Tages die Augen auf und überschlagen die Chancen, die wir haben. Wir prüfen unsere Fähigkeiten, rechnen mit unseren Möglichkeiten, und siehe da! gleich neben uns gibt es Menschen, die in irgendeinem Punkte besser dazustehen scheinen als wir selber. Sie sind schöner, klüger, reicher, besser, in irgendeiner Weise bevorzugt auf die Welt gekommen. Und das Schicksal ist ungerecht: Schon von den Startlöchern an scheint es die einen zu begünstigen, die anderen ins Hintertreffen zu setzen. Und was ist damit anzufangen?

Ein jeder Mensch richtet im Grunde an das Leben nicht so sehr die Frage, was er machen kann, was er tun soll. Die tiefste Frage des menschlichen Herzens ist, wie er akzeptiert wird, besser gesagt: wie er liebenswert genug wird, um Liebe zu erfahren und zu erringen. Dafür tut ein Mensch im Grunde alles, und nichts ist schlimmer, als denken zu müssen, die eigene Person reiche dazu nicht aus, liebenswert zu sein.

Die Geschichte des Alten Testaments erzählt, dass der eine zum Mörder am anderen wird, wenn er das Gefühl bekommt, er könne machen, was er wolle, er könne sich anstrengen, wie er wolle, er könne sich Mühe geben, soviel er nur könne, es werde am Ende nicht ausreichen, nicht, weil das, was er opfert, sich abverlangt und zur Gabe darbringt, an und für sich schlecht wäre, einfach nur, weil neben ihm ein anderer steht, der besser ist, unverdientermaßen, ungerechterweise. Dann muss man diesen anderen aus dem Wege räumen, um seinen Platz einzunehmen. Die Gefängnisse der Welt sind voll von Menschen, die zu Mördern wurden aus Verzweiflung über eine zerbrochene Liebe, um der Beseitigung mutmaßlicher oder wirklicher Konkurrenten willen. Diese Welt, meint Jesus in unserem Gleichnis, ist zum Verrücktwerden vor lauter Angst und Hass, wenn wir einander nur im Vergleichskampf sehen. Es gäbe nur einen einzigen Weg, aus dieser erbarmungslosen Rivalität herauszukommen, das wäre, dass wir die ersten Sätze dieses Gleichnisses beim Wort nehmen. Statt dass wir einander messen wie die Raubtiere im Rivalitätskampf, sollten wir die Augen richten auf Gott, dem wir uns verdanken und von dem alles, was wir sind, empfangen wurde. Dies allein befreit uns von den Minderwertigkeitsgefühlen, von den Neidkomplexen, von den Frustrationen, den Hassreaktionen. Solange wir uns fragen: »Bin ich besser oder schlechter als der andere?«, werden wir immer jemanden treffen, der geringer ist, um ihn zu verachten, und einen, der besser ist, so dass wir uns selbst verachten. Aber wenn wir einmal denken könnten, es komme in unserem Leben wesentlich überhaupt nicht darauf an, wie wir in bezug zu anderen abschneiden, die einzig wesentliche Frage sei, was Gott uns gegeben hat – dann zöge, auf der Stelle und zum ersten Mal, Frieden in unser Herz ein. Denn Gott wird uns nicht fragen, warum wir nicht Mose oder Abraham oder Jeremia gewesen sind, Gott wird uns ganz nüchtern und einfach fragen, warum wir es unter Umständen versäumt haben, wir selber zu werden, nicht mehr, nicht weniger. Und dies ist die ganze Kunst unseres Lebens: das eigene Maß zu finden und schätzen zu lernen. Die ganze Kunst im Umgang miteinander besteht offensichtlich darin, einander das Gefühl zu vermitteln, dass so, wie man selber ist, es absolut berechtigt, gut, vor Gottes Augen einzig richtig ist. Mehr braucht es gar nicht, um glücklich zu sein, um wirklich zu leben, um mit sich zurechtzukommen und um eines Tages vor Gott zu stehen voller Vertrauen und ohne Angst.

Bekommen wir diesen Blick zu Gott hin nicht fertig, dann verwandelt sich unser Leben in einen grenzenlosen Alptraum. Jesus meint in diesem Gleichnis offensichtlich, dass es nur diese Alternative gibt: Entweder wir betrachten unser Leben als ein Geschenk; dann ist es gut so, wie wir sind, und viel Anlass besteht zur Dankbarkeit. Oder aber wir sehen unser Leben im Vergleich miteinander als Ansporn zur Leistung und zur Konkurrenz; dann werden wir Gott ungerecht schelten, der es so eingerichtet hat. Und wir werden ihn nicht verstehen. Wahrscheinlich hat Jesus Menschen vor sich, die sich sagen: »Es kann schon sein, manches in mir ist nicht ganz verkehrt, aber ich will es auch nicht übertreiben. Ich wüsste schon, wo meine Wahrheit liegt, aber ich will um Himmels willen nichts riskieren. Ich wüsste schon, welche Träume in mir schlummern, aber mir fehlt der Wagemut dazu. Besser ist, ich überlasse das den Größeren, denen, die dafür gemacht sind. Ich spüre schon eine gewisse Lebensenergie in mir, aber doch fühle ich mich zu schwach, denn neben mir sind die Größeren, die Stärkeren, die Besseren, die Klügeren. Nein, ich beuge mich wie Gras im Winde, ich biege mich wie Schilf im Sturm. Nur nicht will ich etwas riskieren, nur mich nicht preisgeben, nur mich nicht wagen.«

Da ist das bittere Wort Jesu: Wer einzig sein Lebensprinzip darauf gründet, sein Leben retten und bewahren zu wollen, verliert es mit tödlicher Sicherheit. Er wird am Ende dastehen, und es ist überhaupt nichts dabei herausgekommen. Jesus liebte die Abenteurernaturen, die Wagemutigen, die, kaum dass sie etwas in der Hand haben, hingehen und etwas unternehmen, die sich sagen: »Wozu lebe ich? Doch nicht, dass es brach liegenbleibt!« – O gewiss, man kann scheitern, und man kann das fürchten. Aber wer nur das Scheitern fürchtet, scheitert sicherlich. Nichts tut er. Mann kann sich verspekulieren, und man kann etwas falsch machen, das ist wahr. Aber wer alles richtig machen will, macht niemals etwas richtig, und wer grundsätzlich sich davor schützen möchte, dass ihm am Ende eine Chance entgeht oder dass er auf das falsche Pferd gesetzt hat, wird nie zu einem Gewinn kommen. Dies alles jetzt nicht rechnerisch, finanziell und wirtschaftlich gemeint, sondern absolut im Ernst der Existenz. Es geht darum, den eigenen Reichtum zu sehen und ihn zu leben, so üppig, als es möglich ist, so phantasievoll, als es irgend nur erlaubt ist, so reichen Herzens wie nur irgend denkbar. Alles sollten wir wagen und riskieren, denn unser Leben ist groß und dazu bestimmt, fruchtbar zu sein. Täten wir so nicht, müssten wir sprichwörtlich uns vergraben. Wir wären lebendig Tote.

Wir hätten nie etwas falsch gemacht und nie gelebt. Am Ende rächt sich das. Man kann scheitern an der Wirklichkeit, gut, normalerweise wird man damit fertig. Aber wenn man dauernd scheitert an seiner eigenen Angst, suchen einen grässliche Depressionen heim. Diese Art von Scheitern an sich selbst und an der eigenen Angst verzeiht das Leben schwerlich. Denn in dem Wahn, wir seien nicht gut genug, nicht würdig genug, wir dürften uns dem Leben nicht zutrauen, werden wir wirklich immer ärmer, immer schwächer, die Angst nimmt zu, und am Ende erscheint uns die ganze Welt so, wie wenn sie von uns das Unmögliche verlangen würde. Selbst Gott kommt uns schließlich vor wie ein Würgeengel, der nur bereitsteht, zu fordern und zu fordern. Und wir erleben uns ständig als überfordert, als Versager, schließlich wirklich als Nichtsnutze. Und die Welt wird sehr dunkel. Was in den Gleichnissen Jesu als Gericht wie ein fremder Spruch erscheint, ist im Grunde nur das Resultat, die Logik eines Lebens, ein Heulen und Mit-den-Zähnen-Knirschen, ein wachsendes Gefühl, ausgeschlossen zu sein.

Ich denke, diese Worte sind so wie bei den meisten prophetischen Reden auch des Alten Testaments: Jesus will uns nicht die Hölle lehren, aber er will uns mit allen Mitteln die Angst austreiben. Er, der mit tausend Worten vom Vertrauen sprach und die Güte lehrte, musste erleben, dass es immer wieder, auf Schritt und Tritt, dasselbe Dauerargument gab: »Was Jesus möchte, ist zu riskant, so kann man es nicht machen; nein, dagegen spricht die Lebenserfahrung; es ist zu kühn, zu mutig, das zerstört die Ordnung, das gibt zuviel Aufruhr, mein Gott, was soll nur daraus werden, wenn man leben wollte, wie Jesus es vorschlägt?« – Und jemand, der das tausendmal hört bei tausend Worten vom Vertrauen und von der Güte, muss wohl solche Gleichnisse erfinden wie dieses, dass er die Leute fragt, wovor sie denn Angst haben im Himmel und auf Erden, außer dass sie vor lauter Angst am Ende selbst verschimmeln und, statt zu leben, einen Friedhof aus sich machen. Dies haben wir nicht verdient, von Gott her nicht verdient. Und versteht man Jesus richtig, so traut er Gott zu, dass er alles begreift und vergibt; Dinge, die Menschen für Verbrechen hielten, seine Jünger und Anhänger haben sie getan. Es gab da Huren und Ehebrecher, Mörder und Bandenkämpfer unter den Aposteln und Anhängern. Sie zählten zu den Treuesten, und Jesus verstand sie gut. Wofür er dagegen wenig Verständnis hat, ist, dass man ständig zurückweicht aus Angst, wenn man doch weiß, wer Gott ist und wie groß wir Menschen sein könnten. Alle Fehler würde Gott uns vergeben, nur die Dauerangst, die am Ende zu überhaupt nichts führt, findet in Gott schließlich einen Widersacher. Unser Leben hört dann auf, ein Geschenk zu sein, es verwandelt sich in eine Plage und Gott, der uns das Leben reich zur Verfügung gestellt hat, in einen Plagegeist.

Und darum beschwört uns Christus zum Mut, zum Verlassen der Angst, wenn schon nicht aus Vertrauen, dann im deutlichen Bewusstsein, dass die Bilanz der Angst nur lauten kann: noch viel mehr Angst, und dass die Bilanz der Feigheit allemal der Tod ist. Wenn wir nicht in Sachen Gottes unser Herz in die Hand nehmen und uns riskieren, schutzlos, ausgesetzt, ganz und entschlossen, werden wir am Ende ausgeschlossen, vergessen, einsam und hohl dastehen. Dies möge Gott verhindern.

*

Nicht Leistung zählt, sondern Leben

Dieses Gleichnis zu hören ist empörend, und zwar gleich doppelt. Soll es wirklich wahr sein, dass Jesus den schnöden Sprichwortsatz sich zu eigen macht: »Wer schon hat, dem wird gegeben, und wer nicht hat, der kriegt noch weggenommen, was er hat?« Wenn das biblisch sein soll, kann man nur wirklich heulend und zähneknirschend sagen: »So geht es zu auf Erden; die Reichen werden immer reicher und die Armen immer ärmer. Und dieses glatte Unrecht auf der Welt soll hier bestätigt werden durch ein Gleichnis! Hat Jesus nicht Mitleid mit diesem dritten Knecht, dessen Angst man so gut verstehen kann? Ist die Grausamkeit, mit der das alles endet: Werft ihn hinaus! – ohne jede Chance – ein menschlicher Umgang, und schlägt es nicht allem ins Gesicht, was wir sonst gewohnt sind im Neuen Testament zu lesen und zu hören?«

Tatsächlich mag man sich wundern, warum gerade gegen Ende des Matthäusevangeliums die Gleichnisse sich förmlich häufen, in denen mit bewusster Absicht den Hörern angst gemacht werden soll. Es ist offenbar so, dass Jesus bei allem, was er sagte, immer wieder einen Einwand zu hören bekam: »Guter Mann aus Nazaret, das, was du predigst von der Nähe zum Reich Gottes, würden wir gern und gut glauben; aber es geht nicht, denn wir haben Angst. Wir brauchen unser Geld, wir brauchen unsere Macht, wir brauchen unseren Einfluss, wir müssen etwas in den Händen haben gegen unsere Angst; das alles kannst du uns nicht fortnehmen. Wir können nicht einfach vertrauen auf einen Gott, der unsichtbar bleibt und der sich nie hören lässt, wenn wir eine Antwort benötigen, dessen Wirken nie zu spüren ist, wenn wir es nötig hätten. Hilf dir selbst, dann hilft dir Gott – das lehrt uns die Angst. Wir würden gern sein, wie du schilderst: gütig zu den Habenichtsen, verständnisvoll zu den Rücksichtslosen, mitleidig und begleitend zu allen Elenden – aber sag doch selbst, wo kämen wir da hin? Man muss nur über den Basar gehen und leben, wie du willst: Gib jedem, der dich bittet! Und wir gehen mit gefülltem Beutel in den Basar und kommen mit leerem Beutel heraus und haben nichts in der Hand. Das lehrt uns die Angst: dass uns das Hemd näher ist als der Mantel, also hör auf mit Gott und dem Himmelreich und der Güte! Es gibt eine klare Erkenntnis: Schütze dich selbst und hab acht auf das Zähnefletschen des Wolfsrudels. *Das* ist das Gesetz der Wirklichkeit.«

Ich nehme an, dass Jesus diesen Einwand in allen möglichen Abwandlungen so oft, konstant und immer wieder gehört hat, dass er es leid war und sich dieses Gleichnis hat einfallen lassen. Er hat sich gedacht: Wenn die Angst der einzige Einwand ist, sprechen wir ein Gleichnis der Angst gegen die Angst. So kann man handeln. Wenn die Scheune brennt und man will die Pferde retten, sie aber, weil sie alles ohnehin sechsfach vergrößert sehen, stürzen mitten ins Feuer, dann kann man darauf kommen, die Peitsche zu nehmen und sie über die Nüstern zu schlagen, über den Körperteil, der am schmerzempfindlichsten ist, damit endlich, wenn schon geflohen werden soll, die Fluchtrichtung zumindest stimmt. Es ist möglich, dass jemand so verzweifelt wird beim Löschen eines Steppenbrandes, weil ihm die letzten Reserven an Wasser ausgehen, dass er selber beginnt, Feuer zu legen, um gegen den Steppenbrand verbrannte Erde zu schaffen, damit das Feuer nicht weiterdringt. Von dieser Art ist die Logik dieses Gleichnisses. Sie geht aus von einer ungeheuerlichen Angst, um die Konsequenzen zu berechnen, die sich aus ihr ergeben, wenn sie das ganze Denken, die ganze Perspektive formen soll. Natürlich geht es gar nicht im Grunde um den ersten und zweiten Diener, sie sind lediglich die Staffage; gemeint ist dieser dritte Knecht, der hingeht und alles vergräbt, was er hat – nein überhaupt nicht, was er hat, vielmehr das Geld seines Herrn, das ihm *anvertraut* wurde.

Nehmen wir die Aufgabe zu reden mit einem Gefühl, mit einer Lebenshaltung, die sich in der Gestalt dieses dritten Knechtes porträtiert findet, dann ist das Gleichnis Jesu wie alle anderen von außerordentlicher Feinnervigkeit, sich in die Gedanken, in die Teufelskreise dieser Einstellung einzufühlen. Wie denn? Da kommen wir auf diese Welt und schauen uns um nach links und nach rechts, und augenblicklich werden wir Menschen begegnen, die besser dastehen als wir. Gemessen an ihnen, sind wir niemals gut genug ausgerüstet. Sie halten in Händen das Fünffache von dem, was wir besitzen. Gegen sie anzutreten hat von vornherein keinen Zweck. Es macht mutlos und resigniert. Es ist, wie wenn man aus der Perspektive der Zwerge die Riesen betrachten würde. Alle anderen stehen da mit gewaltigen Stiefeln und trampeln auf den Kleinen herum. Und was sollen die machen, außer sich in den Boden zu verkriechen? Von einem gewissen Grade an lehrt die Angst, nicht mehr auf das Leben zu setzen, sondern die Rückzugsräume freizuhalten und alles zu sichern, was noch zur Verfügung steht. Sicherheit ist der oberste Leitmaßstab für jede Überlegung. Wie kann man konservieren, wie kann man retten und bewahren, was mitgegeben wurde? An Erweiterung, an Entfaltung, an lebendige Ausformung ist kein Gedanke, sondern buchstäblich wie man es vergräbt, wie man Erde darüber legt, als sei's lebendig tot.

Man kann verstehen, dass einer so fühlt, aber Jesus möchte sagen: Es führt zu nichts, wenn das der einzige Gedanke sein soll. – Gehen wir die Bilanz der Angst, wenn es so steht, bis zu Ende durch. Da wird der Herr zurückkommen und natürlich erwarten, dass aus seinen Möglichkeiten etwas gemacht wurde. Dann kann dieser Knecht nur offenbaren, dass er die ganze Welt nicht mehr versteht, seinen eigenen Herrn nicht mehr versteht. Das ganze Schicksal scheint ihm eine grausige Veranstaltung zu sein, eine einzige Ausbeutung der gegenüber er trotzig in den Streik geht. »Da hast du dein Geld wieder!« Soll heißen: Unter diesen Konditionen arbeite ich überhaupt nicht. Ein Streik der Existenz, eine Verweigerung im ganzen. Und alle stehen da und wollen etwas von einem selber, man wird es aber nicht geben. Alle anderen kommen und verlangen wieder, wofür sie nichts getan haben, und man wird selber auch nicht mehr mittun wollen. Wenn wir nun das Bild dieses Hausherrn übertragen, heißt es: Irgendwann wird Gott einen solchen Knecht nicht mehr verstehen. Er wird ihn der eigenen

Angst ausliefern, und die Bilanz wird lauten: er steht am Ende vereinsamt in den Spiralen des Selbsteinschlusses. Er wird sich selbst zu einem unrettbaren Gefängnis, und das verfügt dieser Herr, der Richter, in aller Strenge. Es ist ein Wort, das Matthäus sechsmal in seinem Evangelium gebraucht: »Werft ihn hinaus in die Finsternis, ins Draußen. Die verzweifelte Wut, das Heulen und Zähneknirschen wird die Bilanz von allem sein.« – Soll das so werden? fragt Jesus alle, die den Einwand der Angst für endgültig halten.

Man muss vielleicht, um dieses Gleichnis zu verstehen, hinzufügen, dass es im Umkreis Jesu eine Menge Menschen gab, die ihr Leben riskiert hatten. Sie waren in den Augen vieler anderer gescheitert, man nannte sie Zöllner, Huren, Bettler. Jesus nannte sie gern die hundertsten Schafe. Sie hatten aber ihr Leben eingesetzt, sie hatten irgend etwas in ihrem Leben riskiert, sie waren mutig gewesen, und Jesus verstand sie alle, denn sie lebten wirklich, mit Hunderten von Fehlern lebten sie wirklich. Mit all ihren Verlusten war doch etwas passiert. Aber was Jesus offenbar nicht mehr verstehen möchte und auch Gott nicht weiterhin zutraut, dass er's verstünde, ist die Haltung der absolut Konservativen aus Angst. Nur die Bewahrung, nur das Vergraben, nur die Beerdigung des Lebens ist ihnen die Devise. Da will er nicht mehr mitmachen.

Dabei müsste man auch auf die erste und zweite Ausstattung dieser Diener des Hausherrn noch eingehen. Es ist ja wahr, scheint dieses Gleichnis zu sagen, solange du auf das schaust, was die anderen haben, gibt es hundert Gründe zum Mutloswerden. Solange der Maßstab für einen Menschen immer nur ein anderer Mensch ist, wird es zum Verzweifeln sein; die Natur ist nicht gerecht. Aber stimmt es denn überhaupt, dass von dir verlangt wird, was lediglich von anderen, die anders sind, einzufordern wäre? Wenn es um Gott geht, kannst du dich darauf verlassen: Er möchte überhaupt nicht, dass du dich verwandelst und wirst wie dein Nachbar, dein Bruder, deine Schwester, dein Vater, deine Mutter, wer auch immer; er möchte einzig, dass du lebst als du selber, mit den Möglichkeiten, die *dir* anvertraut sind. Du musst dir nicht einbilden, dass wer weiß was von dir erwartet würde. Das, was du besitzt, ist ein geliehenes Gut, so etwas wie ein Geschenk, und daraus darfst du etwas machen, denn es gehört dir. Aber die dauernden Überforderungen durch die Maßstäbe anderer sind das wichtigste Unrecht, das du als erstes dir selber zufügst. Dein Herr misst dich nur nach dem, was *du* bist. Alles andere braucht dich nicht zu interessieren. Die Ausrichtung deines Lebens sollte sein zwischen deinem Ich und deinem Schöpfer. All die anderen Dinge brauchen dich im Prinzip nichts anzugehen. Es geht nicht um Konkurrenz, es geht um Fruchtbarkeit. Es geht nicht um Leistungsvergleich, es geht um *Leben*. Darauf kommt es an.

Legt man dieses Gleichnis so aus, bleiben viele Fragen immer noch offen. Denn was nötigt uns, mutlos zu sein, uns selber ständig zu entwerten, schließlich uns gar nichts mehr zuzutrauen? Dazwischen liegt ein ganzes Feld ungeklärter Fragen, die in dem Gleichnis nicht vorkommen, auf die aber einzugehen sich lohnt. Es sind ja in aller Regel gar nicht unsere eigenen Ängste, die uns um das Leben betrügen, das wir in den Händen halten könnten. Die meisten Menschen tragen in ihrem Herzen und in ihren Köpfen eine Art von Mechanik, die sie immer wieder entwertet. Sie können gelebt haben, solange sie wollen, sich angestrengt haben mit aller Kraft, sie können äußerlich so vieles erreicht haben und in den Augen anderer Menschen als angesehen, wertgeschätzt dastehen – doch das gilt nur für die anderen, nie für sie selber. Es ist wie ein Lebensdiebstahl durch die ganze Biographie.

Und schaut man genau hin, wie es dazu kommt, so gibt es eine Handvoll ganz einfacher Szenarien, in der frühen Kindheit schon zumeist. Jemand kommt zur Welt und findet, dass die bloße Tatsache seiner Existenz wie eine Überforderung für die unmittelbar zuständigen Familienangehörigen empfunden wird. Die Mutter, der Vater, die Geschwister können mit der Tatsache der Geburt eines weiteren Kindes schlechtweg nichts anfangen, aus hundert Gründen, finanziellen, materiellen, psychischen. Dann bleibt diese Empfindung, schädlich zu sein durch die Tatsache der eigenen Existenz, im ganzen Leben aufgespeichert, wenn man es nicht überprüft und durcharbeitet. Es ist ein Gefühl wie im Märchen von Hänsel und Gretel, die jede Nacht an der Wand lauschen, wie sich die Eltern darüber unterhalten, wann sie die Kinder wegschicken müssen, denn die Kinder essen zuviel Brot, es gibt nicht genug davon im Haus der Eltern von Hänsel und Gretel. Wie lassen sich solche Gefühle aus der Seele, aus dem Denken wieder entfernen?

Andere haben erleben müssen, kaum dass sie zur Welt kamen, dass die Eltern zwar ein Kind, aber nicht dieses wünschten. Es war gerade Krieg, und man brauchte stramme deutsche Jungs, man wollte kein Mädchen. Nun war aber die Frau, die heute fünfzig Jahre alt ist, damals ein Mädchen, und immer hat sie gelernt, dass sie eigentlich die falschen Kleider trägt, den falschen Körper, die falschen Gefühle hat; eigentlich müsste sie immer etwas anderes sein. Dieses Dauerprogramm »Eigentlich müssten wir etwas anderes sein« hindert uns womöglich das ganze Leben lang, das zu sein, was wir wirklich sind. Das, was wir wirklich sind, kann noch so gut sein, es steht aber nicht auf dem Konto, auf das es gehören sollte, auf dem, das das eigentliche wäre.

Andere haben als Kinder ihre Eltern in einer Weise erleben müssen, die ihnen hassenswert war. Es waren aber ihr Widerspruch, ihr Zorn, ihre Aggression so stark, dass sie sie verdrängen mussten bis zum Selber-nicht-mehr-finden-Können. Sie haben, schon aus ihrem Hass, am Ende gelernt, ganz gefügig zu werden und nur das zu tun, was andere von ihnen erwarten, denn hörten sie auf ihre eigenen Gefühle, wäre es entsetzlich. Also haben sie gelernt, sich anzupassen. Sie sind am Ende so brav, so angepasst, so tüchtig, dass alle anderen mit ihnen sehr zufrieden sind, nur sie mit sich selbst niemals, denn das Lob, das sie bekommen, gilt tatsächlich niemals der Mitte ihrer Person. Die ist ein Geheimnis, eine schwarze Kiste, in die niemand schauen darf. Die Außenseite ist das, was die anderen loben, und also gilt es nie. Ständige Abspaltungen führen schließlich dazu, immer wieder ganze Teile von sich zu vergraben; das, was man selber ist, findet keinen Eingang ins Leben.

Und wie arbeitet man diese Gefühle durch, wie löst man diese Angst? Das Gleichnis Jesu gibt darauf eigentlich keine Antwort. Es enthält kein Rezept, wie man anfängt, sich selber Gerechtigkeit, sogar Güte widerfahren zu lassen. Tatsächlich aber enthält es einen Hinweis, der religiöser Art ist. Man fragt oft: Wie hängen denn Religion und Psychotherapie zusammen? Nun, einfach dadurch, dass Menschen, die gelernt haben, ihre eigenen Eltern zu fürchten, selbst Gott, wenn sie ihn im Munde führen, ständig fühlen werden wie ihren eigenen Vater damals oder wie die eigene Mutter damals. Das hat Gott nicht verdient, und das haben wir als Menschen nicht verdient. Menschen sind keine Götter, selbst wenn wir als Kinder sie so empfinden mögen. Wenn Jesus uns lehrt, Gott als unseren Vater zu betrachten und sogar zu ihm so zu beten wie ein Kind, derart vertrauensvoll, dann wollte er, dass die dauernden Rückbindungen der Angst an vergöttlichte Riesenmenschen ihr Ende finden und wir uns aufrichten und frei atmen.

Dann muss man freilich Matthäus sagen, dass auch die Logik der Angst einmal ein Ende hat; man kann sie übertreiben. Ist es wirklich wahr, was dieser Evangelist so oft schildert und was wir Theologen seit über 1500 Jahren als die einzig wahre Lehre der Kirche ausgegeben haben, dass am Ende Bilanz geschaffen wird, und hier stehen die Guten, die Seligen, die von Gott Erwählten, und da stehen die Verdammten, die in die Hölle Gestoßenen, die ewigen Sünder? Ist das Gott zuzutrauen, dass er am Ende zweiteilen, die gesamte Menschheit zerspalten und auseinanderreißen wird für alle Zeiten und unrettbar? So haben wir Theologie gelehrt bis in die Gegenwart: Wie der Baum fällt, so liegt er; wie du bist in der Stunde deines Todes, so wird Gott den Strich unter dein Leben ziehen und zusammenzählen, und was dabei herauskommt, wird gelten für immer, also streng dich an, die Hölle droht. Es ist wahr, dass wir mit Entscheidungsernst die Angst angehen müssen. Jeder, der nur der Angst folgt, bereitet sich jeden Tag seine Privathölle, das stimmt. Aber es stimmt auch noch, dass wir das, multipliziert mit dem Faktor der Unendlichkeit, in den Himmel und in die Welt Gottes und schließlich in die Hölle projizieren können? Soll es überhaupt menschlich, wenn wir von Gott schon wenig wissen, als glaubhaft gelten, dass Menschen sich in der Seligkeit einrichten können und »unter sich« sehen, wie andere Menschen, die ursprünglich zu ihnen gehört haben, ihre eigenen Verwandten, Schwestern und Brüder, als Verdammte in aller Qual gehalten werden und es keine Verbindung mehr gibt? Soll Mitleid aufhören in der Welt Gottes? Soll die innere Verbundenheit zwischen den Menschen abreißen müssen in der größeren Gerechtigkeit Gottes? Soll die Tatsache, dass wir Menschen zusammenhängen, auf unendlich vielen Wegen miteinander verflochten sind, ihr Ende finden, wenn Gott kommt und prüft, wer wir sind? Ich glaube, dass wir in Fragen der Menschlichkeit und auch in Fragen der Gerechtigkeit werden dazulernen müssen. Noch heute gibt es Staaten, die sich zivilisiert nennen und Teil der westlichen Welt sind, in denen es möglich ist, die Todesstrafe auszusprechen. Da hat ein Achtzehnjähriger in Alabama ein Mädchen von vierzehn vergewaltigt und ermordet. Ein solcher gehört in die Gaskammer, ganz klar! Da braucht man nicht zu fragen, wie kaputt die Familie war, die einen Achtzehnjährigen kaputtmachte, der auf der Suche nach Liebe nur Mord und Vergewaltigung, Gewalt und Terror kennenlernen konnte. Da braucht man nicht mehr zu fragen, wie die Gesellschaft ist, die kaputte Familien hervorbringt, die kaputte Kinder macht, die wieder nur kaputtmachen können – das alles zählt nicht, wir sind die bürgerliche Ordnung, wir verkörpern das Recht. Im Namen des Volkes machen wir kaputt, was kaputtmacht, so trennen wir praktisch. Und dann gehen wir hin und verlegen unsere merkwürdigen Vorstellungen von Gerechtigkeit, die Menschen voneinander isolieren, in den Himmel. Im Namen des Volkes sprechen wir Recht, und am Ende holen wir wieder von den Sternen herunter die Barbarei dieses scheinbar göttlichen Rechtes, das nichts weiter ist als die Versammlung unserer Angst und unserer Rachegefühle. Soll das wirklich die letzte Auskunft des Matthäus sein? Das gäbe es wirklich? Wir müssten ihm sagen, dass, solange im Namen Gottes oder im Namen von wem auch immer Menschen verurteilt werden, das Menschliche in uns selber mitverurteilt wird. Es gibt aber keinen Himmel, in den Menschen zur Hälfte hineingelangen; der Himmel als Zustand der Glückseligkeit ist einzig der der Integration, des *ganzen* Lebens, des Nicht-verstümmelt-Seins, des Heil-Werdens. Da gibt es keine Notverordnung der Abtrennungen, nicht die Logik des Fuchses in der Falle, der sich das Bein oder den Schwanz wegbeißt, um ein bisschen Freiheit zurückzugewinnen. Da lässt sich nicht trennen und aufspalten zwischen Gut und Böse im Menschen und zwischen den Menschen. Es gibt nur *einen* Himmel, in dem wir alle gemeinsam sind, und kein Entweichen voreinander, sondern nur ein geschwisterliches Wiedersehen. Und es gibt keine Verurteilung, sondern das Beste am Menschen wird bleiben für immer: die Güte, das Verständnis und das Ringen umeinander und die Freude eines Reichtums, den Gott uns anvertraut.

Vom reichen Mann

Er sprach ein Gleichnis zu ihnen und sagte: Eines reichen Mannes Land hatte gut getragen. Und er dachte bei sich und sagte: Was soll ich tun? Ich habe ja keinen Platz, um meine Früchte zu sammeln. Und er sprach: Das werde ich tun. Ich will meine Speicher niederreißen und größere bauen, und da werde ich all mein Korn und meine Güter sammeln. Und ich werde zu meinem Leben sprechen: Du mein Leben, du hast viele Güter für viele Jahre daliegen; gönne dir Ruhe, iss, trink, sei fröhlich. Gott aber sprach zu ihm: Unverständiger! in dieser Nacht fordert man dein Leben von dir. Was du aber bereitgelegt hast – wem wird es gehören? So ist es mit dem, der für sich hortet und nicht reich ist bei Gott. Lk 12,13–21

Unser Herz reift nur in der Güte

Es gibt Menschen, die in ihrem Leben niemals Gelegenheit hatten zu lernen, dass es so etwas wie eigene Rechte und eigene Wünsche geben darf. Für diese sind die Worte in diesem Text nicht bestimmt. Mehr als die Hälfte der Menschen auf dieser Erde müssen inmitten eines unbeschreiblichen Elends vegetieren. Die müssten sich fast verhöhnt vorkommen, wenn man sie vor der Gefahr des Reichtums warnen würde. Aber die Art, wie *wir* leben, scheint wie darauf abgestimmt, die zeitlose Gültigkeit der Worte Jesu unter Beweis zu stellen.

»Sprich zu einem Weißen«, sagte um 1920 ein Häuptling auf Samoa, »von Gott, da werden seine Augen stumpf bleiben, sein Gesicht leer, sein ganzes Wesen gelangweilt. Aber sprich zu dem gleichen Mann von Geld, da tritt Glanz in seine Augen, Speichel auf seine Lippen, seine Hände zittern, seine ganze Existenz ist in Erregung, Geld ist sein Gott. Der weiße Mann hat unendlich viel mehr Götter als wir, die ihr die Wilden nennt.«

In der Tat, wir haben dem Geld im Verlauf unserer Kultur rücksichtslos alles, jeden Wert, jeden Gegenstand, jedes Leben, geopfert. Ganze Landstriche wurden geplündert und verwüstet und von Menschen entblößt, die man in die Sklaverei schickte. Wir haben uns daran gewöhnt, dass man für Geld alles kaufen kann: ganze Wälder, ganze Gebirge, ganze Seen. Nichts gibt es, wovon wir nicht wähnen würden, wir könnten es um Geld auslösen. Tatsächlich ist Geld ein universelles Tauschmittel. Aber das verführt uns ständig dazu, anzunehmen, dass jeder Wunsch erfüllbar sei durch irgendeinen Gegenstand, der mit Geld erreichbar ist. Keine öffentliche Frivolität, Gemeinheit, kein Verbrechen, bei dem nicht am Ende wie der Wurm in einem faulen Apfel das Geld als Motiv steht; Krieg, Korruption, Lüge, Verrat – das alles wird mit Geld motiviert. Dabei merken wir, dass wir immer ärmer werden, seelisch immer ausgehungerter, immer unmenschlicher. Es helfen keine Gesetze, die die Eigentumsverhältnisse regeln wollen. Christus hat ganz recht zu sagen: »Fangt bloß nicht an, mit den Worten der Gerechtigkeit zu schachern und die Habgier zu kaschieren mit Rechtsforderungen; hört mit dem Unfug auf, ich bin dazu jedenfalls nicht der richtige Mann. Aber das Herz könntet ihr ändern, wenn ihr überlegt, was euch wirklich glücklich macht.«

Es gibt im Grunde nur zwei Motive, weswegen wir ständig zur Habgier versuchbar sind. Das erste Motiv: das ständige Gefühl der Minderwertigkeit. Wir sind uns selber nicht genug, und deshalb können wir nicht genug bekommen an Besitz. Wir fürchten stets, dass man uns nicht lieben könnte, so wie wir sind, so dass wir uns ständig dafür interessieren, wie wir mit den Mitteln des Geldes künstliche Masken scheinbarer Liebenswürdigkeit errichten können. Auf dieses Motiv kommt Christus in diesem Evangelium nicht hauptsächlich zu sprechen.

Ein anderes hängt damit aufs engste zusammen: Geld scheint das Versprechen zu liefern, es gebe so etwas wie Sicherheit in diesem Leben. Nur wir Menschen sind in diesem Sinne versuchbar, weil wir kraft des Verstandes die ruhelosesten, die unruhigsten, die von Angst am meisten gepeinigten Lebewesen sind. Wir sind die einzigen auf diesem Globus, die mit der Angst vor dem Tod leben müssen. Ein Huhn sieht über sich den Schatten eines Raubvogels, und in dem Moment besteht sein ganzer Körper nur aus Angst, wird bewegungslos, duckt sich an die Erde, aber schon nach Sekunden, wenn der Schatten vorüberzieht, ist die Angst des Tieres beendet. Einzig wir Menschen wissen, dass der Schatten des Kondors eines Tages niederstoßen wird auf uns, nicht mehr vorbeifliegen, nicht mehr vorübergehen, sondern treffen wird. Wir wissen dies, möchten uns dagegen schützen, also dass wir das Geld benutzen wie einen Puffer gegen den Tod.

Wenn die Eichhörnchen beginnen, Haselnüsse und Bucheckern zu sammeln, tun sie's im Reflex; sie wissen nicht um den Kälteeinbruch des Winters. Aber sie legen Depots an gegen die Angst. Wir Menschen versuchen das auch. Wir glauben uns beruhigt und gesichert gegen die Gefahr des Verhungerns, der Krankheit, des Alters, des Todes durch die Beruhigungen des Bankkontos, eines Geldschatzes, den wir irgendwo hinterlegen, und wir betrügen uns dabei selber. Das einzige, was wirklich sicher ist auf dieser Welt, ist nicht der Schutz gegen den Tod, sondern der Tod selber. Er ist das einzig Sichere. Und nun haben wir lediglich die Möglichkeit, unser Leben aus Angst vor dem Tod zu vertun oder uns nicht ins Bockshorn jagen zu lassen und schon heute damit zu beginnen, auf menschenwürdige Weise glücklich zu werden. Denn das ist möglich. Alles, wovon wir wirklich leben, sind die Dinge, die man nicht im Geschäft einkaufen kann. Freunde kann man nicht kaufen, Freude nicht erwerben im Basar, Zufriedenheit mit sich selber nicht erschachern, die Güte eines anderen Menschen nicht bezahlen.

All die Dinge, aus denen wir wirklich leben, sind im wortwörtlichen Sinne unbezahlbar, und wir verwandeln unser ganzes Leben in eine Lüge, wenn wir denken, das Geld sei es, was wir erst einmal brauchten, um glücklich zu sein. Die Rechnung geht nie auf, sowenig wie bei diesem Großgrundbesitzer. Wir nehmen uns das vielleicht vor: Heute müssen wir arbeiten für das Geld, für den Erfolg und für die Macht, aber in zwanzig Jahren wird die Zeit kommen, nach der Pensionierung womöglich, da werden wir glücklich sein. Wir werden Geld genug haben, Zeit genug haben, dann werden wir's ausgeben. Setz dich hin, iss und trink, und lass dir's gutgehen. Schon deshalb geht diese Rechnung niemals auf, weil wir dann in zwanzig Jahren merken werden, dass wir nicht gelernt haben, glücklich zu sein. Wir werden die Zeit fürchten, die wir nicht mit Arbeit zuschaufeln, wenn wir nicht *heute* beginnen, die Freiheit für uns selber einzuüben. Wir werden merken, dass wir im Alter noch viel habgieriger sein können als in der Jugend, wenn wir nicht *heute* damit beginnen, die Dinge des Äußeren großzügig zu behandeln und nacheinander abzugeben. Wir werden uns vielleicht trösten und uns noch ein letztes Mal belügen. Wir werden sagen, das Geld sei für unsere Kinder da. Die eigene Unfähigkeit, mit unserem Leben etwas anzufangen, werden wir an die nächste Generation delegieren. Aber wir werden erleben, dass unsere Kinder uns womöglich nicht lieben können, dass sie sich für vierzig Jahre verstrichenen Lebens nicht belohnt fühlen durch irgendein Konto, das sie eines Nachmittags um vier nach unserer Sterbestunde abholen sollen. Es gibt nur einen Weg, richtig zu leben, und der ist, *heute* damit zu beginnen. Glücklich sein können wir heute; unsere Gespräche so gestalten, dass sie in die Tiefe führen, können wir heute. Es besteht überhaupt keine Notwendigkeit, über neunzig Prozent aller Gedanken, fast hundert Prozent aller Gespräche nur darum sich drehen zu lassen, was das Mittagessen kostet, was die Kleidung kostet, was die Schuhe kosten, was die

Wohnung kostet, was der Urlaub kostet, die Krankheit kosten wird, und am Ende eine Summe zu unterzeichnen, die bedeutet, dass wir nie gelebt haben. Es wäre möglich, schon heute miteinander so zu reden, dass das Herz sich weitet, dass es sich öffnet für Werte, die wirklich gelten, für die Gefühle, die in uns und im anderen sich regen, für die Zärtlichkeit und Poesie der Welt, für die Güte des Daseins, die Schönheit aller Dinge, die uns umgeben und die wir malträtieren und vernichten, wenn wir sie berechnen wollen. An jeder dieser Stellen lebten wir menschlicher, kämpften wir an gegen den Mythos und den Götzendienst des Geldes und gewännen ein Stück vom menschlichen Dasein zurück.

Es ist ein Narr, wirklich ein Idiot, wer glaubt, sein Leben hänge ab von dem, was er in Händen hält. Er hört auf, ein Mensch zu sein. Und keines der Worte Jesu kann man wirklich teilen, sie alle kommentieren sich untereinander. Es gibt, meint Jesus an berühmter Stelle im Neuen Testament, nur einen einzigen vernünftigen Umgang, ein nichtidiotisches Verfahren, mit dem Geld umzugehen, das ist, sich Freunde zu machen mit dem ungerechten, mit dem gottlosen Mammon. Einzig wem Geld etwas nützt, wieviel Freude es in die Welt bringt, wäre ein Maßstab, ob wir richtig damit verfahren.

Vielleicht muss man das sogar noch schärfer sagen; man kann's nicht immer nur nach innen ziehen. Es hat im vierten Jahrhundert nach Christus Männer gegeben, die von der Armut so sprachen, wie es im Neuen Testament steht, als etwas Innerem, das man im Herzen lernen kann; und das ist wahr. Aber es gibt Strukturen, die so sind, dass wir kaum wissen, wie wir zum Christentum noch fähig werden, solange wir sie bestehen lassen. Wir nennen unsere Art, mit Geld umzugehen, gerecht und billig, wir nennen unser Geld wohlerworben durch Fleiß und Sachverstand. Uns ist das so selbstverständlich. Aber wir sollten einmal darüber nachdenken, wie die Preise am Weltmarkt aussähen, würden wir irgendeinen Teepflücker auf Ceylon so bezahlen, wie wir einen Arbeitslosen in Deutschland bezahlen, oder einen Mann auf der Kaffeeplantage in Nigeria oder einen Kautschukpflücker am Amazonas. Die ganze Welt stünde noch heute still, würden wir einen Funken Gerechtigkeit im Umgang mit Geld zünden lassen. Wer hat uns denn erlaubt zu sagen: »Dies ist meins, ich hab's erworben, und neben mir soll doch die Welt krepieren, ich schwimme wie ein Eisberg oben auf dem Wasser, hartherzig und versteinert und kalt.« Es sei die schlimmste, die erste aller Sünden, meinen manche Völker, die wir »primitiv« nennen, wenn jemand sagt: »Dies ist meins, und ich verweigere es dir, selbst wenn du's brauchst.«

Man verdirbt nicht nur das eigene Leben, man zerstört auch das der anderen, wenn man gegen den Tod sich sichern zu können glaubt. Man hört auf zu leben. Aber die Güte, die Menschlichkeit, das Verständnis und die Zärtlichkeit des Lebens brauchen den Tod nicht zu fürchten. Sie eröffnen die Terrains, in denen die Sehnsucht nach der Ewigkeit wächst. Sie öffnen Fenster, durch die schon heute das Licht Gottes hereinstrahlt, und aus ihm leben wir wirklich. Nur im Licht blühen die Blumen des Feldes, und unser Herz reift nur in der Güte. Sie hängt nicht ab vom Geld, sie wird prostituiert, wenn man sie kaufen will. Freunde gewinnt man nicht im Basar. Und unbezahlbar ist das Glück, von dem wir Menschen wirklich existieren.

Vom reichen Prasser und dem armen Lazarus

Es war ein reicher Mensch. Und der kleidete sich in Purpur und feines Linnen und war sehr fröhlich Tag um Tag. Ein Armer aber namens Lazarus lag an seiner Tür darnieder, voller Geschwüre, und gierend danach, sich mit den Abfällen vom Tisch des Reichen satt zu machen. Und sogar die Hunde kamen und leckten seine Geschwüre. Es geschah aber: Der Arme starb und wurde von den Engeln hinweggetragen – in den Schoß Abrahams. Aber auch der Reiche starb und wurde begraben. Und in der Totenwelt, in Qualen nun, hebt er seine Augen auf, sieht Abraham von fern und Lazarus in seinem Schoß. Und er rief, sprach: Vater Abraham! Erbarm dich meiner und schicke Lazarus, damit er seine Fingerspitze in Wasser tunke und mir die Zunge kühle; denn ich leide Pein in dieser Glut. Doch Abraham sprach: Kind, erinnere dich – du hast dein Gutes zu deinen Lebzeiten bekommen, wie Lazarus gleichermaßen das Übel. Jetzt aber wird er hier ermutigt, du aber leidest Pein. Und bei all dem steht zwischen uns und euch eine feste Kluft – so gewaltig, dass jene, die von da zu euch hinüberwollen, es nicht können; und sie auch von dort zu uns nicht herüberkommen. Er aber sprach: Also bitte ich dich, Vater, schick ihn ins Haus meines Vaters. Ich habe nämlich fünf Brüder: Die soll er beschwören, damit nicht auch sie an diesen Ort der Qual kommen. Doch Abraham sagt: Sie haben Mose und die Propheten – auf die sollen sie hören. Er aber sprach: Nein, Vater Abraham! Wenn aber einer von den Toten zu ihnen käme, so kehrten sie um. Und er sprach zu ihm: Wenn sie auf Mose und die Prohpeten nicht hören, so lassen sie sich auch nicht überzeugen, wenn einer von den Toten aufsteht. Lk 16,19–31

Das Glück ist nicht käuflich

Die Bilder dieses Gleichnisses konnte Jesus dem eigenen Augenschein entnehmen, wenn er durch die Dörfer und die

Städte Israels ging: auf den Gassen, in den Hütten eine fleißige Armseligkeit und Not und Elend oft in Überfülle; Blinde mussten ihm begegnen, geschlagen mit Trachoma, ohne die geringste Spur eines eigenen Ein- oder Auskommens, Gelähmte, Bettler in Überzahl, Frauen, deren Mann gestorben war und die mit ihren Kindern auf den Gassen saßen und nichts anderes vermochten, als von früh bis spät die Hände aufzuhalten, sich der Fliegen und der Hunde zu erwehren und des Spotts der Reichen. – Wir heute müssen in ein Entwicklungsland gehen, um diese Bilder in der vollen Härte ihrer Wirklichkeit zu sehen. Furchtbar sind die Eindrücke, gleichgeblieben über Jahrtausende. Was wir aus der eigenen Gesellschaft herausgedrängt haben, tun wir den fremden Kulturen auf der Südhalbkugel dieser Erde tagaus tagein an. Man möchte zu den Worten des Propheten Amos seine Zuflucht nehmen und voller Empörung und Zorn aufschreien. Das unmittelbare Bedürfnis nach Gerechtigkeit zwingt förmlich dazu zu sagen, man könnte den Reichen das Elend an den Hals wünschen, schon damit es im Leben einigermaßen einmal mit rechten Dingen zuginge, damit die Sattheit ihre Strafe fände. Der Prophet Amos meint dabei den Einfall der Assyrer, Fremdherrschaft, politischen Umsturz, Revolution und Krieg, alles Dinge, an die man sehr wohl denken kann heute, wie lang unsere Verteilung auf dem Weltmarkt von Arm und Reich eigentlich noch gutgehen soll, wann wir endlich lernen, dass Ungerechtigkeit sich selbst bestraft und es uns selber an den Kragen geht.

Auffallend ist im ganzen Neuen Testament, dass Jesus sich diese Art des Denkens – fast muss man sagen – verbietet. Ihm wird es den Mund zugepresst haben und das Herz oft genug zugeschnürt haben, als er diese Bilder sah, Menschen, darniedergestreckt im Elend, und Hunde, die sie lecken, weil es keinen Menschen gibt, der auch nur imstande wäre, den Brotabfall, die Küchenreste zu verteilen, weil man bis zum äußersten sich einrichtet in Sattheit.

Jesus hat geglaubt, dass man im Inneren ansetzen muss, wenn man die Welt verändern will, dass man das Herz des Menschen ändern muss und dazu die Peitsche, die Zuchtrute irdischer Gerechtigkeit nicht ausreicht.

Es beginnt bereits mit der Selbstabschnürung des Reichtums. Er wiegt sich in einem unglaublichen Terrain der Sicherheit, der Selbstverständlichkeit, ja sogar der Wohlverdientheit. Die Optik eines wirklich Reichen ist derart verstellt, dass er den Blick fürs Elend wirklich nicht mehr haben kann. Er sitzt auf seinen Polstern, wie wenn sie wohlerworben wären. Er wird denjenigen, der vierzehn Stunden förmlich in der Sklaverei arbeitet, einen Faulenzer nennen; er wird die Gesetze der Ausbeutung verdunkeln vor sich selber; ein Tabu wird die Herkunft seines Reichtums zu verschweigen wissen, ganz so, wie wir heute leben: Es ist unser Reichtum wohlerworben, durch Fleiß und Sachverstand uns angeeignet. Wo er herkommt, was er kostet, auf wieviel Unrecht er beruht, in keiner Zeitung darf das stehen, oder sie gilt als linksradikal, als umstürzlerisch und sozial-revolutionär. Man kommt mit gesellschaftlichen Drohungen nicht ins Herz der wirklich Reichen. Dies wusste Jesus. Sie werden bis zum Geht-nicht-Mehr die Daumenschraube der Macht tiefer ins Fleisch des Elends drehen und unerreichbar und verhärteter bleiben. Man muss die Augen öffnen für das Wesentliche, und das beginnt, indem man nachdenkt über das, was Glück ist und Leben.

Einen wirklichen Aspekt über uns selber gewinnen wir allemal, wenn wir denken, wie kurz unser Leben ist. Alle, ob arm oder reich, holt der Tod ein, und wir können uns dagegen niemals schützen. Wird uns das Totenhemd angezogen, ist es egal, wieviel wir vorher in den Taschen hatten. Aber könnte man nun nicht denken, dass es irgendwann eine Aufklärung gäbe, ins Wesentliche hineinversetzt? Man kann die Bilder von Himmel und Hölle, wie sie das Evangelium malt, jenseitige Wirklichkeiten, nicht so verstehen, wie wenn von außen her uns eine fremde Gerechtigkeit zugemutet würde. Unter den Augen Gottes wird Bilanz nur so gezogen, wie wir's im Diesseits hier, wenn wir feinnervig genug sind und die Augen offenhalten für die innere Wirklichkeit, bereits sehen und merken können. Was denn ist der Reichtum in seiner inneren Realität? Äußerlich lassen wir uns vorgaukeln, die Leute, die das Geld in Händen haben und mit vollen Händen auf den Markt und auf die Straßen werfen für ihren Vorteil, seien beneidenswert. Wir lassen uns verführen durch den Augenschein, womöglich selber zu glauben, der Status des Reichtums sei erstrebenswert, die Leute, die am meisten hätten, seien in der Rangskala des Erfolges die erstrebenswerten. Macht doch, meint Jesus mit diesem Gleichnis, einmal die Augen auf, wie die Reichen fühlen auf ihren Diwanen und Kanapees. Seht ihr Menschen, die glücklich sind? Seht ihr nicht vielmehr solche, die auf einem falschen Wege ständig die eigene Quälerei und Tortur betreiben? Ein Reicher kauft, wähnend, sein Glück zu machen, sich ein neues Haus, oder er kauft sich die Einrichtungen für sein neues Haus, oder er kauft sich ein noch besseres Auto für die Garage an seinem neuen Haus. Immer wird er denken: wenn er so tut, hat er ein Stück Lebensqualität mehr, wie wir heute sagen, ein Stück Glück mehr in seinen Händen. Und wie wird es ihm ergehen? Projiziert man's ins Wesentliche, nimmt man die Bilanz, wie sie gültig ist, hat man einen Menschen vor sich, der nicht erst im Jenseits, sondern hier und jetzt schmort wie in einem nicht endenden Feuer. Seine Gier setzt sein Herz in Brand wie ein Durst, der nie verlöscht, eine sengende und nicht vergehende Leidenschaft wütet in seinem Herzen und lässt ihn nie zur Ruhe kommen.

Die erste Wahrheit des Reichtums ist seine Unersättlichkeit, denn er beruht auf einem Irrtum. Man kann das Glück nicht kaufen. Es wird nicht im Geschäft um die Ecke erworben und eingehandelt. Glück ist etwas Innerliches, niemals etwas Äußeres. Eben weil die sogenannten Reichen an ihren Besitz sich veräußern, alle Dinge, alle Werte immer mehr nach außen schieben, werden sie immer unfreier, immer ausgelieferter, immer unglücklicher, und sie folgen dem eigenen Wahn, ihr Unglück liege darin, dass sie nur dies und jenes noch nicht besäßen. Also müssen sie immer mehr besitzen und werden immer unglücklicher.

Es herrscht der zweite Aberglaube, dass der Reichtum angesehen und liebenswert macht unter den Menschen. Hat man dieses Kleid, hat man jenen Erfolg, wird man von anderen mehr gemocht, mehr geschätzt. Hängt man sich dieses Geschmeide um, hat man jenen Erfolg vorzuweisen, hat man mehr an Liebe und Zuwendung, glaubt man. Die Wahrheit ist die Vision dieses Evangeliums: Man ist am Ende völlig isoliert inmitten seines Reichtums. Zwischen dem Reichen und den anderen klafft ein riesiger Graben, der nicht mehr zu übersteigen ist. Jede Kommunikation, jede sprachliche Fähigkeit, sich mitzuteilen, bricht ab. Am Ende sind die Unterschiede so befestigt, dass sie die Herzen trennen, unüberschreitbar. Die Wahrheit, die man sehen kann, ist die völlige Isolation des Reichen in seinem Reichtum. Was gäbe er darum, würde er selber, der blinde mitleidlos Gewordene, den blinden Bettler vor der Tür um ein Geschenk des Mitleids anflehen dürfen!

Man hätte hier auf Erden so viel Zeit dafür. Wir könnten über das Geld und über den Reichtum so ins Einvernehmen kommen, dass wir glücklich dabei würden. In dem Maße wir mit unserem Reichtum so umgehen, dass fremde Not dadurch gelindert wird, ein Stück Menschlichkeit mehr in die Welt kommt, wir unsere Augen schärfen für die Not und das Elend ringsum, gewinnen wir selbst dabei an Glück, an Wert, an Liebenswürdigkeit, an Verbundenheit untereinander, kurz, an Menschlichkeit.

Es gibt, aufs Ganze gesehen, einen absoluten Teufelskreis. Er besteht darin, dass die Menschen, die ihre Hände um jedes Ding in der Welt schließen, auch das Leben selber schließlich als etwas in sich Geschlossenes betrachten müssen. Kein Ausblick auf ein Jenseits, rein materialistisch ist der Mensch schließlich nur noch das, was materiell gezeugt wird und materiell sich auflöst, der Tod ist das letzte Wort, die Gier das Element des Lebens. Der Reiche meint vielleicht, dass Wunder helfen könnten. Wäre die Auferstehung von den Toten sinnlich zu greifen, passierte irgendein Spektakel, würde er sein Herz ändern. Es wird nie so sein. Man wird auch an ein jenseitiges Leben nur glauben können, wenn man Menschen so liebhat, dass man den unendlichen Wert, der in ihnen liegt, fühlt, wahrnimmt und ins eigene Herz aufnimmt. An die Unendlichkeit des Lebens wird man nur glauben, wenn man sein Herz öffnet. Die Unveräußerlichkeit und ewige Würde eines Menschen wird man nur dann für Wahrheit halten, wenn man menschlich genug miteinander umgeht. Und das ist das Furchtbare: man glaubt an kein Jenseits inmitten des Materialismus und schließt am Ende sein Herz so, dass sich auch gegen Gott hin die Wand absolut schließt. Man kommt nicht mehr heraus, im Diesseits nicht, im Jenseits nicht. Anders, wenn es Spuren, Reste gibt, die uns freimachen und öffnen auf das Licht der Güte hin.

Ein russisches Gleichnis sagt einmal, dass jemand wie der reiche Prasser, den wir nicht einmal mit Namen kennen, nur seinen Stand, seinen Titel, seine Rolle, verbannt war in die Unterwelt. Und er litt furchtbare Pein und Not, und er flehte zu Gott, wie er gerettet würde. Da soll's geschehen sein, dass eine arme Frau von Himmel her ein Seil herunterließ, an dem eine Zwiebel hing. An ihr kletterte der reiche Mann empor, und er erinnerte sich, dass er, der in seinem ganzen Leben niemals etwas Gutes getan hatte, einer Bäuerin, fast wie nebenher, eine Zwiebel zugeworfen hatte, weil er in seinem Korb darin keine Verwendung mehr fand. – Auch nur ein einziges Mal gut gewesen zu sein, vermag eine ganze Welt zu ändern und unser ganzes Leben offenzuhalten, dass Gott daran anknüpfen möge.

Vom Reichtum und von der Rückkehr des Hausherrn

Verkauft euer Hab und Gut und gebt es als Almosen. Schafft euch Beutel, die nicht verschleißen – einen unerschöpflichen Schatz in den Himmeln, wo kein Dieb sich heranmacht und keine Motte Verderben bringt. Denn: Wo euer Schatz, dort ist auch euer Herz.

Eure Lenden seien gegürtet und die Leuchten brennend. Dann gleicht ihr Menschen, die darauf warten, wann ihr Herr von der Hochzeitsfeier heimkehre, um ihm, wenn er kommt und klopft, sogleich zu öffnen. Selig jene Knechte, die der Herr bei seiner Ankunft wachend findet! Wahr ist's, ich sage euch: Er wird sich gürten und sie zu Tisch sich legen lassen. Und umhergehen wird er und ihnen dienen. Und wenn er in der zweiten und wenn er erst in der dritten Nachtwache kommt und sie so findet – selig sind jene! Das erkennt ihr doch: Wenn der Hausherr wüsste, zu welcher Stunde der Dieb kommt, so ließe er nicht in sein Haus einbrechen. Macht auch ihr euch bereit, denn zu einer Stunde, da ihr es nicht ahnt, kommt der Menschensohn.

Es sprach aber Petrus: Herr, sagst du dieses Gleichnis nur zu uns oder auch zu allen? Und der Herr sprach: Wer also ist der treue, verständige Hausverwalter, den der Herr über seine Dienerschaft setzen wird, damit er ihr zur Zeit die zugemessene Kost gebe? Selig jener Knecht, den sein Herr, wenn er kommt, bei solchem Tun antrifft! Wahrhaftig, ich sage euch: Über all sein Hab und Gut wird er ihn setzen. Wenn aber jener Knecht in seinem Herzen spricht: Mein Herr lässt sich Zeit zu kommen, und wenn er anfängt, die Burschen und die Mägde zu prügeln, zu schmausen und zu trinken und sich zu berauschen, dann wird der Herr jenes Knechts an einem Tag kommen, an dem er es nicht erwartet, und zu einer Stunde, die er nicht kennt. Und entzweihauen wird er ihn und ihm so sein Teil unter den Ungläubigen zuweisen.

Jener Knecht aber, der den Willen seines Herrn erkannt, aber nicht ihm zu Willen getan hat, wird schwer geschlagen. Wer ihn aber nicht erkannt, jedoch getan hat, was der Schläge wert, wird wenig geschlagen. Von jedem aber, dem viel gegeben wurde, wird viel gefordert. Und wem man viel anvertraut hat, um so mehr wird man von ihm verlangen. Lk 12,33–48

Gott haut uns in Stücke

Merkwürdig zusammengesetzt scheint dieses Evangelium: Vom Reichtum springt es über auf das Thema der Wachsamkeit; von einem Bräutigam, der zurückkommt, zu einem Hausherrn, der seine Knechte selbst bedient; zu einem anderen, der sein Haus überwacht gegen Einbruch; dann zu einem, der seinen Knecht in Stücke haut, wenn er ihm nicht passt; zu einem anderen wiederum, der nur die Prügelstrafe austeilt; dann allgemeine Worte: dass, wer viel hat, auch viel zur Abrechnung wird eintreiben müssen, lauter Worte, die so schwerlich zueinander passen. Und dennoch haben sie allesamt ein und dasselbe Klima im Umraum, die nahe Erwartung des kommenden Menschensohnes, ein für uns heute sehr schwieriges Thema.

Zweitausend Jahre Kirche haben uns gelehrt, dass es so ernst uns nicht gleich auf den Fersen sein wird, die Weltgeschichte hat seit den Tagen Jesu einen langen Atem bekommen. Tatsächlich versteht man vieles, was Jesus sagen wollte, nur aus der Gewissheit, dass Gott dicht bevorsteht und die Welt in ihren Ordnungen bald schon zu Bruch gehen wird. Im *äußeren* Sinn hat die Bibel sich darin geirrt. Im Äußeren wissen wir, dass unser Planet, wenn wir ihn nicht gleich selbst zugrunde richten, erst in der Mitte der Zeit steht, die ihm zugedacht ist. Er wird es noch etwa vier bis fünf Milliarden Jahre aushalten. Aber *innerlich* ist sehr die Frage, wie nahe Gott uns ist. Nicht eine Frage der Zeit ist dies, sondern der existentiellen Dichte, und wer begreift, wie unmittelbar er Gott im Herzen tragen kann, dem, in der Tat, werden die Ordnungen dieser Welt mehr als fragwürdig. Er wird denken müssen: Wenn es irgendeine Beständigkeit in diesem Leben geben soll, dann auf einer anderen Grundlage unseres Daseins. Und sie beginnt mit einem gründlich veränderten Verhalten im Umgang mit Besitz, Eigentum und Geld. Kaum ein Punkt der Lehre Jesu ist so bitterernst wie dieser uns so fremd gewordene Kernpunkt seiner Aussage von der Armut. Wir sind heute als Durchschnittsbürger von mehr Luxus und Komfort umgeben als die Pharaonen und die Könige der Antike. Wir begreifen sehr wohl, dass für noch viel mehr Menschen noch viel mehr Ansprüche durchaus nicht verträglich sind auf diesem Globus. Aber es gibt kein Halten.

Wir bringen uns um durch die Habgier, wir töten Gott durch die Habgier, denn sie besteht in nichts anderem, als sich dem Kreislauf der Welt zu verweigern. Alles, was lebt, existiert durch den Austausch, und herauszutreten aus dem Gesetz des Austauschs bedeutet, abgeschnitten zu werden und nicht mehr teilzuhaben am Kreislauf des Lebens. Die Welt, die Erde behält in ihrem Schoß den zurück, der Teile von ihr behalten will. Die Erde zerstückelt den, der die Erde zerstückelt.

Unser Problem ist, dass wir, anders als die Pflanzen und die Tiere, nicht einfach nur ein Teil der Natur sind. Wir sind als Menschen die einzigen Lebewesen, die dazu bestimmt sind, Einzelne zu sein, nicht Wesen nur der Art und Gattung. Aber wir verstehen unseren Auftrag, ein jeder von uns eine eigene Person, etwas unvertauschbar Einmaliges zu sein, falsch, wenn wir ihn dahin verdrehen, durch Aneignung der Dinge ringsum uns selber zu vereinzeln. Alle Angst unseres Herzens beruht darauf, dass wir Einzelne sind. Aber gerade dies, dass wir ein individuelles Antlitz tragen, macht uns groß und liebenswert und schön und teilhaftig der Liebe untereinander. Unsere Individualität ist Grundlage einer unvertauschbaren Zuneigung. Darin gründet sie, und der Kreislauf der Liebe unter den Menschen sollte bestimmt sein, den Kreislauf der Natur abzubilden. Deshalb schickt Gott seinen Sohn in diese Welt.

Wir machen uns sehr leicht etwas vor: Geld beschützt uns nicht. Wir können's zu Hause horten, dann fressen es die Motten oder es rostet. Wir können's auf die Bank tragen, dann werden wir erleben, dass sein Wertverfall höher ist als der Zinsfuß, mit dem wir Zinsen zu hecken versuchen. Motten und Rost greifen unsere Habe an, womöglich schneller als die Fäulnis der Erde unseren Körper.

Von diesem Gedanken aus springt das Evangelium wie in einem Rösselsprung Thema für Thema ab. Es gibt nur *einen* Maßstab, will es sagen, wie wir richtig mit uns umgehen, das ist die Frage, wem wir dienen; und alles, was wir haben, ist einzig dazu bestimmt, anderen zu nützen. So kommt die Sprache plötzlich auf die Wachsamkeit. Ich glaube, im Hintergrund dieses Gedankensprungs steht etwas, das man in Israel aus den Psalmen auswendig kennt. »Nicht schlummert und schläft dein Wächter, Israel.« So galt die Passahnacht als Lēl schimorim, als Wacht-Nacht, in der man teilhat am Wächteramt Gottes und wartet auf die Erlösung zur Freiheit. Man braucht nicht Angst zu haben, weil Gott wachsam ist, und seine Art zu herrschen ist, uns die Angst aus der Seele zu nehmen und uns zu beschützen gegen die Dunkelheit. So zu wachen heißt: einander die Angst aus der Seele zu nehmen und einander zu beschützen gegen die Verzweiflung.

Da ist dann der Herr, der zurückkommt von der Hochzeit, jemand, der den Knecht bedient. Nicht absurd ist dies, sondern bekannt aus der Art, wie Christus selber Passah feiert. Wieder kann man jetzt denken: »Dazu sind wir zuviel mit Angst besetzt; wir müssen uns abschließen und gegen Einbruch sichern.« Aber der einzig wesentliche Einbruch in unsere Enge und in die Welt der Angst ist, uns zu konfrontieren mit Gott, immer wieder. Er ist der einzige Einbruch unseres Lebens, auf den wir wirklich achten müssen. Und dann ordnet sich alles andere. Man kann hier nicht fragen: »Wen betrifft all dies? Sind es die anderen? Nur wir selber?« Die angemessene Frage ist vielmehr: »Womit lebe ich?« Ein jeder hat seine Talente, um es mit einem anderen Jesuswort zu sagen, aber nicht als Eigentum, das er einklagen könnte. Was wir besitzen, ist geliehenes Gut, dazu bestimmt, zu dienen und eingebracht zu werden in den Kreislauf der Welt. Sonst zerstückeln wir unser Herz im Zerstückeln der Welt: Gott haut uns in Stücke.

Von der engen und von der verschlossenen Tür

Und er wanderte von Stadt zu Stadt und Dorf zu Dorf, um zu lehren und des Wegs nach Jerusalem zu ziehen. Da sprach einer zu ihm: Herr, sind es nur wenige, die gerettet werden? Er sprach zu ihnen: Kämpft, um durch das enge Tor hineinzukommen. Denn viele – sage ich euch – werden hineinzukommen suchen und es nicht können.

Wenn einmal der Hausherr sich aufgerichtet, das Tor verriegelt hat, und ihr von da an draußen steht, an das Tor klopft und sagt: Herr, mach uns auf – so wird er euch antworten: Ich kenne euch nicht! Woher seid ihr? Dann werdet ihr anfangen zu sagen: Gegessen haben wir doch und getrunken vor deinen Augen, und auf unseren Straßen hast du gelehrt. Und er wird reden und zu euch sagen: Ich kenne euch nicht! Woher seid ihr? Hinweg von mir, alle, die ihr Ungerechtigkeit wirkt. Dort wird sein: das Heulen und Knirschen der Zähne – wenn ihr Abraham, Isaak und Jakob und alle Propheten im Königtum Gottes seht, euch aber hinausgeworfen. Und vom Aufgang und Niedergang, vom Nordland und Südland werden sie kommen und zu Tisch lagern im Königtum Gottes. Und da! Letzte gibt es, die Erste sein werden, und Erste gibt es, die Letzte sein werden. Lk 13,22–30

Das Leben selbst in die Hand nehmen

Wohl ist es wahr, dass wir vom Wort Gottes leben, aber das Wort Gottes lässt sich nicht aufnehmen wie ein gewöhnliches Nahrungsmittel, eher wirkt es wie ein Spurenelement oder ein Enzym mitten in der Teigmasse; nur in der richtigen Dosierung und an der rechten Stelle vermag es Nützliches zu bewirken. In falscher Konzentration und zum falschen Zwecke eingenommen, richtet es eher Schaden an.

Die Worte dieses Evangeliums sind wie berechnet dazu, angst zu machen. Derselbe Jesus von Nazaret, den wir an anderen Stellen des Neuen Testamentes uns förmlich beschwören hören, wir möchten uns in die Hände der Macht, die er unseren und seinen Vater nennt, vertrauensvoll hineinbegeben, sehen wir hier seine Worte wie ein Messer schleifen, dass sie falsche Sicherheiten auftrennen um den Preis einer im Kern unseres Herzens sich entdeckenden Angst. Es beginnt mit einer Frage, die unterwegs nach Jerusalem, während dieses Wallfahrtszuges in den Tod Jesu, an den Herrn gerichtet wird: »Sind es nur wenige, die gerettet werden?« Schon dass jemand Jesus so angeht, weist auf eine tiefe Beunruhigung hin. Da soll also nicht gelten, was wir für gewöhnlich hören: dass wir in der großen Menge geborgen und geschützt seien. Möglicherweise, so begreift dieser Mann, fügt sich an der Seite Jesu ein langsamer Prozess zunehmender Vereinsamung unter den Augen Gottes zu der förmlichen Pflicht, zu verstehen und zu leben, was Jesus will. Kaum so gesprochen, legt Jesus zu, und jeder Satz treibt in die gleiche Richtung. »Es kann sein, dass alles darauf ankommt, mit äußerster Kraft zu versuchen«, erklärt er, »durch die enge Pforte zu gelangen.« Es ist, wie wenn es in diesem Moment Gott nicht mehr gäbe mit seinem Beistand und mit seiner Gnade. Es scheint in diesem Augenblick, als läge alles bei uns selber und einzig auf uns und unser Verhalten käme es hier an, ja es drängt sogar die Zeit und duldet keinen Aufschub. Wer jetzt säumig ist, riskiert nach der Erklärung Jesu, draußen zu stehen, und die Tür wird verschlossen, und er mag klopfen, wie er will. Noch ärger: Man mag sich darauf berufen, sich eigentlich in den Fragen und Anliegen Jesu ganz gut auszukennen und ihn gewissermaßen auf der Straße und im selben Restaurant als Duzfreund kennengelernt zu haben. Es wird nicht helfen, mit dieser äußerlichen Bekanntschaft sich herauszureden; die Frage ist, wie wir Gott bekannt sind und wie wir selber vor ihm stehen. Und immer noch weiter. Es steigert sich bis zu den

Bildern von Hölle, von Heulen und Zähneknirschen und hasserfüllter Resignation, wenn wir sehen, wie andere Eingang finden in das Himmelreich, wir aber drohen ausgeschlossen zu sein, und die Ordnung der Welt kehrt sich auf den Kopf, da die Letzten die Ersten sind. Es führt kein Weg an der Einsicht vorbei: Jesus hält es für unabweisbar, notfalls mit Angst, das Wesentliche zu bewirken. Seine Worte scheinen wie in zwei Richtungen gesprochen, die auf das engste zusammenhängen.

Die eine wollen wir nennen die Scheinberuhigung im Kollektiv oder die Weigerung, ein Individuum zu sein. Alles beginnt mit der normalen Erwartung, die wir als Menschen aneinander richten: dass wir des Richtigen versichert würden im gemeinsamen Tun. Wenn viele zusammen dasselbe tun, werden sie erfolgreich sein, und es wird sich am Ende erweisen, dass es stimmt. Es gilt, der richtigen Gruppe zuzugehören, und es kommt darauf an, in Schulterschluss, Parteiloyalität und Treue gemeinsam zusammenzustehen; je mehr Leute so tun, desto größer wächst die Wahrheit, desto stärker wird die Durchschlagskraft der Gruppe, und also genügt es, dabeizusein. Um es so energisch wie möglich zu kontrapunktieren: Unter den Augen Gottes genügt es nicht nur nicht, sondern ist das falsche Prinzip, statt *selber* zu sein, mitmachen zu wollen. Unter den Augen Gottes kommt es überhaupt nicht darauf an, ob Menschen in großer Zahl zusammenströmen. Gott ist im Sinne Jesu einzig daran interessiert, wer wir selber sind. Dieser Mut, ein Individuum zu sein, ist gewissermaßen das Eintrittsbillett in den Fragen Gottes – so sehr, dass durch die enge Pforte nie ein großer Schwarm und Haufen gelangen wird, sondern jeder für sich selbst. Hier kommt es auf uns selber an, ganz entscheidend auf jeden Einzelnen. In diesem Sinne ist es nicht maßgebend, wie weit es uns gelingt, aus unserem Leben ein Abziehbild der Menge rings um uns her zu machen. Gott hat *uns* erschaffen, mit einem besonderen Thema, einer besonderen Bestimmung, und sie zu leben und auszuprägen ist das einzig Wichtige. Die Wahrheit, die in uns existiert, nach Möglichkeit herauszuspüren und herauszuformen ist der einzig wesentliche Auftrag unseres Lebens. Da kommt es nun tatsächlich darauf an, dass wir unser Leben selber in die Hand nehmen.

Es wäre möglich, eine Art Gottvertrauen zu konzipieren, das die Zuständigkeit für unsere Existenz an den Schöpfer zurückgibt: »Wir sind von ihm gemacht, und er wird wissen, was er mit uns wollte. Nun genügt es, vertrauensvoll dahinzuleben und Gott einen guten Mann sein zu lassen.« Im Sinne Jesu jedoch wird es zur entscheidenden Erfahrung, dass Gott uns in eigener Freiheit gewollt und gemeint hat. Deswegen geht es nicht an, zu leben nach der Art eines Kinderspielzeugs, das von einem Jungen mit einem elektrischen Draht im Kreis geführt wird. Irgendwann wird die Mechanik ermüden, und man kann das Gerät beiseite stellen, sei's bei dem einen nach fünfzig Jahren, bei dem anderen nach siebzig Jahren.

Wir Menschen sind keine Automaten, keine nach Programm laufenden Maschinen. Es ist vielmehr, als hätte Gott die Taue gekappt und das Schiff hinausgeschickt mit mächtigem Wind auf die See, wir aber stünden am Ruder, in Kenntnis des Kurses läge es an uns, zu navigieren mit Sextant, Logbuch, Leine und Kompass, gegen die Winde oder mit den Winden, aber nach Kurs und in eigener Verantwortung. Das muss es heißen, frei zu sein. Wem dabei angst wird, mag denken: »So ist es vielleicht im wesentlichen, aber so kann ich es heute noch nicht, gut Ding wird Weile haben müssen, gemach, mein Herr, und wir werden das Wichtigste lernen müssen durch Aufschieben.« Es ist richtig, dass Jesus an anderer Stelle uns ein Vertrauen in das Morgen lehrt. An einer wichtigen Stelle der Bergpredigt erklärt er, wir sollten den morgigen Tag für sich selber sorgen lassen, schon damit wir vor lauter Kummer und Angst vor all dem, was kommen könnte, den heutigen Tag nicht verpassen; genau im umgekehrten Sinn akzentuiert heißt es an dieser Stelle: Es ist auch möglich, aus lauter Angst heute schon zu nichts zu kommen und das Morgen als Ausrede zu benutzen. Wenn das Entscheidende morgen kommt, wird es niemals kommen. Wer eine Wahrheit kennt und sie nicht im Augenblick lebt, verpasst sie womöglich für immer. Dann kann es schließlich sein, dass er dasteht und die Bilanz lautet: »Ich weiß nicht, wofür ich gelebt habe; schlimmer noch: Ich weiß überhaupt nicht, wer ich selber bin, noch, wofür es mich gegeben hat.« Und unterm Schlussstrich wird Gott diese Bilanz bestätigen. Er wird sagen: »Ich weiß nicht, woher du kommst, so hab ich dich nicht gemacht, dieses Maskengesicht ist nicht von meiner Hand geformt, wer bist du wirklich?« Dafür haben wir nicht gelebt, und diese Angst mutet Jesus uns zu, die es kostet, ein Individuum zu sein und ein eigenes Leben zu formen.

Da ist die andere Richtung der Angst von einem Thema gekennzeichnet, das sich am besten wohl überschreiben lässt als die Beruhigung in der versicherten Religion oder in dem mangelnden Wagemut, selber vor Gott zu stehen. Man darf beim Hören dieser Worte nicht überlesen, dass Lukas den Herrn nicht in historischer Worttreue zu den Menschen der Zeit Jesu sprechen lässt, sondern zu den Zeitgenossen der lukanischen Kirche und in gewissem Sinne zu den Menschen aller Zeiten. Alles kann wiederkommen. Es mögen die Juden zu Jesus gesagt haben, dass er ihnen wesentlich Neues kaum werde vermitteln können, er sei einer der Ihren, er stehe in ihrer Tradition, er lebe in ihren Riten und Gebräuchen, also dass man ihn zurückführen könne auf das Vertraute und Gewohnte: »Haben wir nicht mit dir gegessen, und warst du nicht auf unseren Straßen?« Ganz so sind auch wir selbst geneigt, uns herauszureden. Wir essen und wir trinken gemeinsam an demselben Tisch mit Jesus seit Kindertagen. Wir sind mit ihm gewissermaßen in die Schule gegangen. Man hat uns das System der Religion wie etwas Fertiges erklärt, ein ganzes Bündel von Satzungen, Prinzipien, Verhaltensmaßregeln, dass wir nur zu tun brauchen, was uns beigebracht wurde, ein fertiges Programm, das jetzt nur ablaufen muss für den Rest des Daseins. Was uns zu guten Christen macht, ist, dass wir unsere Pflicht tun und im Übrigen ansehnliche Bürger sind, und was uns unterscheidet von den Gottlosen, den Nichtgläubigen, den Nichtchristen, ist einfach dies, dass wir heute Morgen hier in der Kirche sitzen, im Unterschied zu drei Vierteln der deutschen Bevölkerung sonst. Im Übrigen ist Jesus für uns keine Beunruhigung. Es ist, wie wenn der Apparat der Kirche sie uns abgenommen hätte.

So aber hat Jesus es nicht gemeint. In seiner Existenz lebte eine äußerste Herausforderung, sich notfalls aus dem Allgemeinen zu lösen, und was dabei auf dem Spiel steht, kann man am Jahrestag des Ausbruchs des Zweiten Weltkriegs vielleicht sehr genau auf den Begriff bringen. Sie finden am Kircheneingang in den Pfarrnachrichten die Erklärung der deutschen Bischöfe, dass es nie wieder Krieg geben darf – richtig und unbedingt so zu sagen. Aber vor siebzig Jahren sprachen die deutschen Bischöfe nicht so. Vor siebzig Jahren erklärten sie, dass ein Fahneneid, gesprochen auf Gott, ein Fahneneid ist und dass man, wenn er dem deutschen Führer geschworen wird, dessen Kriegsaufruf also nicht widersprechen darf; 1956 bei der Wiederaufrüstung der Bundeswehr erklärten sie genauso, dass kein Katholik das Recht hat, den Wehrdienst zu verweigern. Siebzig Jahre danach ist es wichtig, Wahrheiten zu sagen, aber wenn sie nichts kosten und Allgemeingut sind, kommen sie zu spät. Sie sind dann so kostenlos zu haben wie eine Zeitung von gestern – sie ist langweilig. Es mag sein, dass wir sehen, wie wir mit allem auf dem falschen Kurs waren, weil wir nicht wagten, zu uns selbst zu stehen. Das war die Wahrheit vor siebzig Jahren. Man hatte nicht den Mut, eine ganze Generation von Pfarrern und Priestern der Gestapo zu übergeben. Dieselbe Kirche, die sonst das Martyrium predigt, wagte nicht, es nach außen zu leben, sie reservierte es für die Aufopferung an sich selber, für die Pflichttreue zu ihrer Institution, für die Selbstverleugnung im Dienst an Christus im Sinne der Kirche. Und als der Ernstfall drohte, weigerte sie sich.

Kann es nicht sein, dass wir schließlich sehen, wie die wahren Propheten, wie Abraham, Isaak und Jakob ihre Wahrheit zu ihrer Zeit lebten und deshalb dabei sind in dem großen Saal des göttlichen Reiches, wir aber verbittert draußen stehen müssen, weil wir uns weigerten, das Richtige *heute* zu tun? Es gibt Wahrheiten, die jeder in sich trägt. Niemand von außen kann sie ihm erklären oder wegnehmen, er muss sie verwirklichen. Da kommt es möglicherweise nicht einmal darauf an, wozu wir im Sinn der Religionsstatistik und der verfassten Ordnung gehören. Aus aller Winde Gegend werden Menschen kommen, meint Jesus, und nahe bei Gott sein. Vor siebzig Jahren zählten Menschen dazu, die wir Kommunisten nennen oder Zeugen Jehovas; sie wagten zu tun, woran sie glaubten.

Es gibt einen alten Mythos, wonach von Zeit zu Zeit einer der Götter herabsteigt zur Erde und sich in Lumpen hüllt. Er geht durch die Straßen der Menschen und klopft an die Türen, um zu sehen, wer ihn aufnimmt. Die Namen dieser Menschen merkt er sich und empfängt sie am Ende im Himmel. Ein solcher Gott im Inkognito wollte Jesus von Nazaret sein. Er wollte, dass wir ganz einfache Wahrheiten leben. Vielleicht dass wir vom Judentum, vom Christentum, von der richtigen Religion nie etwas gehört haben, dass wir im Sinn der öffentlichen Ordnung weit weg sind von der katholischen Kirche und ihren Bestimmungen, und doch kommt es vor, dass wir selbstverständliche Formen von Menschlichkeit leben und wagen. Das ist das einzige, was schließlich gilt. So knüpft sich's zusammen mit dem Bild von der engen Pforte. Schließlich geht es um etwas ganz Einfaches. Die offizielle Religion braucht viel an Pomp und Prunk und muss sich voluminös und breit und gewichtig darbieten. Am Ende ist sie zu faul, um zur rechten Zeit zu kommen, und zu fett, um hindurchzukommen. Aber dieses ganz Einfache, das Unscheinbare, das ganz unspektakulär

Gelebte an Menschlichkeit gilt mit einem Mal als das Höchste und Entscheidende, und es wird das Letzte auf dem ersten Platz sein, und was wir sonst für groß hielten, wird sich entwerten bis zum Lächerlichen. Es gilt nicht mehr, und es kam nie darauf an, wenn sich unsere Augen klären. Wir aber, wenn wir die Angst wagen und sie überwinden, die es kostet, selber zu leben, könnten ganz nah sein bei Gott, bei uns und bei den Menschen, die uns am meisten brauchen.

Von der Wahl der Plätze

Und es geschah: Als er in das Haus eines Anführers der Pharisäer am Sabbat zum Brot-Essen kam, da beobachteten sie ihn ...
Er aber sagte zu den Geladenen ein Gleichnis. Als er merkte, wie sie sich die ersten Plätze wählten, sagte er zu ihnen: Wirst du von einem zu einer Hochzeit geladen, so lagere dich nicht auf den ersten Platz. Es könnte ein Ehrwürdigerer als du von ihm geladen sein. Und es kommt, der dich und ihn geladen, und sagt zu dir: Mach diesem Platz! Dann wirst du voll Scham den letzten Platz einnehmen. Nein, wenn du geladen wirst, geh und lass dich auf dem letzten Platz nieder, damit der, der dich geladen, kommt und dir sagt: Freund, rücke höher hinauf! Dann wird dir die Verherrlichung zuteil vor allen, die mit dir zu Tisch liegen. Denn: Jeder, der sich selbst erhöht, wird niedrig gemacht, und wer sich selbst niedrig macht, wird erhöht.
Er sagte aber zu dem, der ihn geladen hatte: Wenn du ein Früh- oder ein Abendmahl gibst, so rufe nicht deine Freunde noch deine Brüder und nicht deine Stammesgenossen noch reiche Nachbarn – damit nicht auch sie dich ihrerseits einladen und du es wettgemacht bekommst. Nein, wenn du einen Empfang gibst, so rufe Arme, Krüppel, Lahme, Blinde zusammen. Und selig bist du, weil sie nichts haben, um es dir wettzumachen. Denn wettgemacht wird es dir bei der Auferstehung der Gerechten. Lk 14,1.7–14

Eingeladene sind wir

Die Größe eines Menschen wird man daran sehr gut messen können, inwieweit er selbst aus unscheinbaren Begebenheiten etwas Wertvolles und Großes aufschließen und vermitteln kann.

Dieses Gastmahl, zu dem Jesus eingeladen wird, ist denkbar alltäglich, konventionell und durchschnittlich, und dennoch bemerkt man gerade in dem uns so Gewohnten das in den Augen Gottes Ungeheuerliche. Es ist möglich, jede menschliche Beziehung im vorhinein mit zwei Fragen zu verderben. Die erste: »Wie komme ich beim anderen an, und wie wirke ich auf ihn?« Und die andere Frage: »Was kommt im Kontakt mit dem anderen für mich heraus, inwieweit rentiert sich überhaupt, dass ich zu ihm eine Beziehung aufnehme?« Das Ankommen beim anderen und das Einkommen durch den anderen sind die zwei Motive, die gründlich und von vornherein menschliche Gefühle zerstören oder zum Erfrieren bringen.

Das Vertrackte ist, dass wir die Frage »Wie wirke ich auf den anderen?« fast immer voller Angst stellen. Selber gehen wir uns in dem Bemühen, möglichst beliebt zu sein beim anderen, regelmäßig in die Falle. – Wir sind irgendwo eingeladen, und es könnte ein ganz entspannter, schöner Abend sein. Man könnte miteinander reden über das, was in einem selber und im anderen vor sich ginge. Miteinander zu sprechen könnte die Berührung der Seelen der Partner eines Dialogs sein. Aber dahin kommt es nie, wenn wir die Angst wie einen dicht gepackten Rucksack auf unserem Buckel mitnehmen, die Angst, die uns zwingt, nur einen einzigen Gedanken zu verfolgen: »Bin ich in den Augen der anderen Gesprächsteilnehmer auch würdig genug, gut genug, recht genug, attraktiv und auffallend genug?« Im Gefolge dieser Zwangsfrage gibt es kein Halten. Selber können wir nur auf dem Stuhl sitzen, wenn wir irgendwoher die Beruhigung haben, auf unbedingt dem ersten, dem besten Platz von allen zu sein. Nur wenn unser Licht leuchtet wie die Sonne und die anderen wie Sterne der Nacht verblassen lässt, wird der Ehrgeiz unserer Angst für den Augenblick ein wenig nachlassen. Denn gleich schon öffnet der andere seinen Mund und sagt etwas; es ist womöglich klüger, als was wir gerade selber dachten; oder er teilt ein Wissen mit, über das wir gerade nicht verfügen; oder er berichtet von einer Begebenheit, in der er vorteilhafter aussieht, als wir selber es im Gespräch zu lancieren wüssten – und schon bricht die Angst wieder auf. Was hat man gerade selbst gesagt? Was wird man zwei Sätze später sagen? Wie wird man den anderen mit einem noch spannenderen Thema, einem noch dummdreisteren Witz, einem noch grotesqueren Kalauer mundtot machen können, wie noch das Gespräch so wenden, dass es einen selber in das trefflichste Licht rückt? Gnadenlos ist dieser Konkurrenzkampf um den ersten Platz, und Jesus meint: Er ist prinzipiell nie zu gewinnen. Der Misserfolg liegt in den Startbedingungen. Man tut so in dem verzweifelten Bemühen, angesehen, akzeptiert und bei all der Strapaze schließlich geliebt zu werden. Das geheime Motiv von allem ist, dass man gemocht werde von den anderen. Jeden Preis würde man dafür bezahlen. – Und die Wahrheit ist: Man verfolgt eine Strategie wie aus dem Lehrbuch, um gründlich unbeliebt zu werden. Die Angst, die man mitbringt, verbreitet man bei den anderen. Den Erfolg, den man gerade einheimst, wird man den anderen so sehr mit Druck weitergeben, dass sie sich förmlich rächen *müssen*. Sie werden uns nicht anerkennen, im Ehrgeiz der Angst, in der Zwangsplazierung vornean, sie werden sich alle Mühe geben, uns herunterzuholen, auf die Erde, wie sie denken, in die Hölle, wie wir selber fühlen, denn auf dem letzten Platz halten wir's nie aus, und es gibt nur die Alternative in der Angst: ganz oben oder ganz unten, null oder unendlich, alles oder gar nichts – dazwischen gibt es niemals Mittelwerte. Die totale Konkurrenz ist unbarmherzig, und es wird immer Menschen geben, die besser sind als wir.

Nur eine Beruhigung wäre möglich, wir würden denken: »Eingeladen sind wir, und wir gehören mit dazu.« So dürften wir denken, wenn wir zu Gast sind, so sollten wir denken von unserem ganzen Leben. Wir sind in dieses Dasein getreten als erwünscht, als eingeladen, als berufen. Es gäbe uns nicht auf dieser Erde, stünde nicht ganz sicher fest, dass Gott uns an seiner Tafel haben möchte. Wenn dieses Gefühl, beliebt genug zu sein, um dazuzugehören, tief genug ist, braucht die Profilierungsneurose uns nicht mehr zu verschleißen in endlosen Quälereien. Es ist möglich, ruhig dabeizusein, den anderen gelten zu lassen und selber einfach den Ort einzunehmen, an den das Schicksal uns hinstellt. Mehr ist gar nicht nötig, als den Platz auszufüllen, der für uns richtig ist.

Aber fühlen, denken sollten wir, dass dieses ganze Dasein wie ein Geschenk ist, wie ein Segen. – Manchmal möchte man die Hindus in Indien beneiden um die Einfachheit ihrer Symbole. In Madras sah ich in einem Tempel, wie die Schar der Gläubigen in das Innere des Allerheiligsten eintrat. Am Tempeleingang hatte dieses poetische Volk der Inder eine Zeremonie erfunden, bizarr für die Augen eines Europäers, wunderbar und weise für die Poesie eines Hindu. Am Eingang des Tempels stand ein großer weißer Elefant. Ein jeder der Betenden verneigte sich vor dem Tier, das seinen Rüssel ausstreckte und ihn sanft auf das Haupt des Betenden senkte zum Zeichen des Segens. Der weiße Elefant ist für die Hindus ein Zeichen der Wolken, die über das Land ziehen und in die Dürre des Sommers hinein Regen bringen, auf dass die Erde sprosst und Frucht bringt, eine Hochzeit zwischen Himmel und Erde, eine Vermählung zwischen Geist und Gefühl und ein deutliches Gespür für die unverdiente Sanftheit und Güte des Daseins. Man hätte jeden dieser Inder umarmen und ihnen sagen mögen: »Was seid ihr für ein wunderbar zärtliches Volk, um auszudrücken: Man begegnet Gott nur, wenn man den Segen der Kreatur spürt und jedes Lebewesen als eine bereichernde Gegenwart des Göttlichen empfindet, als etwas, das dazu bestimmt ist zu segnen, einfach durch sein Dasein.« Dieses Gefühl trägt hin zu Gott. Eingeladene sind wir, bei Gott Angekommene sind wir, und wir brauchen es nicht mehr zu erzwingen und zu betreiben im Konkurrenzkampf untereinander.

Man kann die Frage umkehren, und sie ist genau so armselig; nicht »Was bedeute ich dem anderen?«, sondern »Was bedeutet er mir? Welch einen Besitz und Reichtum, über den er verfügt, kann ich zu meinem Vorteil nutzen? Wie kann ich ihn ausbeuten, dass ich etwas von ihm bekomme und habe? Wie rentiert sich die Freundschaft?« – Viele menschliche Kontakte scheinen so zustande zu kommen. Ganze Bücher der Gesellschaftslehre existieren, die uns versichern: Menschliche Verbindungen werden eingegangen durch das Profitinteresse, durch die Rentabilität des Austauschs von Gütern; einzig das materielle, dingliche Interesse verbindet Menschen.

Die Wahrheit ist: Man findet nie zum Herzen des anderen mit Händen, die zugreifen, um in Besitz zu nehmen. Es ist möglich, dass man gütig ist in Berechnung dessen, was zurückfließt zur Wiedererstattung. Wenn schon feststeht, wir hätten das Recht, unser Leben zu betrachten wie ein großes Fest, zu dem wir eingeladen sind, wär's dann nicht möglich, auch zu glauben, wir wären reich genug, zu teilen; wir brauchten nicht auf dem Stuhl zu sitzen, wie wenn wir einen Hungersack unter dem Hintern hätten, den wir getreulich hüten müssten, dass nur keiner rankommt; wir könnten einmal glauben, dass wir reich veranlagt sind, reich genug, um anderen mitzugeben? Blinde haben wir genug, aber wir könnten ihnen etwas Licht in der Dunkelheit geben, Augen für das, was an ihnen selber schön ist. Bettler des Daseins in Massen umgeben uns, warum drangsalieren wir uns nur selber mit den eigenen Minderwertigkeitsgefühlen stets so sehr, dass wir dann außerstande sind, noch zu anderen hin gut zu sein?

Jesus meint, wenn wir im Getto dieser Angst verblieben, wären wir am Ende einfach quitt vor Gott, Gott sehe nicht ein, wofür es uns gegeben habe, wir hätten das Kapital der Güte auf Erden schlecht verwaltet, hätten überhaupt nicht gemerkt, dass wir, statt aus der Angst, aus Gnade, aus Wohlwollen, aus überfließendem Reichtum und von dem Segen leben, der alle Kreatur durchzieht.

Eingeladene sind wir, bei Gott längst Angekommene, und ein Herz, das fröhlich ist, gibt gerne weiter und ist in seiner Freude beliebt, erfreulich und ein Segen auch für alle anderen.

∗

Sein, nicht sein wollen

Wie wir als Menschen miteinander umgehen, hängt entscheidend davon ab, wie wir zu Gott stehen. Davon war Jesus zutiefst überzeugt, und diese Überzeugung lebte er bis in die winzigsten und scheinbar nebensächlichsten Details des Alltags hinein.

Sollte man denken, dass eine normale Einladung Anlass böte, von Gott zu sprechen? Wenn man uns einlädt, reden wir über tausend Dinge, die weit von unserer Person weg sind, geschweige dass wir auf etwas so Allerpersönlichstes zu sprechen kämen wie über unser Verhältnis zu Gott. Und dennoch ist die Frage, wieweit wir fähig sind, einander menschlich zu begegnen ohne diesen entscheidenden Erfahrungshintergrund von allem. Die Menschen haben sich nicht geändert in den letzten zweitausend Jahren, manche meinen, nicht einmal in den letzten zwei Millionen Jahren. Es ging jedenfalls damals zu wie heute auch. Wir sind bei höherer Gesellschaft zu Tisch gebeten, und es beginnen oft Wochen, Tage, mindestens Stunden vorher schon die Überlegungen und Vorbereitungen. Wie muss man sich kleiden? Wie muss man auftreten? Welche Themen muss man vorbereiten, um sie zu gegebener Stunde richtig unter die Leute zu bringen? Es ist, wie wenn wir einen Test zu absolvieren hätten in Anstand, gutem Benehmen und würdigem Auftreten, in der Kunst, uns selber darzustellen und zu repräsentieren – ein Jahrmarkt der Eitelkeiten. Tatsächlich versichern uns mit einigem Humor und einem guten Schuss Bosheit die Verhaltensforscher, dass unsere Vorfahren im Tierreich es nicht viel anders machen. Wenn sie sich um irgendein Beutetier gruppieren und Mahl halten, bilden sie eine feste Rangordnung aus. Die Färbung des Haarkleides, die Farbe des Gesäßes, die Art, zu gucken und die Zähne zu fletschen – so etwas entscheidet darüber, wer die besten Stücke abbekommt. Sollten wir denken, dass wir Menschen unseren Verstand einzig dazu gebrauchen, ganz ähnlich zu fragen, wie wir die Haare aufstecken, welche Kleider wir anziehen, welche Schuhe wir brauchen, um richtig dazustehen, und dass wir mit aller Intelligenz nichts Besseres zu betreiben hätten, denn als Menschen unmenschlich zu sein?

Die Wirklichkeit ist, dass wir uns im Urteil über die anderen fast einzig nach den eigenen Angstphantasien richten. Im Grunde geht es gar nicht darum, wer die anderen sind, einzig die eigenen Vorstellungen über das, was wir sein müssten, die Wertungen, die man uns als Kindern beigebracht hat, projizieren wir auf alle anderen, und ihnen folgen wir. Es ist möglich, dass wir dabei sehr weit kommen, schließlich sitzen wir wirklich auf den ersten Plätzen, aber was haben wir damit erreicht? Von Einladungen dieser Art kehren wir für gewöhnlich nach Hause mit einem leeren Kopf und einem dröhnenden Schädel zurück, mit einem Magen, der sich fühlt, als ob er gleich sich übergeben müsste, die Nerven strapaziert und die Zeit vertan. Und so wie uns geht es allen anderen, so ist es, wenn wir, statt einander zu begegnen, in Konkurrenz gegeneinander stehen. Jesus spricht davon, um uns zu fragen, ob wirklich selbstverständlich ist, was sich da abspielt, und ob wir wirklich diese Art von Wertschätzung nötig haben. Kann es nicht sein, dass das, was wirklich menschlich gilt, auf einem ganz anderen Niveau liegt? Solange wir selber hochkommen wollen, müssen wir andere heruntertreten. Solange unsere Würde darauf beruht, wie wir uns auszeichnen vor anderen und gegen andere, benötigen wir die Demütigung fremder Personen für den eigenen Wert, und es ist nicht ausgemacht, dass man uns menschlich am Ende für diese Art von Erfolg mögen kann.

Sosehr Jesus von den Anstandsregeln der bürgerlichen Moral und Sitte zu sprechen scheint, so sehr spricht er in Wirklichkeit von unserem menschlichen Empfinden, wenn es wesentlich wird. Im Grunde meint er, was vor Gott gilt, nicht vor den Menschen. Wirklich wert und würdig und verdientermaßen hochachtungsvoll stehen wir da, wenn wir's nicht suchen, nicht sein wollen, sondern einfach sind. Muss man hinzufügen, aus welcher Überzeugung Jesus all dies sagt? In Wirklichkeit sind wir Eingeladene nicht durch die Gunst irgendwelcher anderer Günstlinge; eingeladen sind wir wesentlich als Menschen an der Tafel Gottes, unseres ewigen Vaters, des Königs der Ewigkeit. Das ist unsere Würde und unsere Größe. Sie müssen wir nicht erkämpfen, sie besitzen wir als Menschen und Personen. – Und nun kann es gelten, dass wir weitherzig sein können statt engstirnig und anderen den Vortritt lassen können, wenn sie ihn benötigen, dass wir Rücksicht nehmen können auf ihr Selbstwertgefühl, uns nicht hervorzutun brauchen, sondern wertvoll und kostbar im Umgang miteinander sein können.

Und was von den Eingeladenen gilt, gilt genauso von den Gastgebern. Auch *die* Frage kann uns umtreiben: »Wen muss man in seine Nähe holen, um unter den oberen Zehntausend eine Rolle zu spielen? Auf welche Art von Beziehungen muss man hinwirken? Welcher Leute Klinken muss man putzen, welche Wartezimmer muss man absitzen, um schließlich obenan zu stehen?« – Mit viel Einsatz werden wir schließlich merken, dass wir auf der Leiter des Erfolgs ärmer geworden sind, nicht reicher. Es lohnt nicht, einander begegnen zu wollen mit der Berechnung, ob und wieweit es sich lohnt. Es rentiert sich rein menschlich nicht, so zu verfahren. Es gibt Dinge, die sich wirklich lohnen, und auf die kann man nicht hinwirken. Sie ergeben sich von selber.

Die Dinge, die wir geben, fließen unsichtbar in viel höherem Maße zurück, formen unser eigenes Wesen, machen uns als Menschen wertvoll. Diese Dinge sind unbezahlbar, ihr Lohn steht ganz und gar bei Gott. Aber wenn wir uns fragen, wie wir leben wollen, haben wir es in der Hand: Entweder wir sind ständig Getriebene unter den Augen der anderen, ihrer Kritik, ihrer Wertschätzung, ihrem Beifall und wir entwürdigen uns von Anfang an selber, machen uns abhängig und werden immer mehr zu Sklaven, oder wir stellen das, was wir sind, Gott selbst anheim und halten uns die Hände, das Herz, die Phantasie, den Kopf frei für die Menschlichkeit. Wie wir miteinander umgehen als Menschen, hängt davon ab, wie wir zu Gott stehen. Eine kleine Einladung nur, und sie zeigt, wer wir sind, in Zeit und Ewigkeit.

*

Platz zu nehmen an der Tafel des Herrn

Was wir aus dem Evangelium des Lukas hören, scheint denen recht zu geben, die diese Texte in der Nähe einer frühchristlichen Sekte einordnen, die man die Enkratiten, die Selbstbeherrschten, nannte. Als der Kirchenvater Hippolyt geraume Zeit danach die Irrlehren seiner Zeit allesamt zu bekämpfen sich vornahm – die Orthodoxie zählte damals bereits etwa zweihundert Fehlmeinungen in Sachen Frömmigkeit –, schilderte er die Enkratiten als Leute, die eher wie die Zyniker lebten als die Christen. Daran mag etwas sein. Als Zyniker bezeichnete man Jahrhunderte vor Christus die wohl ersten, jedenfalls konsequentesten Aussteiger der Kulturgeschichte, die wir kennen. Sie wehrten sich gegen die zunehmende Entmenschlichung, die, wie es ihnen schien, durch die Stadtkultur Athens bedingt war. Die Menschen schienen ihnen immer gewinnsüchtiger, ehrgeiziger, hab- und raffgieriger zu werden und jederzeit bereit, für das, was sie den Wohlstand und den Aufstieg nannten, unter dem Vorwand der Freiheit Kriege zu führen und Unmenschlichkeiten aller Art zu begehen. Von dem berühmtesten unter ihnen, dem Philosophen Diogenes, erzählt man die folgende, sehr sprechende Episode: Als die Stadt Korinth von Philipp von Mazedonien belagert wurde, waren die Bewohner in hellem Aufruhr. Jeder fürchtete um sein Haus und sein Eigentum und fing an, die Schätze zu vergraben, die Hauswände zu sichern – es herrschte ein wüstes Treiben. Diogenes, der bis dahin nur in einer Tonne gelebt hatte, stieg aus seinem Gehäuse und begann, seine Tonne die Straße auf, die Straße ab zu rollen. Die Bewohner, nervös ohnedies schon, fragten ihn wütend, was der Unsinn solle, und Diogenes gab zur Antwort, er wolle doch unmöglich unter so vielen Beschäftigten als der einzig Unbeschäftigte erscheinen.

Das Evangelium des Lukas ist nicht gerade von dieser Art des beißenden Humors, aber es brennt wie Salz, das man in Wunden streut. Daran lässt sich nichts deuteln, und es ist beinahe mühsam, zu zeigen, dass hinter dem Verletzenden, hinter dem Beißenden so etwas stehen könnte wie ein menschliches Aufatmen und das Ende eines großen Spuks. Das erste ist wohl noch, zu rühmen, dass Jesus es fertigbekommt, sozusagen bei jeder sich bietenden Gelegenheit auf sein Lieblingsthema, auf Gott und den Menschen, zu sprechen zu kommen. Religiöses Genie erkennt man daran, dass es sich dieses Thema nicht aufhebt für den Sonntagvormittag, sondern Gott herausfühlt, die Frage nach dem Absoluten an jeder Stelle bemerkt. Denn immer nur darum geht es, betrachtet man das Leben religiös. So hier bei einer Einladung. Die Rahmung dieses ganzen Textes wird vom Evangelisten selber stammen, so dass Pharisäerschelte auch in diesem Text liegt. Sei's drum. Es ist bei einem Gastmahl Höflichkeit zu erwarten. Und es gilt offensichtlich doch als eine der Primitivregeln der Etikette und der Wohlerzogenheit, dass man seinem Gastgeber nicht selber Schande macht. Genau das aber tut Jesus hier, indem er an erster Stelle die Eingeladenen, an zweiter Stelle den Einladenden selber sich vornimmt, und was er zu sagen hat, stellt die Welt auf den Kopf.

So wie es hier zugeht, ist es wohl überall, damals wie heute, und Jesus findet es schäbig. Vielleicht verstehen wir ihn besser, wenn wir sagen, er finde es für uns selber eine blamable Strapaze und sei der Ansicht, wir hätten etwas Besseres verdient. Rollen wir's jedenfalls einmal von dieser Seite her auf. Wie gehen wir dann normalerweise miteinander um? Da ist es sicherlich sehr wichtig, zu welchen Kreisen wir gehören, wer bei wem eingeladen wird. Daran bemisst sich sein gesellschaftlicher Rang. Wer mit wem am Kaminfeuer, beim Tee oder beim Cognac die Fragen der Wirtschaft, der Politik, der großen Würfe des Gelingens über Schicksal und Glück zu machen versteht, der öffnet sich Chancen, und wer es nicht versteht, verbaut sie sich; man muss die Klinken schmieren, damit sich die Türen öffnen; irgendwie ist uns die Weisheit nicht abhanden gekommen. Nur, sie ist anstrengend, denn *jeder* versucht auf diese Weise, zu etwas zu kommen, und jeder möchte möglichst hoch hinauf, auf den ersten Platz. Es ist ein ständiger Rivalitätskampf im Gang. Wer kann es noch besser, und wer verdrängt den anderen von seinem Platz, indem er früher kommt, indem er schon einmal sich hinsetzt, wohin ein anderer so leicht nicht gelangen wird? Ein ständiger Nervenkrieg ist das, so strapaziös, dass man mit fünfzig oder sechzig davon ganz erschöpft sein kann und am Ende überhaupt nicht weiß, wofür man jetzt da oder dort gesessen hat. Man fängt an, das Nichtige als das Wertvolle zu verteidigen, und redet sich ein, dass all dies für irgend etwas doch gut gewesen sei, spätestens für die Kinder, die werden es besser haben, für die hat man sich krummgelegt und angestrengt. Aber werden sie es einem danken? Nicht einmal das weiß man immer und ohne weiteres. Entweder lohnt sich das Leben für uns selber, oder wir vertun es. Über all das mag man noch streiten: ob man gesellschaftliche Etikette so scharf sehen muss, ob all das so spitz zugestochen werden muss. Darüber aber kann es keinen Zweifel geben: Wenn diese Form des Umgangs miteinander zur Weltanschauung wird, ist sie ruinös. Und das hat Jesus offensichtlich vor Augen. Er möchte sagen, dass es um etwas anderes geht als um die Positionsrangeleien der guten Gesellschaft.

Viel wichtiger ist es, wie wir uns im Leben selber fühlen. Und nun muss man die ganze Szene ins Grundsätzliche übertragen. Ist es nicht so, dass wir unser Dasein völlig anders betrachten könnten, fühlten wir uns einmal wirklich als Eingeladene? Wir brauchten um die Eintrittskarte nicht zu kämpfen, wir müssten nicht erst beweisen, wer wir sind, durch Leistung, Anstrengung als Emporkömmlinge. Wir wären höchst erwünscht im Leben und es gäbe unsichtbar so etwas wie einen Anruf, der uns erreicht und bittet, dazusein in dieser Welt: was wir das Leben nennen, sei nicht der Kampf der Fittesten gegen die Konkurrenten, sondern eine Vorbereitung für ein königliches Mahl; an dieser Tafel Platz zu nehmen sei unsere Würde, die uns unsichtbar schon jetzt verliehen sei.

Steht es so, dass wir zu ahnen beginnen, worin unsere Größe und innere Berufung liegt, dann freilich ist es egal, wo wir jetzt sind. Dass wir zum König eingeladen sind, ist viel entscheidender, nur dass dieser König nicht auf Erden mit Händen zu greifen und sein Tisch nicht an einem bestimmten Ort festzumachen ist. Von diesem Königssaal schmecken wir und riechen wir ein wenig, von ihm sehen und hören wir etwas, wenn wir es vermögen, einen Menschen an unserer Seite zu betrachten als mit uns unterwegs zu diesem Ort der Herrlichkeit seiner verborgenen Berufung. Es würde unser Leben auf ungewöhnliche Weise entlasten und entspannen, wir müssten nichts mehr erobern, es wäre uns geschenkt, was wir sind und was uns ausmacht, es käme nicht mehr darauf an, sich durchzubeißen und durchzusetzen, wir wüssten im Prinzip, wo wir hingehören, und die Einzelheiten würden völlig nebensächlich, wir würden so etwas gewinnen wie Großzügigkeit und Weite, nicht als Tugenden eigentlich, die man sich andressieren müsste, sondern als Haltungen, Grundeinstellungen aus einer einzigen, überzeugenden Evidenz. Wenn dieses Leben sich lohnt, dann eigentlich nur unter diesem Aspekt.

Dann aber folgt ein anderes daraus: Lade nicht den ein, von dem du dir Rückzahlung erhoffst, sondern den, der es am meisten braucht. Es ist verrückt genug, dass wir es, zumindest in den Kreisen der besseren Gesellschaft, fertigbringen, uns auch noch um die Abende zu betrügen. Man lädt die Familie X oder Y zu sich ein, und speziell die Hausfrau hat die Pflicht, es auf das annehmlichste vorzubereiten. All ihre Kunst hat sie zu investieren. Es findet uneingestandenermaßen schon wieder Stress aus Konkurrenz statt: Man muss dem anderen imponieren und ihm zeigen, wer man ist, dann wird die Hoffnung bestehen, wieder eingeladen zu werden, und das Karussell wird sich drehen. Aber die Gegeneinladung ist nicht nur Freundlichkeit, sondern was der dann Einladende soeben noch gesehen hat an Gastfreundschaft und Höflichkeit, wird er überbieten, und der jetzt Eingeladene wird die Latte um ein paar Zentimeter höhergelegt sehen. Er wird kräftig üben müssen, um sie seinerseits beim nächsten Mal zu überspringen. Das alles ist so verrückt, dass es uns über die Köpfe wächst. Aber was will man tun, wenn man darauf Wert legt? Der Kern von alledem liegt in einer bodenlosen Heuchelei. Es wird freundlich getan, es wird Höflichkeit arrangiert, aber es erstirbt jedes Gefühl darunter, und der beste Gradmesser ist, wie weit wir abstumpfen gegenüber dem Mitleid. Es gäbe verdammt viele Menschen, die es nötig hätten und die buchstäblich davon leben, dass es so etwas gibt in dieser Welt wie Gnade.

Lukas, der dies hier anschließt, möchte, dass es nicht beim Gerede bleibt. Wir alle, metaphysisch, ontologisch, theologisch betrachtet, sind ungeschuldete Wesen, die ins Leben eintreten durch Gnade. Es gibt Menschen, die bis in ihre physische Existenz hinein spüren, dass es sich so verhält, und diese sind, wenn die Tischordnung und die Anstandsregeln Gottes gelten sollen, allemal die ersten. Ihr Notruf mag unhörbar sein, aber für Gott sind sie diejenigen, die am lautesten rufen. Es könnte so etwas geben in dieser Welt wie eine selbstlose Güte. Es wäre sogar für uns selber zum Vorteil, es wäre das Ende der Rechnerei, »was dabei herauskommt«. Es ist nach allen Gesetzen der Ökonomie ein Fiasko, so zu leben, man kommt dabei zu nichts. Doch es ist das Versprechen, das Jesus gibt. Er erzählt seine Geschichten immer wieder so, dass sie an Haltungen anknüpfen, die bestätigt werden, indem sie sich umdrehen und auf einer anderen Ebene Gültigkeit gewinnen: »Ihr wollt zu etwas kommen – richtig; dann macht es so, dass wirklich etwas dabei herauskommt, auf Erden vielleicht nicht so sehr, aber im Himmel unbedingt. Auf Erden wird ohnedies gestohlen werden, was ihr habt, in zwanzig, dreißig Jahren, und es ist nichts gewesen.« Oder aber wir sammeln jene Schätze, an die, wie Jesus sagt, kein Dieb herankommt und die keine Motte frisst, denn Gott hat ein gutes Gedächtnis, und er merkt sich die paar Dinge in unserem Leben, auf die wir wirklich stolz sein können. Da sind wir etwas und haben Selbstachtung verdient. Jedes bisschen Güte, das wir in die Welt tragen, macht uns menschlicher. Und *das* zählt bei Gott.

Vom klugen Verwalter und vom rechten Gebrauch des Reichtums

Er sagte auch zu den Jüngern: Da war ein reicher Mann, der einen Hausverwalter hatte. Und er wurde bei ihm angeschuldigt: er verschleudere sein Hab und Gut. Er rief ihn und sprach zu ihm: Was höre ich von dir! Leg die Abrechnung über deine Hausverwaltung vor. Du kannst nicht länger Hausverwalter sein. Der Hausverwalter aber sprach bei sich: Was soll ich machen, da mein Herr mir die Hausverwaltung entzieht? Graben? Kann ich nicht! Betteln? Schäme ich mich! Ich weiß, was ich mache, damit sie mich, wenn ich von der Hausverwaltung abgesetzt bin, in ihre Häuser aufnehmen. Und er rief die Schuldner seines Herrn je einzeln zu sich und sagte zum ersten: Wieviel schuldest du meinem Herrn? Der sprach: Hundert Fass Öl. Er aber sprach zu ihm: Nimm deinen Schuldschein, setz dich schnell, schreib fünfzig. Hierauf sprach er zu einem andern: Du aber, wieviel schuldest du? Der sprach: Hundert Sack Weizen. Ihm sagt er: Nimm deinen Schuldschein und schreib achtzig.

Und der Herr lobte die Ungerechtigkeit des Hausverwalters: Verständig hat er gehandelt. Ja, die Söhne dieser Weltzeit verhalten sich verständiger als die Söhne des Lichts gegenüber Leuten ihres Schlags.

Und ich sage euch: Macht euch Freunde mit dem Mammon der Ungerechtigkeit, damit sie euch, wenn es aus ist, in die Zelte aufnehmen – die unendlichen.

Wer in Geringem treu ist, ist auch treu in Vielem. Und wer sich in Geringem unrecht verhält, verhält sich unrecht auch in Vielem. Wenn ihr nun mit dem Mammon der Ungerechtigkeit nicht treu gewesen, wer wird euch dann das Wahre anvertrauen? Und wenn ihr mit dem Fremden nicht treu gewesen, wer wird euch dann das Eure geben?

Kein Hausklave kann zweier Herren Knecht sein. Denn: Entweder hasst er den einen und liebt den anderen. Oder: Er hängt am einen und missachtet den anderen. Ihr könnt nicht Gottes und des Mammon Knechte sein. Lk 16,1–13

Ausgehen von dem, was wir nötig haben

Seit dieses Gleichnis Jesu vom ungerechten Verwalter in einem der Evangelien aufgezeichnet wurde, bereitet es den Erklärern Schwierigkeiten. Eine reguläre Gaunergeschichte mitten im Neuen Testament? Es scheint sich die Moral des Christentums an dieser Stelle selber aufzuheben. Man hat deshalb gemeint, wenigstens enthalte diese Geschichte ein unverfälschtes Zeugnis dafür, dass Jesus eine gewisse Art Humor besessen habe. Zweifellos, die Hörer dieser Geschichte müssen sich vor Vergnügen auf die Schenkel geklatscht haben in Bewunderung über die Finesse dieses Verwalters. Mit dem Rücken schon an der Wand, fällt ihm etwas ein, was seine Possen vervollständigt, ihm selber aber ein Durchkommen sichert, und wenn man seinen Ohren traut, am Ende sogar noch die Hochachtung seines Herrn.

Gaunergeschichten dieser Art sind nicht ungewöhnlich bei Leuten, die von Gott reden. Da erzählte im vergangenen Jahrhundert ein jüdischer Rabbi, er habe unter seinen Freunden einen Mann, der schon lange als Dieb polizeilich gesucht werde. »Wie das?«, fragten seine Jünger. »Nun«, erklärte er, »dieser Mann lehrt mich jeden Tag etwas Neues über Gott. Wenn alle anderen schlafen gehen, macht er sich unermüdlich an die Arbeit. Während andere nur Türen verschließen können, bringt er es fertig, sie aufzutun. Wo andere nur lärmend und polternd zu Werke gehen können, ist er unbemerkt und leise bei der Arbeit. Dieser Mann ist ein rechter Künstler; schon deshalb mag ich ihn gern.«

In gewissem Sinn ist auch diese Geschichte von dem ungetreuen Verwalter, einem rechten Hallodri, gemacht, um aus dem Überraschenden und Humorvollen etwas zu lernen. Dennoch genügt es nicht, diese Erzählung einfach nur als eine humoreske Geschichte auf sich wirken zu lassen. Alle Gleichnisse Jesu müssen seinen Hörern unmittelbar eingeleuchtet haben. Es scheint aber nur eine einzige Voraussetzung zu geben, dass diese Erzählung unmittelbar sich erschließt: Man wird voraussetzen müssen, dass Jesus in der Tat mit dem Rücken an die Wand gestellt war, als er diese Geschichte erzählte, und dass man ihm gerade den Vorwurf gemacht hat, mit dem die ganze Erzählung beginnt. Vorstellen kann man sich, dass man Jesus gerade so angeschuldigt hat: er verschleudere in Sachen Gottes das kostbare Erbe der Religion. Diesen Vorwurf findet man jedenfalls an vielen Stellen sonst im Neuen Testament belegt. Das auserwählte Volk zeichnet sich aus vor allen anderen durch den Besitzstand seiner Gebote, die Gott ihm geschenkt hat. Wer sich danach richtet, gilt vor Gott und den Menschen als rechtschaffen in Frömmigkeit und Menschlichkeit. Wer aber diese Gebote mit Füßen tritt, gilt als ein Ausgestoßener und von Gott Verworfener. Kann man da akzeptieren oder einfach hinnehmen, dass Jesus so tut, als ob die Gebote Gottes nicht geschriebenes Recht wären? Kann man tolerieren, dass er so tut, als ob man Gott einen guten Mann sein lassen könnte und förmlich Anspruch hätte auf Vergebung, Gnade, Barmherzigkeit, wie man es braucht?

In der Tat, mit seinem Betragen und mit seinen Worten macht Jesus sich schuldig, leichtfertig die Gaben Gottes zu veruntreuen. Man kann diesen Vorwurf sehr gut verstehen, wenn man ihn aus der Distanz von zweitausend Jahren in die Gegenwart stellt. Wir alle wurden dazu erzogen, dass wir Gott ernst nehmen sollten. Und das hieß, dass wir gemäß den Geboten uns einzurichten hätten. Gebote sind so viel wert, wie als Strafe auf ihre Übertretung festgesetzt wird, und so hat man uns gelehrt, dass Gott nur gut ist, solange wir selber gut sind. Andernfalls wird er ein strafender Gott, ein zürnender Gott, den wir zu fürchten haben, gerade wenn wir vorgeben, ihn zu lieben. Es ist ein immer zwiespältiges Verhältnis, und es herrscht ein ständiger Zwang in uns, zu unterdrücken, wegzuschieben, zu reglementieren. Eine solche Art der Frömmigkeit ist schwer. Kommt uns jemand daher, der sich scheinbar die Sache leicht macht, allzu leicht, löst er bei uns Angst, Zorn und Rachephantasien aus. Wir brauchen diese Vorstellungen, um uns selber wieder disziplinieren zu können. Wo käme man hin, wenn alles erlaubt wäre?

Für Jesus war der Prüfstein, wieweit wir imstande sind, weitherzig zu sein, oder inwieweit wir die Angst, den Zwang, die Geißel der Strafe benötigen, um uns selber wie Pferde in der Deichsel in Zucht zu nehmen. Für Jesus war das entscheidende Kriterium unseres gesamten Gottesverhältnisses darin gelegen, inwieweit es uns leichtfällt, ja fast selbstverständlich ist, menschlich und gut mit uns selber und unseresgleichen umzugehen.

Also denn, die Klage lautet: Er veruntreut, er verschleudert, er inflationiert die Gaben Gottes. »Wie nun, ihr Leute, wenn ihr viel mehr recht hättet, als ihr glaubt? Ich wäre wirklich so einer, ein ungetreuer Verwalter, so sehr unten durch bei meinem Herrn, dass es schlechterdings nicht wiedergutzumachen ist? Wollte ich jetzt noch unter diesen Umständen nach Gerechtigkeit verfahren, käme ich niemals auf einen grünen Zweig. Entlassen werden müsste ich allemal. Was bleibt also, als dass ich in derselben Logik, mit der Dreistigkeit der Verzweiflung, fortfahre und noch eins obendrauf setze, indem ich jetzt mit Konsequenz veruntreue, bei jedem so, wie er es nötig hat, und bei mir selbst am meisten?« – Man muss die Geschichte hören als gesprochen mit dem Rücken zur Wand. Dann erreicht sie möglicherweise sogar die Hörer, denn sie enthält nicht nur eine Rechtfertigung Jesu für seine grenzenlose Bereitschaft, sich gerade auf die Sünder, die Schuldiggewordenen, die zu Meidenden einzulassen. Sie enthält auch eine Frage und eine Infragestellung der Hörer. Sind sie denn wirklich ohne Schuld? Wenn man sie kommen lässt nach Maßgabe von Soll und Ordnung, stehen sie dann nicht alle in der Schlange mit hundert Krügen Öl und hundert Sack Weizen in den roten Zahlen? Und können sie ihre Schulden bezahlen, ohne sich zu ruinieren? Braucht denn nicht, so betrachtet, jeder,

jeder einen Verwalter von der Art, wie er hier geschildert wird, um überhaupt zu leben? Einen, der die Schuldscheine kürzt, fünfzig Prozent, zwanzig Prozent, wie's gerade die Not gebietet, nicht die Gerechtigkeit? O ja. Kommt da immer noch jemand daher und klagt ein mit erhobenem Zeigefinger und mit ausgestrecktem Zeigefinger, was Recht ist und Ordnung, was gut ist und was böse, was sich gehört und was ungehörig ist, so muss man sagen, ein solcher hat nur noch nicht begriffen, wie sehr er selber in der Patsche sitzt. Er hat nur noch nicht seine Konten eingesehen und begriffen, wie es um ihn steht. Es lässt sich leicht reden von Gerechtigkeit, solange man sich selber nicht kennt und keine Ahnung davon hat, wie hilflos Menschen sind. Die Leute, die die Gerechtigkeit wollen, stehen allemal vor der Grube. Die Wahrheit ist, es bleibt uns nichts, als so zu beten, wie der Herr uns lehrte: »Vergib uns unsere Schuld, wie auch wir vergeben allen unsern Schuldnern.« Das ist eine tolldreiste Logik, in der Tat ein äußerst dreistes, kühnes und verwegenes Gaunerstück, das die Regeln der Moral außer Kraft setzt, aber die Menschlichkeit möglich macht. Solange wir von dem ausgehen, was wir vermeintlich haben, belügen wir uns selber, bleiben wir grausam und verfehlen am Ende auch Gott, den wir im Munde führen. Wenn wir ausgehen von dem, was wir nötig haben, entdecken wir die Liebe.

*

Leben im Vertrauen auf Gott

Das Gleichnis Jesu von dem ungerechten Verwalter zählt zu dem Peinlichsten im Neuen Testament, was sich dort lesen lässt. Es verschafft den Auslegern der Bibel Pein, seit sie versuchen, diesen Text zu kommentieren. Selbst Lukas muss bereits seine Probleme mit dem Text gehabt haben, denn alles, was er anfügt, verwirrt eher den Sinn, als ihn zu erläutern. Wer im Kleinsten getreu gewesen ist, dem wird man das Große anvertrauen – das ist eine wohlmeinende bürgerliche Devise, und wer im Kleinsten Unrecht getan hat, dem gegenüber wird man skeptisch sein, wenn es gilt, große Verantwortung auf seine Schultern zu legen. Auch das geht mit rechten Dingen zu, aber es passt überhaupt nicht zu dem Gleichnis eines Mannes, der im Großen wie im Kleinen daherverwaltet, wie er nur kann, in jedem Fall versessen auf seinen Vorteil. Was Lukas hier wie zur Erklärung anfügt, ist das genaue Gegenteil von dem, was Jesus sagen wollte.

Es scheint noch ein bisschen mit dem Gleichnis etwas zu tun zu haben, wenn Lukas auf sein Lieblings- und Dauerthema kommt, auf die Art, mit Geld umzugehen. »Ihr könnt nicht zwei Herren dienen, Gott und dem Gelde« – so wird Jesus gesprochen haben, und es gilt, sich zu entscheiden. Das Beste, was man mit Geld anfangen kann, ist, dass man es verwendet, um sich Freunde zu machen. Aber kann man sie sich kaufen? Geld ist schnöde, auch so hat Jesus gedacht, und wenn es zu irgend etwas dient, dann allenfalls, um Freude zu bereiten. Aber kann man Freude kaufen? Jesus wird so gesprochen haben, um bis an die Grenzen zu gehen, in denen man überhaupt noch verstehen kann, was Menschen und Geld miteinander zu tun haben, in jedem Falle, wenn Jesus so gesprochen hat, dann in ganz anderen Zusammenhängen. Sein Gleichnis hier hat überhaupt nichts damit zu tun. Die Schwierigkeit, es zu begreifen, aber scheint fast unüberwindlich. Da soll also Jesus – oder wer ist eigentlich der lobende Herr am Ende, Gott selber womöglich? – anerkennend sich geäußert haben über diesen Schubiak von Verwalter, der zuerst sich selber in die roten Zahlen wirtschaftet und dann skrupellos genug ist, ganz wider die Interessen seines Herrn sich Leute zu verpflichten, wenn das Strafgewitter über ihn hereinbricht. Man wird ihn entlassen, das steht fest, aber er hofft zuversichtlich, dann Freunde zu haben. So eine Rechnung ist ein Buben- und ein Gaunerstück. Das ist volkstümlich gepredigt, unzweifelhaft. Darauf muss man erst einmal kommen: seinen Herrn gleich zweifach zu hintergehen! Nur, wie vereinbart sich das mit der Ethik des Neuen Testamentes? Das versteht man nicht. Wie kann Jesus in dieser Weise die Gaunerei förmlich anempfehlen?

Es hilft sehr wenig, dass man betont: Es handelt sich ja hier um ein Gleichnis, sein Sinn liegt ganz woanders; es geht um einen Vergleich zwischen den Kindern dieser Welt, die pfiffig und gewitzt sind, und Jesus möchte, dass wir uns in Sachen Gottes nicht blöde wie die Hammel verhalten, sondern unsere Interessen ähnlich energisch wahrnehmen, zumindest vor dem Schlachtermesser, vor dem drohenden Gericht. Da liegt Ernst drin, und das erste, was dieses Gleichnis mitteilen will, ist: Es geht um Kopf und Kragen, um eine letzte Chance. Aber was soll denn dann Klugheit heißen?

Wohin Sie in der exegetischen Literatur schauen, windet man sich in Ausflüchten, Jesus habe überhaupt nur sagen wollen: »Seid klug!« Schön und gut, aber dann hätte er sich das ganze Gleichnis sparen können. Es gibt solche Aussprüche von Jesus: »Seid wach!«, aber wieso erzählt er diese Geschichte? Die beste Auskunft für die verzweifelten Ausleger gab vor ein paar Jahrzehnten ein Engländer. Er hatte ausgerechnet, dass für bestimmte Schulden Zinsen auferlegt wurden, für Öl natürlich höhere als für Korn und Weizen, und also mutmaßte er, dass der ungerechte Verwalter eigentlich nur die Zinsbeträge erlassen habe. Zinsen durfte man in Israel überhaupt nicht nehmen, und also hat er eigentlich gar nicht schlecht gehandelt, sondern lediglich den ungerechten Wucher nachgelassen, zum Schaden seines Herrn, aber zum Wohl seiner eigenen Haut. Die Erklärung ist geschickt, sie scheitert aber darin, dass man einfachen Leuten die Finessen des Steuersystems und des Zinswesens nicht in einem Gleichnis erläutern kann. Das wäre so verwegen, wie wenn wir in der Predigt ein Beispiel für die Machenschaften der Börsenspekulanten einfach als bekannt voraussetzen wollten. Nein, man muss hier ganz einfach an den Bestand gehen. Was der Mann tut, ist Unrecht, und Jesus lobt, dass er das eine Unrecht ausgleicht mit dem anderen. Das ist der klare Sinn des Gleichnisses. Und nun soll man glauben, dass der Skandal, den alle Theologen empfunden haben, vom ersten Jahrhundert bis zum zwanzigsten, genau das ist, was Jesus wollte. Erst dann passt jeder Satz zum anderen, es ist nichts überflüssig, und wir haben den ganzen Jesus von Nazaret, ungeschminkt freilich durch die kirchliche Zensur.

Fangen wir von vorne an und unterstellen wir, dass alles, was hier gesagt wird, auf uns gemünzt ist. Dann ist die Bilanz über unser Leben, die Jesus uns zumutet, exakt wiedergegeben in der Situation drohender Abrechnung. Nach seiner Schätzung sind wir in der gleichen Lage wie dieser Verwalter: Wir haben so gewirtschaftet, dass es im Grunde nicht wiedergutzumachen ist. Wir sind schuldig, aus was für Gründen immer, solchen der Fahrlässigkeit, solchen des eigenen Profitdenkens, solchen der mangelnden Kenntnis – egal wie, wir sitzen in der Patsche, und im Sinne Jesu müssten wir glauben, so sei unsere Lage vor Gott. Geht es nach Prinzipien der Gerechtigkeit zu, so stehen wir unter Anklage einer Misswirtschaft, die wir bestenfalls eingestehen, nie mehr aber korrigieren können. So sieht unser Leben aus, betrachten wir es mit den Augen Gottes. Es ist ein Appell an unsere bessere Einsicht. Stimmt denn das nicht? Wir können, hoffentlich, glauben, dass wir es im Großen und Ganzen mit unserem Leben gut gemeint haben. Zweifelsfrei fest steht das keinesfalls. Aber was ist mit all den Augenblicken, in denen wir versagt haben durch Müdigkeit des Herzens und Schwäche des Geistes und mangelnde Energie unseres Körpers? Wir hatten oft zuwenig Zeit für Menschen, die uns brauchten, sehr oft zuwenig Phantasie, um neue Gedanken in auswegslose Situationen zu tragen, und oft waren wir's einfach leid, wir waren erschöpft, wir wollten nicht mehr, aber es wär' nötig gewesen.

Dann gibt es die vielen Verwicklungen, die andere Menschen umschnürt haben. Was soll eine Mutter sich sagen, die feststellt, dass ihr Junge, achtzehnjährig, an genau den Ängsten leidet, die sie damals hatte? Sie selbst hat sie heute in etwa überwunden, aber ihr Junge trägt sie in sich, wehrt sich gegen seine Mutter, und sie wiederum ist die letzte auf Erden, die ihm helfen könnte. Was muss man, kann man tun, wenn man sich schuldig fühlt und hat's nicht gewollt und ist bis heute außerstande, irgend etwas daran wiedergutzumachen? Und von solcherlei Schuld ist das Leben randvoll. Wieder lautet da die übliche Erklärung, dass wir nur verantwortlich sein können für die Schuld, die wir willentlich und wissentlich begangen haben – eine famose Ausrede. Soll sie wirklich gelten für den Mann, der an seiner Ehe zerbricht und in seinem Beruf scheitert, für die Frau, die mit ihren Kindern nicht zurechtkommt, für die Tochter, die ihre Mutter pflegen soll bis zum achtzigsten Lebensjahr und länger und darunter depressiv und erdrückt wird, für den alten Mann, der im Altersheim sitzt und sich sagen muss, dass er seine Kinder mehr vertrieben als an sich gebunden hat?

Das Leben ist manchmal grausam, denn es präsentiert uns die Rechnungen über unsere Wirklichkeit, und sie ist viel größer als das bisschen moralischer Wille, den einzusetzen wir hier und da fähig waren. Die Bilanz unseres Lebens ist geschrieben mit der Unterschrift unseres Charakters, dessen, was wir sind, nicht was wir wollten. Das, was wir Willen nennen, ist nur eine kleine Funktion dessen, was unsere ganze Wesensart ist. Und am Ende zu sagen, wir hätten nicht nur ab und an falsch gehandelt, wir hätten vielmehr einfach dadurch versagt, dass wir so waren, wie wir sind – soll das die Entschuldigung werden? Oder müssten wir nicht viel eher sagen, wir hätten ganz anders sein können, hätten wir die Atemluft der Freiheit wirklich geschnuppert und die Angst vergessen, die uns verformte und leben ließ wie Insekten, immer angezogen durch den stärksten Duft, klebend am Blatt und am Baum? Wir waren berufen, Menschen zu sein!

Wenn uns all das zu dämmern beginnt, was sollen wir dann tun? Das ist die Frage, die Jesus hier stellt. Wenn wir Bankrott gemacht und verwirtschaftet haben, was uns anvertraut war, und wenn wir sagen müssen: Es erdrückt uns, wir stehen heute da und wissen jetzt nicht weiter – was dann? Und wenn der Maßstab der kompromissfreien Gerechtigkeit ohne die faulen und windigen Ausreden einer bestimmten Moralphilosophie einfach menschlich in Geltung kommt, wie kommen wir dann aus der Patsche?

Jetzt ist das Gleichnis Jesu an der Stelle, wo es zu greifen beginnt. Es empfiehlt uns ein letztes Schlupfloch, wirklich ein äußerstes. Verfehlen wir dieses, so werden wir gefangen wie die Maus von der Katze. Es gibt diesen kleinen Schlupfort, zu entwischen, gerade noch. Wir sollten unser Interesse wahrnehmen, unser Lebensinteresse im Himmel und auf Erden, und das einzige, was wir noch tun können, die letzte Auskunft ist, Remedur zu machen und großzügig zu sein, sich an den Tisch zu setzen und zu sagen: »Es schert mich jetzt der Maßstab der Gerechtigkeit überhaupt nicht mehr, er bringt mich selber um; was ich jetzt noch tun kann, ist einzig, zu sehen, was die Menschen, die vor mir stehen, brauchen. Ich lasse sie kommen, zitternd vor Angst, wie ich selber gerade eben noch war, und ich höre, was ihre Hypothek ist und was sie nicht abtragen können. Hundert Fass Öl, hundert Malter Weizen – damit kann kein Mensch leben. Und was ich jetzt tun werde: Ich halbiere ihre Schuld, ich teile durch zwei oder teile durch drei, ich setze die Schuldenlast herab, bis dass Menschen wieder anfangen können, damit zu existieren.« Es gibt mit der Hypothek der Gerechtigkeit nur diesen einen Ausweg der Großzügigkeit, der Vergebung, eines Lebens zu herabgesetzten Preisen, gemessen nach dem Maß der Not, nicht nach der Balance von Soll und Haben.

Könnte es sein, dass wir jetzt begreifen, was Jesus wirklich mit dem Gleichnis meint? Wir hätten einen wunderbaren Kommentartext zu dem, was wir in jeder heiligen Messe beten: »Herr, vergib uns unsere Schuld.« Und der einzige Grund: weil auch wir vergeben haben unseren Schuldnern, und wir hätten nicht geschaut, was sein *müsste* auf der Waage der Gerechtigkeit, sondern nur in das Herz und die Augen von Menschen und gesehen, was sie brauchen. Wir kämen vor Gott nicht zurecht mit der Gerechtigkeit, sondern das Lebens-Mittel buchstäblich, um zu überleben, wäre einzig die Güte. Und wenn wir's nicht glauben wollen, weil, wenn von Güte die Rede geht, gleich schon wieder die Verblasenheit des Idealismus beginnt – »wir müssen uns opfern und einsetzen und selbstlos sein« –, bringt Jesus es auf handfeste Begriffe, die Leute, die die Hand am Ruder haben, verstehen können: »Ihr nützt euch selber, es sollte euer eigenes Interesse sein, schon aus Gründen des Egoismus solltet ihr lernen, gütig zu sein; es ist die einzige Form, Menschen für sich zu gewinnen, statt ständig voreinander sich zu ducken, weil kein Mensch die Forderungen des anderen abzahlen kann. Mit einem Mal ist man gemeinsam statt im Kampfzustand und geht plötzlich türein, türaus bei allen Menschen und ist wohlgelitten, statt immer auf der Flucht zu sein und wie gejagt. Es ist die Güte des Eintrittsbilletts in das Herz von Menschen und dann in ihre Häuser.

Man muss vielleicht noch einen Schritt weiter gehen. Obwohl Lukas es anscheinend nicht mehr geahnt hat, stellt er dieses Gleichnis in einer älteren Zusammenordnung ganz in den rechten Kontext. Das Gleichnis am letzten Sonntag war das vom verlorenen Sohn, und wir sahen, dass Jesus sich für das rechtfertigt, was er tut. Er stellt sich an die Seite der Zöllner und Sünder und will sagen: »Denen *muss* ich das Erbarmen Gottes bringen.« Es wär' durchaus möglich, dass auch dieses Gleichnis von Jesus zur Erläuterung seiner eigenen Person und zur Rechtfertigung seines Auftrags gesprochen ist. Dann wäre es das erschütterndste, weil das persönlichste Dokument, das wir aus dem Munde Jesu hätten. Wir müssten dann annehmen, dass Jesus sich selber schildert in dem Verwalter, dem es an den Kragen geht, und er hätte indirekt von sich sprechen mögen: »Ihr Leute werft mir vor, dass ich mich zu den Zöllnern und den Huren schlage, aber sagt mir doch, ihr famosen Leute, was ich anderes tun soll? Es ist für mich selber das Einzige, was mir bleibt. Ich bin ein sündiger Mensch, und ich verstehe, wie Menschen in Schuld geraten können. Dies, die Verlorenen zu verstehen, ist das Einzige, was ich vermag, es ist meine Rettung, zerstört sie mir nicht.« Das weicht ab von der christlichen Dogmatik, ich weiß, wonach Jesus ein sündenloser Mensch war. Aber als der reiche Jüngling im zehnten Kapitel des Markusevangeliums zu Jesus kommt und ihn »guter Meister« nennt, fährt Jesus ihm gleich in die Anrede und sagt: »Was nennst du mich gut?« Wär' es nicht denkbar, dass wir im Sinne Jesu überhaupt nur gut sein können, wenn wir das ganze Ausmaß unserer Versuchbarkeit wirklich kennen? Und das wäre die Bitte, mit welcher das Vaterunser endet: »Und führe uns nicht in Versuchung.« Denn wir hielten nicht stand. Und wenn wir es je vermocht hätten, wäre es nicht unser Verdienst, sondern stünde bei Gott, der uns bewahrt hat. Es gibt keinen Grund, dem Leben auszuweichen, und man wird es kennenlernen müssen durch dick und dünn und schmutzig und sauber und blutig und rein. Man muss lernen, im Vertrauen auf Gott zu leben und zu lieben und zu werden und zu sein. Das ist die ganze Botschaft des Jesus von Nazaret.

Vom Maulbeerbaum

Und die Sendboten sprachen zum Herrn: Gib uns mehr Glauben! Der Herr aber sprach: Wenn ihr Glauben wie ein Senfkorn habt, könnt ihr zu diesem Maulbeerbaum sagen: Entwurzle dich und pflanz dich ins Meer – und er gehorchte euch.

Wer von euch wird seinem Acker- oder Weideknecht, wenn der vom Feld hereinkommt, sagen: Komm gleich her und lass dich nieder. Wird er ihm nicht vielmehr sagen: Bereite mein Mahl, dann tu die Schürze um und bediene mich, bis ich gegessen und getrunken. Und danach iss und trink auch du. Sollte er dem Knecht Gnade erweisen, dass er das Angeordnete getan hat? So auch ihr: Wenn ihr alles getan, was euch angeordnet, so sagt: Armselige Knechte sind wir. Nur was zu tun wir geschuldet, haben wir getan. Lk 17,5–10

Worte einer großen Freiheit

Je wirksamer ein Medikament bei rechtem Gebrauch, desto gefährlicher ist es als Gift, wenn man es falsch anwendet. Nicht anders bei den Worten der Religion. Sie können heilen, wenn man sie richtig auf Fragen des eigenen Lebens bezieht, aber sie zerstören, wenn man sie von außen an sich heran oder über sich ergehen lässt.

Die Worte im heutigen Evangelium sollten eigentlich in die Sonderabteilung der religiösen Worte eingeordnet oder wenigstens mit einem Zeichen »Gefahr« versehen werden, denn wie unbemerkt versteht man sie falsch, und es ist gefährlich, religiöse Worte falsch, das heißt äußerlich, in gewissem Sinne magisch, in jedem Falle ängstigend und vergewaltigend aufzufassen.

Die Rede ist vom Glauben und von der Art zu leben. Die Jünger fragen Christus voller Not, wo sie denn die Stärke ihres Vertrauens herbekommen sollen. Und Jesus antwortet mit dem Bild von einem Glauben, der Berge versetzen kann und Bäume zu entwurzeln und umzupflanzen vermag.

Nimmt man diese Worte leichthin, sagen sie sich wie ein Lehrsatz auf. Einem jeden, der mit seinem Leben nicht zurechtkommt, lassen sie sich vorsetzen: »All deine Schwierigkeiten«, könnte man ihm mit Berufung auf diesen Satz sagen, »entstehen daraus, dass du nicht genügend glaubst. Vertraue nur fest, und das Unmögliche wird wahr. Gott kann alles, du musst dich nur auf ihn einlassen; Gott ist gut, er wird dir beistehen, verlass dich nur ganz fest darauf.« – Redet man immer wieder so, dann züchtet man ein Klima illusionärer Erwartungen, phantastischer Hoffnungen, mächtiger Enttäuschungen. Wie will man mit einer Welt zurechtkommen, die so ist wie die unsere, voll Bitterkeiten, Abweisungen, unerhörter Bitten, nicht gewirkter Wunder? Offenbar tut Gott nicht das, was Menschen alles wollen, kann es nicht und darf es nicht. Und auch der Glaube wird nicht darin bestehen können, dass wir die Welt in unseren phantastischen Erwartungen auf den Kopf stellen. Sie ist ein Wunderwerk, geordnet in jedem ihrer Teile, ein Meisterstück aus den Händen ihres Schöpfers, keinerlei Chaos ist damit vereinbar, auch nicht das Durcheinander unserer widersprüchlichen Erwartungen.

So also kann es mit dem Glauben nicht gemeint sein. Aber auch um die nächsten Worte steht es nicht viel besser. Unnütze Knechte sind wir – ein Wort, das sich hervorragend eignet, das zu züchten, was man gemeinhin Demut nennt. Zur Zeit Jesu gab es die Pharisäer, gesetzestreue Leute, die alle möglichen Bestimmungen genau einhielten, um sie Gott vorrechnen zu können. Nach dem Maßstab der Gerechtigkeit scheint Gott verpflichtet, was wir an Gutem tun, uns zu entgelten, und je besser wir unser Leben nach seinen Weisungen ausrichten, desto klarer scheint uns der Anspruch auf Belohnung zu sein. In soviel Selbstherrlichkeit hinein lässt sich gut sprechen, dass ein Mensch überhaupt keine Ansprüche an Gott hat, dass wir Winzlinge sind vor dem Allmächtigen, geringer als Ameisen unter der Wucht und Größe von Eichen, die sich zum Himmel erheben, ohne

Rechte, ohne Einklagsmöglichkeiten, wirklich nur Knechte. Sprechen wir so, ist es um das Verhältnis zwischen Gott und Mensch geschehen. Wir hätten eine Religion der Herrschaft, der Unterdrückung, der Rechtlosigkeit. Auch das kann Jesus unmöglich gemeint haben, wenn er Gott seinen Vater nannte und uns förmlich anflehte, miteinander brüderlich zu verfahren. Man muss also alles noch einmal hören und lesen, und es wird darum gehen, herauszufinden, auf welche Fragen hin das mit dem Senfkorn und dem Sklavendienst denn gesagt ist.

Die Religion redet sofort zum Herzen, wenn wir mit unserem ganzen Herzen fragen und uns selber ins Spiel bringen. Geht es denn, im Bild gesprochen, nicht oft so mit uns zu, dass wir durchaus wüssten, was die Wahrheit in unserem Leben wäre, und dass wir sie greifbar vor uns sehen; die Angst aber hindert uns, zu tun, was wir wirklich wollen. Wir fühlen uns so winzig, so verloren in Anbetracht dessen, was notwendig wäre, und schon werden unsere eigenen Minderwertigkeitsgefühle riesengroß, zehren jeden Mut auf und berauben uns jeder Hoffnung. Das ist die Stunde, in der es um Glauben oder Angst im Sinne absoluter Entscheidungen geht.

Möglich, dass die Jünger Jesus in einer Stunde gefragt haben, da man rein zahlenmäßig errechnen zu können meinte, dass sich die Botschaft Jesu verlaufen werde, dass, unter dem Druck der äußeren Verhältnisse, kaum etwas zu bewirken sei. Wäre es nicht denkbar, dies als ein wunderbares Bild des Trostes und ein Symbol für uns selber aufzunehmen? Die Küche im alten Israel kennt kaum ein kleineres Körnchen als das der Senfstaude; doch so winzig es ist, aus ihm wächst eine stattliche Pflanze. Warum also wehren wir uns gegen den Mut der richtigen Anfänge? Wär's nicht denkbar, wirklich zu vertrauen? Das hieße, überhaupt das Gerede »Wir sind zu klein! Wir schaffen's nicht! Auf uns ist kein Verlass!« dranzugeben und aus der Maulwurfperspektive herauszukommen und der eigenen Existenz zuzutrauen, dass sie sich ansiedelt in Weite und Größe. Ein wunderbares Bild: es könnte der Maulbeerbaum sich hineinheben ins Meer. Das wäre unsere wirkliche Heimat: der Ozean bis zum Horizont der Unendlichkeit, und kein Brausen des Sturms und kein Wogen der Wellen brächte mehr Angst und Gefahr, wir dürften uns ihm aussetzen, dem *ganzen* Leben, in seiner ganzen Spannweite, ohne irgend etwas einzuzäunen und abzugrenzen. Ein altes Gebet Israels konnte dieses Wunder beschreiben: »Du hast, Herr, meinen Fuß ins Weite gestellt.« – Es geht nicht um die Wunder phantastischer Erwartungen im Lauf der äußeren Natur; das wirklich Große, Wunderbare ist, wie unser Herz des Kleinmuts und der Angst sich formt zur Weite und zur Größe seines Wesens.

Was Jesus dann im Bild vom Knecht und seinem Herrn beschreibt, ist wie eine praktische Gebrauchsanweisung, und man begreift es erst, wenn jede Art von Demut oder besser von Erniedrigung, von Sklavenmentalität aus diesem Bild verschwindet. Um es einander gegenüberzustellen: Man kann im Umgang mit Menschen und genauso im Umgang mit Gott alles Mögliche tun, was, von außen betrachtet, gesetzmäßig in Ordnung, moralisch einwandfrei, im Sinn der bürgerlichen Ethik nützlich und erfolgreich ist, und trotzdem stimmt es womöglich überhaupt nicht. Der Maßstab im Sinne Jesu liegt offensichtlich darin, aus welcher Haltung und Gesinnung heraus wir etwas tun. Es kann sein, dass das Hauptmotiv, weswegen wir handeln, immer noch von Angst geprägt ist, nennen wir's die Senfkornangst, die uns bestimmt. Solange wir nicht an die eigene Größe und Würde und Wertschätzung wirklich glauben, werden wir geneigt sein, uns am besten mit guten und richtigen Taten zu beweisen. Bei allem, was wir tun, hoffen wir auf Anerkennung, möchten wir den Beifall des anderen erreichen oder gar erzwingen, betteln wir um seine Bestätigung, alles, was wir anfangen, sieht aus wie Dienen und ist in Wirklichkeit wie Herrschenwollen, sieht aus wie Nützlichseinwollen und ist in Wirklichkeit kaschierter Egoismus, eine Selbstbezogenheit, die wir nie loswerden.

Tatsächlich meint Jesus mit einigem Sarkasmus, dass Gott uns belohnt und gewissermaßen die Reihenfolge ändert und uns zu Kreuze kriecht – dies wird nicht sein. Gott ist Gott. Alles, was wir sind, verdanken wir ihm. An dieser Stelle könnte das Kritisieren und Mäkeln an uns selber aufhören, und wir könnten denken: »So wie Gott uns gemacht hat, ist es gut genug, allemal richtig und in Ordnung, und das dauernde Suchen nach fremden Bestätigungen haben wir nicht nötig.« Erst wenn das einigermaßen feststeht, bekommen wir den Blick von unserer eigenen, dauernd bedrohten Existenz los, wir können beginnen, sozusagen objektiv zu werden. Wir vermögen, statt immer auf uns zu starren, zu sehen, wer andere wirklich sind, was sie nötig haben, wie wir selber ihnen von Nutzen sein können. Und darum schließlich geht es unter den Augen Gottes und im Sinne Jesu, im Sinne jeder Menschlichkeit: vertrauen und dienen, ohne jeden Beigeschmack der Herabwürdigung und der Zerstörung. – Dies sind Worte einer großen Freiheit. Sie entstammen einer Ruhe, die keine Angst mehr kennt, in der Gott selber seine Hände um uns legt und uns weit macht wie das Meer und nützlich wie Wein und Brot.

Hinweis:

Die biblischen Texte in diesem Band sind wiedergegeben nach dem Neuen Testament in der Übersetzung von Fridolin Stier (erschienen bei Kösel und Patmos, 1989).

Ebenfalls erschienen bei

topos taschenbücher

Wunibald Müller
Trau deiner Seele

144 Seiten

Band 730
ISBN 978-3-8367-0730-5

www.toposplus.de

Ebenfalls erschienen bei

topos taschenbücher

Uwe Wolff
Welche Farbe hat die Himmelstür?
Symbole der Weltreligionen für unsere Zeit gedeutet

160 Seiten

Band 786
ISBN 978-3-8367-0786-2

www.toposplus.de